C(

Hudson und Jacot beleuchten in diesem Buch den Zusammenhang von Sexualität, Kreativität und Intellekt des Mannes und leisten damit einen der wenigen Beiträge zur Debatte um die Differenz der Geschlechter, die sich auf das männliche Geschlecht konzentrieren. Hudson und Jacot halten das von vielen populärpsychologischen Büchern proklamierte Konzept unserer Bisexualität für einen Mythos und haben es sich zur Aufgabe gemacht, ein Licht gerade auf die spezifischen Unterschiede zwischen den Geschlechtern zu werfen. Ausgangspunkt ihrer Analyse ist die Idee der »männlichen Wunde«, die im Prozeß der Trennung des Jungen von der Mutter und der Herausbildung einer männlichen Identität entsteht. In dieser Wunde sehen sie einen entscheidenden Grund für die Männern eigene Aufspaltung ihrer Vorstellungswelt, in der fortan Menschen wie unbelebte Dinge und Dinge wie Menschen gesehen werden.

Für Hudson und Jacot hat diese »Wunde« eine doppelte Wirkung: einerseits läßt sie Männer abstrakt und schematisch denken und verleiht ihnen ihre charakteristische imaginative Energie, andererseits fördert sie persönliche Unsensibilität, Frauenfeindlichkeit und vor allem ein gestörtes Verhältnis zur Sexualität.

Liam Hudson ist Psychologe und Schriftsteller. Er war Fellow des King's College, Cambridge, Professor an den Universitäten Edinburgh und Brunel sowie Mitglied des Institute for Advanced Study, Princeton.

Bernardine Jacot ist Malerin. Sie arbeitete in psychologischen Forschungsprojekten mit Liam Hudson zusammen.

Bernadine Jacot und Liam Hudson sind verheiratet und haben vier erwachsene Kinder.

Liam Hudson, Bernardine Jacot

Wie Männer denken

Intellekt, Intimität und erotische Phantasie

Aus dem Englischen von Angelika Bardeleben

Campus Verlag
Frankfurt/New York

Die Originalausgabe erschien 1991 unter dem Titel »The Way Men Think. Intellect, Intimacy and the Erotic Imagination« bei Yale University Press New Haven & London.
Copyright © 1991 by Liam Hudson and Bernardine Jacot
Redaktion: Thomas Steiner

Die Deutsche Bibliothek – Cip-Einheitsaufnahme

Hudson, Liam:
Wie Männer denken : Intellekt, Intimität und erotische
Phantasie / Liam Hudson ; Bernardine Jacot. – Frankfurt/Main;
New York : Campus Verlag, 1993
   Einheitssacht.: The way men think <dt.>
   ISBN 3-593-34926-4
NE: Jacot, Bernardine:

Copyright © 1993. Alle deutschen Rechte bei Campus Verlag GmbH, Frankfurt/Main
Umschlaggestaltung: Atelier Warminski, Büdingen
Umschlagabbildung: Claudia Poeschmann, Hochheim/Ts.
Satz: Fotosatz Leingärtner, Nabburg
Druck und Bindung: Druckhaus Beltz, Hemsbach
Dieses Buch wurde auf säurefreiem und chlorfrei gebleichtem Papier gedruckt.
Printed in Germany

Inhalt

Einleitung

In diesem Buch geht es um den imaginären Aspekt im Leben der Männer. Natürlich können sowohl Männer als auch Frauen mit Recht behaupten, über die expansiven Kräfte der Phantasie und der Erfindungsgabe zu verfügen. Wir konzentrieren uns jedoch auf die Imagination der Männer, weil darin eine charakteristische Tendenz, eine bestimmte erklärungsbedürftige Form von Verbogenheit nachzuweisen ist.

Im großen und ganzen durchlaufen Jungen und Mädchen in den allerersten Phasen ihres Lebens denselben Entwicklungsgang. Aber zu einem frühen Zeitpunkt des embryonalen Wachstums weicht das männliche Kind physisch von dem Entwicklungsschema ab, das bis zu dem Zeitpunkt beiden gemeinsam war. Und ganz ähnlich geht das männliche Kind zu einem frühen Zeitpunkt der kindlichen Entwicklung auch *psychisch einen separaten Weg*. Für den Jungen wird durch diese Trennung eine Quelle des Unbehagens geschaffen, die wir die männliche »Wunde« nennen; unserer Meinung nach wird durch diese »Wunde« ein dauerhaftes Element der Verrückung oder Verlagerung in das Leben des einen Geschlechts eingeführt, aber nicht in das Leben des anderen. Diese Wunde, einmal zugefügt und verspürt, *erzeugt im männlichen Wesen Bedürfnisse und Spannungen, für die es in der Entwicklung des weiblichen Kindes keine Entsprechung gibt.*

In der Frage der Ursprünge dieser Wunde stimmen wir mit anderen Autoren, die sich etwa während der letzten fünfundzwanzig Jahre mit diesem Phänomen beschäftigt haben, überein. Unser Interesse gilt besonders langfristigen Folgen: in welcher Weise die Wunde das Denken erwachsener Männer beeinflußt und welche Erklärungsmöglichkeiten für das Leben eines Mannes sich durch die Hypothese einer Wunde ergeben. Die Existenz dieser Wunde macht, so glauben wir, den Mann zu einem *Getriebenen*. Wir betrachten diese Verletzung als die Quelle der imaginativen Energie, die für Männer charakteristisch ist, und sie bietet eine Erklärung für die besonderen Formen imaginativer Expressivität des Mannes. Die Vorstellung einer Wunde ist ganz besonders hilfreich, wenn wir die männliche Eigenheit erklären wollen, Menschen so zu betrachten, als seien sie unbelebt – und unbelebte Objekte so, als seien sie Menschen. Diese Spaltung innerhalb des männlichen Geistes wurde in der Vergangenheit sowohl von medizinisch orientierten Psychoanalytikern als auch von soziologisch orientierten Feministinnen als schon an sich verzerrend oder einengend betrachtet.[1] Wir akzeptieren dagegen die Tatsache – oder arbeiten sie sogar beharrlich heraus –, daß die Wunde Kosten und Nutzen mit sich bringt, und behaupten zugleich, daß sie in ihrer normalen, nicht-pathologischen Form für wesentliche Bereiche unserer Kultur fruchtbar und nützlich ist. Uns liegt nicht daran, eine deutliche Trennung zwischen den Gesunden und den Verbogenen zu vollziehen, wir sind vielmehr an den real vorhandenen Phänomenen interessiert, den verschiedenartigen Gestaltungen persönlicher Disposition, des Bedürfnisses und der Phantasie, bei denen Stärken und Schwächen sich auf komplizierte Weise die Waage halten.

Die Diskussion über männliche Charakteristika, der ganze Themenbereich von biologischem und sozialem Geschlecht ist stark emotional befrachtet. Deshalb beginnen wir damit, den Hintergrund und den Kontext unserer Frage zu beleuchten. In Kapitel 1 befassen wir uns mit den wissenschaftlichen Protagonisten, die in den letzten hundert Jahren unsere Unwissenheit über Männlichkeit und Weiblichkeit in eine größere intellektuelle Freiheit verwandelt haben. Diese bemerkenswerten Männer und Frauen waren Visionäre, aber sie waren auch Menschen, die ihre ganz privaten Dämonen im Zaum halten und zufriedenstellen mußten. In dem Bild der menschlichen Natur, das sie uns nahezubringen versuchten, vermischten sich infolgedessen Wissenschaft und persönliche Überzeugung auf außerordentlich heimtückische Weise. Folglich haben wir uns bemüht, unsere eigenen Gedanken in Begriffen vorzutragen, die bewußt formal und schematisch sind. In Kapitel 2 entwickeln wir zunächst einen Rahmen, innerhalb dessen es leichter fällt, die verschiedenen Aspekte der Männlichkeit oder Weiblichkeit einer bestimmten Person zu trennen. Es soll zeigen, wie »Entscheidungen«, die in sich klar und eindeutig sind, subtile und nuancierte »Lösungen« erzeugen können. Kapitel 3 – der eigentliche Angelpunkt unserer Darlegung – beschreibt die Wunde selbst noch detaillierter und nennt die Bereiche, in denen sie das Phantasieleben des kleinen Jungen nährt. In Kapitel 4 geht es um den familiären Kontext, der in der Folge die Phantasiewelt und die Ausdrucksformen des Jungen und heranwachsenden jungen Mannes bestimmt und prägt.

Im nächsten Abschnitt befassen wir uns mit den Konsequenzen dieser Kindheitserfahrungen für das Leben erwachsener Männer. In den Kapiteln 5 und 6 geht es darum, daß in bestimmten akademischen Berufen tendenziell die Männer eine dominierende Rolle spielen, vor allem in den Bereichen Wissenschaft und Technologie. Wir behaupten, daß Wissenschaft und Technologie die natürlichen Austragungsorte für die männliche Art der Imagination sind, weil Männer (und vor allem »männliche« Männer) dazu neigen, dem Unbelebten eine leidenschaftliche emotionale Bedeutung zu verleihen. Eine Unklarheit der Kategorien von *Person* und *Sache* geht mit einem solchen leidenschaftlichen Engagement Hand in Hand. Und es ist wiederum genau diese Verwirrung, die unserer in Kapitel 7 vertretenen These zugrundeliegt, daß kriminelles oder perverses sexuelles Verhalten – als eine der Konsequenzen der Wunde – fast ausschließlich ein Monopol der Männer ist.

Wir betrachten es als gesichert, daß die Wunde in den Bereichen Wissenschaft und Technologie einen Einfluß hat – ebenso im Bereich der sexuellen Perversion. Ihren Einfluß auf die kreativen Künste jedoch müssen wir mit größerer Vorsicht analysieren. Die Wunde inspiriert bestimmte Männer nicht nur dazu, die Frauen, von denen sie erotisch fasziniert sind, zu idealisieren, sondern sie weckt auch den Wunsch, diese Frauen zu »versteinern« – das heißt, ihnen durch die Verwandlung in ein Kunstwerk ewiges Leben zu verleihen. Im letzten Abschnitt entwickeln wir in Kapitel 8 den Kern einer entsprechenden Theorie – genaugenommen die ersten Anfänge einer Psychologie der Ästhetik. In Kapitel 9 geht es um Leben und Arbeit dreier Künstler, um die Frauen, von denen sie jeweils inspiriert wurden, und um die verblüffenden Paradoxien und Rückschläge, mit denen sie fertigwerden mußten.

Unsere Darlegung läßt sich als eine psychologische kennzeichnen, die in besonderer Nähe zur Psychoanalyse steht. Wir gehen davon aus, daß jeder menschliche Geist eine Art spezifischen Bauplan hat und daß dieser auf das Leben jedes Individuums einen dauerhaften Einfluß hat.[2] Unsere Nähe zur Psychoanalyse schließt jedoch nicht die Verbindung zu anderen Wissenschaftsbereichen aus; ganz besonders verpflichtet fühlen wir uns der Biologie und ihrer Einsicht, daß der menschliche Organismus ein Naturgesetzen gehorchender Apparat von großer Feinheit ist, der sich nach einsehbaren Regeln entwickelt und anpaßt. Denkmodelle, die dem unsrigen benachbart sind, sind auch von anderen akademischen Disziplinen vorgetragen worden – vor allem von der feministischen Wissenschaft.[3] Leider muß das Expertenwissen über das, was in einer Nachbarwissenschaft vor sich geht, in der Praxis laienhaft sein. Unter den Feministinnen ebenso wie unter Psychoanalytikern, Biologen, Soziologen und Philosophen sind wir Außenseiter; uns haftet der falsche »Stallgeruch« an, und unser Einblick in das Expertenwissen jener Bereiche ist immer beschränkt. Wir werden unser Bestes tun, um die Beziehung unserer eigenen Gedankengänge zu jenen unserer Nachbarn in den Anmerkungen zu klären. Diese sollten in keiner Weise als nur zweitrangige und daher nach hinten verbannte Ergänzungen betrachtet werden, denn in ihnen ist ein Teil unseres besten Materials enthalten. Das Wissen, das wir uns von anderen Disziplinen geborgt haben, wird den Experten hie und da nicht nur als dilettantisch oder oberflächlich, sondern als schlichtweg gestohlen erscheinen. Für diesen Eindruck können wir uns von vornherein nur entschuldigen.

In Bereichen, die so aufgewühlt und aufwühlend sind wie die von biologischem und sozialem Geschlecht, ist man immer in Gefahr, von der Darstellung eines Faktums zu einem Vorurteil oder einem falschen Bewußtsein abzugleiten. Es besteht auch die Gefahr, daß wir voreingenommen wirken, obwohl wir das selbst nicht so sehen. Unsere Absichten sind, so weit wir das selbst beurteilen können, objektiv und ausgewogen. Zwar konzentriert sich unsere Darlegung auf Männer und ihre geistigen Qualitäten, aber wir gehen durchaus nicht von der Annahme aus, daß es eine männliche Über- oder Unterlegenheit gäbe; wir wollen keineswegs andeuten, daß Männer entweder interessanter oder weniger interessant seien als Frauen oder daß die Psyche des Mannes vollkommener oder weniger vollkommen entwickelt sei als die der Frau. Vor allem meinen wir in keiner Weise, daß die Leistungen des einen Geschlechts höher geschätzt werden sollten als die des anderen. Wir betrachten unsere Arbeit als einen Beitrag zur Naturgeschichte, und es liegt uns fern, ein politisches Anliegen zum Thema Geschlechtsunterschiede zu propagieren.[4]

Es gibt verwandte Themen, derentwegen sich Akademiker ebenfalls gerne die Köpfe einschlagen, und man sollte sich auch über diese von vornherein im klaren sein. Wir wollen weder darauf hinaus, daß die Wunde »angeboren« sei, noch daß sie eine Art »Grammatik« darstelle, nach der sich aller imaginativer Ausdruck bei Männern richtet. Im Gegenteil, wir betrachten die Wunde als eine langsam zum Vorschein kommende Qualität, die sich aus dem Zusammenwirken von körperlichen, psychischen und sozialen Kräften und Faktoren entwickelt, und wir meinen, daß sie eben deshalb eine Problematik darstellt, bei der die verschiedenen Humanwissenschaften – die Biologie, die Psychologie und die Sozialwissenschaften – gut daran tun zusammenzuarbeiten.[5] Im Hinblick auf die Frage des Unterschieds zwischen den Geschlechtern haben wir ein klares Konzept. Weit entfernt davon, Apologeten der Geschlechterdifferenz sein zu wollen, betrachten wir sie als eine zentrale Tatsache unseres Lebens, deren Anerkennung eine Quelle imaginativer Vitalität sein kann.

Zum Schluß noch etwas zur Präsentation, die in unserem Fall wichtiger ist, als es den Anschein haben mag. Die konventionelle Herangehensweise an eine gedankliche Darlegung wie die unsere sieht wie folgt aus: Man entwickelt eine Theorie und läßt Beispiele folgen, die illustrieren, was die Theorie impliziert. Wir gehen anders vor, denn wir sind nicht glücklich über die untergeordnete Stellung, die auf diese Weise den empirischen Tatsachen zukommt. Empirische Fakten sollten sich vielmehr in einem Spannungszustand mit der Theorie befinden und ihrerseits – ohne falsche Scham, *ad hominem*, verwendet – auf die Theorie zurückwirken können. Gleichermaßen zögern wir, einem einzelnen Fall oder einer Handvoll ähnlich gelagerter Fälle eine allzu große Beweiskraft zuzugestehen. Individuelle Lebensberichte sollten individuell bleiben und deshalb sperrig nebeneinanderstehen, nicht nur im Hinblick auf die Theorie, sondern auch im Hinblick aufeinander. Im folgenden benutzen wir die Theorie, um die Bewegung der Imagination zu klären, aber zugleich lassen wir wissenschaftliche Experimente, Statistiken, klinische Fallstudien, biographische und autobiographische Vignetten, Gemälde, Skulpturen, Fotografien, Gedichte, Anekdoten, Fiktives und »Faktives« zu ihrem Recht kommen.[6] In keinem Punkt ist unsere Wahl willkürlich oder prätentiös; wo sie es allerdings zu sein scheint, erklären wir uns bereit, diesen Preis zu zahlen. Denn Einsicht entsteht nicht nur durch Dialoge zwischen der Theorie und dem Beweismaterial oder zwischen verschiedenen Formen von Beweismaterial, sondern aus dem Dialog zwischen den in einem Text verkörperten Erfahrungen und solchen, auf die der Leser selbst zurückgreifen kann.[7]

Es besteht die Gefahr, daß unsere Art der Präsentation so betrachtet und verstanden wird, als handele es sich um ein leichtfüßiges Räsonieren, bei dem die Unterscheidung zwischen Wahrheit und Unwahrheit verwischt oder sogar ganz aufgegeben sei – in der Wissenschaft, den persönlichen Beziehungen und den Künsten gleichermaßen. Unsere Absicht geht jedoch in genau die entgegengesetzte Richtung: zu zeigen, daß die Kräfte der Imagination und die Fragen der Wahrheit einander bedingen und daß sie in Leben und Arbeit jedes einzelnen Menschen wie auch immer geartete Verbindungen eingehen müssen.

Kapitel 1
Die Herstellung der Geschlechter

In diesem Kapitel geht es darum, die Szene auszumalen. Wir wollen an dieser Stelle nicht die Geschichte der Wunde erzählen, sondern das Terrain sondieren und ihre Erzählung überhaupt erst ermöglichen. Vieles muß später formal dargestellt werden, und wir möchten hier erklären, warum gerade beim gegenwärtigen Entwicklungsstand der Herstellung der Geschlechtsunterschiede diese formale Darstellungsweise angemessen ist.

Zweifellos ist der ganze Bereich, mit dem wir uns befassen wollen, stark emotional besetzt, und zwar aus einem einfachen Grund: in die nüchterne Analyse ist die Polemik eingedrungen – und umgekehrt. Der Wissenschaftler, der seine Forschungen in einer uneigennützigen und ausgewogenen Art durchzuführen scheint, benutzt seine Ergebnisse häufig nur dazu, Vorurteile darüber zu verbreiten, wie Männer und Frauen sich verhalten sollten. Auf der anderen Seite haben die, die politisch orientiert sind, es immer als hilfreich empfunden, ihre Polemik unter dem Deckmantel der nüchternen Analyse zu verstecken. Die Aufgabe, diese beiden Anliegen voneinander zu trennen – das des Wissenschaftlers und das des politisch Motivierten –, wird durch die Gegenwart einer dritten Person, nämlich des Klinikers, noch weiter erschwert: Er nämlich widmet sich professionell der Aufgabe, das Gesunde vom Pathologischen oder Perversen zu unterscheiden. Bisweilen werden die Rollen des Wissenschaftlers, des Politikers und des Klinikers von verschiedenen Personen besetzt, häufig jedoch konkurrieren sie innerhalb eines einzigen Kopfes und eines einzigen Satzes. Als wäre es mit diesen Schwierigkeiten nicht genug, liegt darüber auch noch eine Ebene akademischer Interessen und Kämpfe: der symbolische Krieg um die Legitimität und die Finanzierung, der von den Mitgliedern der verschiedenen akademischen Disziplinen gegeneinander geführt wird. Viele dieser Kämpfer sind weit davon entfernt, um der bloßen Einschüchterung des Gegners willen zu poltern und zu toben; sie glauben vielmehr leidenschaftlich an ihre jeweilige Version der Wahrheit und betrachten ihre Kritiker als moralisch und persönlich zutiefst unzulänglich.

In dem Chaos, das daraus resultiert, gibt es Brennpunkte außerordentlicher Sensitivität, in denen Fakten, Gerechtigkeit und klinische Beurteilung fortwährend miteinander im Konflikt stehen. Das ist vor allem dort der Fall, wo es um die Frage geht, ob etwas *normal* und *natürlich* sei. Diese Schlachten werden in Form von Ideen ausgefochten; diese scheinen auf den ersten Blick rein theoretischer Natur zu sein, sind aber schließlich doch mit versteckter Bedeutung befrachtet. Eine der historisch einflußreichsten Ideen besagt, daß alle Menschen im Grunde bisexuell seien. Die Wahrheit oder Falschheit einer solchen Behauptung hängt selbstverständlich in keiner Weise vom Privatleben desjenigen ab, der sie aufstellt. Dennoch gehört es zu den Aufgaben des Psychologen, solche Meinungen herauszustellen und zu zeigen, warum sie die Vorstellungskraft in einer derartigen Weise gefangennehmen. Ein solches Herausschälen fördert dann bisweilen Individuen zutage, die von drängenden sexuellen Ängsten gequält sind – und deren Forschungen und Eintreten für diese Ideen dazu gedient haben, diese Ängste abzuwehren. Mit anderen Worten: In der Psychologie sind ebenso wie in anderen Bereichen des Lebens das Öffentliche und das Private miteinander verquickt. Daran ist an sich nichts Schockierendes oder Unschickliches, aber wir sollten aus diesem Grunde immer auf der Hut sein.

Die Vision der Bisexualität

Wenn die Populärpsychologie unserer Zeit ein beherrschendes Thema hat, dann dies: Die konventionelle Männlichkeit der Männer und die konventionelle Weiblichkeit der Frauen sind Verzerrungen, die uns von einer repressiven Kultur auferlegt worden sind. Die Männlichkeit von Frauen und die Weiblichkeit von Männern, so wird angenommen, sind verborgene Landschaften, die darauf warten, erneut entdeckt zu werden. Wenn wir persönliche Erfüllung finden wollen, so die gängige Theorie, dann müssen wir »in Kontakt« mit jenen Teilen unseres Selbsts kommen, die wir aufgrund kultureller Konditionierung zu verleugnen gelernt haben. Dieser Glaube an die Bisexualität wird gewöhnlich mit Vorstellungen von Toleranz in Verbindung gebracht: Es herrscht ein oft mit großer Leidenschaft propagierter Glaube, daß das Recht des Individuums, im sexuellen ebenso wie in jedem anderen Bereich vom Herkömmlichen abzuweichen, zu schützen sei und deshalb die Bedürfnisse sexueller Minderheiten genauso wie die der Mehrheit als normal und natürlich akzeptiert werden müßten. Die Annahme, alle Menschen seien bisexuell, wird – anders formuliert – mit einer Ethik der gegenseitigen Anerkennung und des gegenseitigen Vertrauens in Verbindung gebracht. In diesem Rahmen hat die Toleranz nur dort ihre Grenzen, wo die fraglichen sexuellen Praktiken aus nicht-sexuellen Gründen als schädlich angesehen werden – wenn sie beispielsweise mit Mißbrauch zu tun haben oder die Persönlichkeitsrechte von Kindern verletzen.

Wenn man jedoch nach überzeugenden Beweisen für das Konzept der Bisexualität Ausschau hält, dann erweist sich, daß sie erstaunlich schwer zu finden sind. Es liegt auf der Hand, daß viele Jungen und Mädchen, bevor sie als Erwachsene für sich selbst ein heterosexuelles Muster finden, eine homosexuelle Phase durchmachen, daß viele Erwachsene in sich unerwartete Aspekte und Bedürfnisse entdecken, daß Männer überraschenderweise »Weibliches« und Frauen »Männliches« an sich entdecken und daß einige Erwachsene beiderlei Geschlechts eher androgyn sind als andere. Genauso ist es eine Tatsache, daß es Hermaphroditen gibt und daß eine geringe Zahl von Menschen mit Hilfe entsprechender Eingriffe das Geschlecht gewechselt hat. Aber es gibt keine wissenschaftlichen Untersuchungen, die beweisen würden, daß Erwachsene beiderlei Geschlechts sich in ihren erotischen Beziehungen in einer Weise verhalten könnten, die von der bereits etablierten radikal abweicht. Beispielsweise ist es einfach nicht möglich, die meisten erwachsenen männlichen Homosexuellen dazu zu bringen, Frauen zu begehren. Im Gegenteil deuten wissenschaftliche Untersuchungen darauf hin, daß das Grundmuster des erotischen Verhaltens für jeden einzelnen Menschen bereits recht früh im Leben geprägt wird und daß dieses Grundmuster einer Veränderung häufig hartnäckig widersteht. Während also die Vorstellung der Bisexualität uns gegen Ende des 20. Jahrhunderts als feststehende Tatsache präsentiert wird, die in allen wesentlichen Komponenten wissenschaftlich untermauert sei, scheint ihr wahrer Status eher der eines *Mythos* im anthropologischen Sinne zu sein. Das Konzept der Bisexualität – ob es nun zutrifft oder nicht – gehört auch nicht zu einer bestimmten Klasse von Glaubenssystemen, die von Lévi-Strauss im Zusammenhang mit primitiven Gesellschaften diskutiert werden und die seiner Meinung nach dazu dienen, die strukturellen Spannungen und Widersprüche jener Gesellschaften in symbolischer Form zu lösen. Das Konzept der Bisexualität gehört zu jener Gruppe von Vorstellungen, die wir benutzen, um uns selbst individuell und kollektiv zu beschwichtigen: wahrscheinlich um aus einem Gefühl des akuten Unbehagens in eine Stimmung zu kommen, in der dieses Unbehagen unter Kontrolle gehalten oder ignoriert werden kann. (Es ist auch eines der Konzepte, mit denen man in Wohlstandsgesellschaften sehr viel Geld verdienen kann, gibt es doch einen weit entwickelten kommerziellen Apparat, der nur darauf aus ist, unsere Prozesse der Selbstentdeckung entsprechend zu unterstützen.)

In den Lebensgeschichten der großen Pioniere scheint das Unbehagen häufig spezifisch sexuellen Ursprungs gewesen zu sein. Marie Stopes, die sehr mutig für die dringend notwendige Geburtenkontrolle eintrat, litt in ihrer ersten Ehe darunter, daß eben diese nicht vollzogen wurde; auch in ihrer zweiten Ehe erging es ihr nicht viel besser. Und ihre sehr durchdachte Position in Sachen Geburtenkontrolle wurde konterkariert durch ihre Überzeugung, daß Unterprivilegierte nicht das Recht hätten, Kinder zu zeugen. Sie war es, die behauptete, die Lust am Geschlechtsverkehr sei nicht unmoralischer als der Genuß süßen Gebäcks (es sei denn, das Gebäck sei gestohlen). Aber sie war es auch, die forderte, daß alle Menschen »mit geringer Intelligenz sterilisiert werden sollten«.[1] Henry Havelock Ellis war ebenfalls ein großer Verfechter der Liberalität. Angeblich war er der erste Mann der Neuzeit, der wirklich enthusiastisch für den Sex eintrat; es scheint allerdings, als sei er selbst weitgehend impotent gewesen, und er war nach seinen eigenen Begriffen ein »Undinist«, d.h., er fand es sexuell stimulierend, wenn die jeweilige Partnerin auf ihn herunterpinkelte, und möglicherweise gab es für ihn keinen anderen Weg, zu einer sexuellen Erregung zu kommen.[2] In solchen Fällen stehen private Ängste in einem krassen Mißverhältnis zum öffentlichen Engagement. In sehr viel subtilerer Weise aufschlußreich ist die Biographie Sigmund Freuds.

Freud und die Theorie der Sexualität

1897, am Wendepunkt seines Lebens, war Freud 41 Jahre alt.[3] Scheinbar zufrieden mit seiner Ehefrau Martha, verzichtete er doch auf sexuellen Kontakt mit ihr, wobei seine späteren Kommentare über die Ehe sehr deutlich darauf hinweisen, daß er sich sexuell gelangweilt und sogar physisch angeekelt fühlte:

»… gibt es befriedigenden Sexualverkehr in der Ehe nur durch einige Jahre, natürlich noch mit Abzug der zur Schonung der Frau aus hygienischen Gründen erforderten Zeiten. Nach diesen drei, vier oder fünf Jahren versagt die Ehe, insofern sie die Befriedigung der sexuellen Bedürfnisse versprochen hat; denn alle Mittel, die sich bisher zur Verhütung der Konzeption ergeben haben, verkümmern den sexuellen Genuß, stören die feinere Empfindlichkeit beider Teile oder wirken selbst direkt krankmachend … Unter der seelischen Enttäuschung und körperlichen Entbehrung, die so das Schicksal der meisten Ehen wird, finden sich beide Teile auf den früheren Zustand vor der Ehe zurückversetzt, nur um eine Illusion verarmt …«[4]

Im Jahr zuvor war Freuds Vater gestorben, und es war wohl dieses Ereignis gewesen, das Freud soweit befreit hatte, daß er die Arbeit seiner Reifezeit in Angriff nehmen konnte. 1897 unterzog er sich einer Selbstanalyse, aus der seine Theorie des Unbewußten hervorging. Er präsentierte der Welt eine Theorie, in der sexuelle Energien die zentrale Rolle spielten, und er tat das mit Überzeugung und Leidenschaft. Was ihn jedoch mehr als alles andere beschäftigte, war die Frage der Kontrolle. Durch die psychoanalytische Behandlung würde die Sexualität befreit, schrieb er, nicht damit der Mensch in Zukunft von der Sexualität beherrscht werden möge, sondern damit eine Unterdrückung möglich werde – ein Zurückweisen der Instinkte unter der Führung einer höheren Freiheit des Handelns.[5] Die überzeugende Logik der sexuellen Erklärungsmodelle Freuds war deshalb nicht weniger faszinierend. Jung begegnete ihm 1907, als Freud Anfang Fünfzig war. Es gebe keinen Zweifel darüber, daß Freud sich für seine Sexualtheorie in einem außergewöhnlichen Maße emotional engagierte, so erinnerte er sich später:

»Was sich nicht unmittelbar als Sexualität denken ließ, bezeichnete er als ›Psychosexualität‹. Ich wandte ein, daß seine These, logisch zu Ende gedacht, zu einem vernichtenden Urteil über die Kultur führe. Kultur erschiene als große Farce, als morbides Ergebnis verdrängter Sexualität. ›Ja‹, bestätigte er, ›so ist es. Das ist ein Schicksalsfluch, gegen den wir machtlos sind.‹« Drei Jahre später war der Eindruck sogar noch stärker. »Mein lieber Jung«, so hatte Freud seinen Kollegen gedrängt, »versprechen Sie mir, nie die Sexualtheorie aufzugeben. Das ist das Allerwesentlichste. Sehen Sie, wir müssen daraus ein Dogma machen, ein unerschütterliches Bollwerk.« Als Jung fragte, wogegen dieses Bollwerk denn eigentlich schützen solle, erwiderte Freud: »Gegen die schwarze Schlammflut … des Okkultismus.«[6]

Viele Jahre zuvor, 1887, hatte Freud einen Facharzt für Hals-, Nasen- und Ohrenkrankheiten, Wilhelm Fliess, kennengelernt. Zwischen den beiden Männern entwickelte sich eine enge Freundschaft. In Freuds dunkelsten Jahren von 1897 bis 1900 sollte die Verbindung mit Fliess außerordentlich wichtig werden. »Nektar und Ambrosia, ist mir Dein Lob«, schrieb er an ihn.[7] Er berichtete auch von der möglicherweise weiblichen Seite seiner Natur, die durch seine Freundschaft mit Fliess befriedigt werde, und betonte, wie sehr er sich danach sehne, ihn wiederzusehen und wie sehr er sich auf ihr nächstes Treffen freue.

Im Rückblick ist es leicht, Fliess als einen gefährlichen Spinner abzutun und Freud dafür zu schelten, daß er Fliess' Ansichten leichtgläubig übernahm. 1895 hätte Fliess fast eine von Freuds Patientinnen, Emma Eckstein, infolge grober Fahrlässigkeit bei einer Nasenoperation getötet. Er vergaß einen halben Meter Jodoform-Gaze in einer der beiden Stirnhöhlen; diese wurde infiziert, und als man die Gaze schließlich entfernte, wäre die Patientin fast an einer Blutung gestorben.[8] »Trübe Zeiten«, schrieb Freud an Fliess, »unglaublich trübe«. Mittlerweile hatte sich Fliess als komplizierter Kollege erwiesen. Er verlangte eine förmliche Zurücknahme jeder Spur von Kritik von Seiten Freuds, und später bestand er darauf, daß jegliches Material aus Freuds *Traumdeutung*, das er als professionell kompromittierend empfand, gestrichen werde. Dennoch ließ sich Freud, anstatt sich von seinem Freund, wie jeder vernünftige Mensch es getan hätte, zu distanzieren, mehr als einmal von Fliess an der Nase operieren. Er hoffte, daß eine solche Operation ihn von seiner Arrhythmie heilen würde. Den »Kepler der Biologie« nannte er Fliess in den folgenden Jahren. Seine Kritikfähigkeit war, so schien es, völlig abgestumpft.

Aber dies waren auch die Jahre, in denen Freud seine originellsten Werke schrieb. Nach seiner Selbstanalyse beschäftigte er sich intensiv mit der Traumdeutung. Im übrigen gab es auch in professioneller Hinsicht gute Gründe, warum Freud sich Fliess zum Busenfreund gewählt hatte. Fliess war ein überzeugter Vertreter verschiedener einflußreicher Theorien, bei denen der Sex eine Schlüsselrolle spielte. Er glaubte an das Prinzip der Bisexualität, an Biorhythmen, an kindliche Sexualität und an die Theorie, daß Sexualität sehr eng mit dem Geruchssinn verbunden sei und daß infolgedessen Störungen sexueller Herkunft geheilt werden könnten, indem man die Nasenscheidewand operierte. Wie Sulloway zeigt, haben einige dieser Ideen durchaus respektable wissenschaftliche Stammbäume. Fliess' numerisches System der menschlichen Zyklen war keinesfalls so bizarr, wie einige der Kritiker es später darstellen wollten. Dasselbe gilt für seine Theorien über die Geschlechter. 1871 hatte Darwin in seinem Werk *Die Abstammung des Menschen* behauptet, daß Menschen von primitiven Spezies wie den Aszidien abstammten, bei denen die männlichen und weiblichen Geschlechtsteile häufig im selben Individuum vereint sind. Bei einigen Spezies waren die Geschlechtsteile bei den jeweils männlichen oder weiblichen Tieren separat angelegt, aber selbst bei diesen besitzen die männlichen Tiere niemals spezielle Organe, um die Weibchen zu finden, für sich zu erobern oder um mit anderen Männchen zu kämpfen.[9] Sexuelle Aktivität hinge bei jenen Tieren von den Zyklen des Mondes ab, und ihre Sexualität, so behauptete der deutsche Evolutionstheoretiker und Philosoph Ernst Haeckel wenig später, werde durch Chemotropismen – das heißt durch eine primitive Form von Geruchssinn – angeregt.

Als Fliess Freud diese Ideen in den 90er Jahren des 19. Jahrhunderts vortrug, war Freud auf solche Gedankengänge geistig bereits seit langem vorbereitet. Als Medizinstudent hatte er eine Vorlesung in evolutionärer Biologie belegt, die von Carl Claus gehalten wurde, der sich in jener Zeit sehr intensiv seinen Forschungen über Krustentiere widmete. Einige dieser Tiere, so hatte Claus entdeckt, begannen ihr Leben als Männchen und beendeten es als Weibchen. Freud war von dieser Entdeckung fasziniert und hat wahrscheinlich seinerseits auf Claus einen so guten Eindruck gemacht, daß dieser ihn Forschungen in seinem Laboratorium für Meeresbiologie in Trieste anstellen ließ. Dort nahm Freud auch, von Claus betreut, seine erste, später veröffentlichte Forschungsarbeit über die männlichen Sexualorgane des Aals in Angriff. Freuds zweite wichtige Forschungsarbeit, die er selbst sein ganzes Leben lang außerordentlich wertschätzte, behandelte die Rückenmarksnerven eines primitiven Geschöpfs, des Petromyzons. Das Petromyzon ist nicht nur bisexuell, es ist auch noch ein naher Verwandter der Aszidien, die Darwin als die entfernten Vorfahren des Menschen betrachtete.

Darwin, Haeckel, Claus, Fliess und Freud verließen sich zudem auf die Beweiskraft der Entwicklung des menschlichen Embryos, und hier vor allem auf die Tatsache, daß rudimentäre innere Kanäle sowohl der männlichen als auch der weiblichen Geschlechtsteile ursprünglich in den Föten beider Geschlechter vorhanden sind, wobei die jeweils unpassenden unter dem Einfluß von Hormonen wie Testosteron verkümmern. Es war zudem ein Beweis für die potentiell bisexuelle Natur des Menschen, daß es Hermaphroditen gab (die allerdings als Monster betrachtet wurden) und daß sich gelegentlich Frauen in Männer verwandelten und umgekehrt. Krafft-Ebing berichtete über eine Frau, die mit dreißig Jahren einen Vollbart bekam und der auch auf Bauch und Brust Haare wuchsen. Es gab zudem Anzeichen für eine progressive Maskulinisierung ihrer Genitalien; sie wurde aggressiv, und ihre Stimme wurde tiefer.

Mit anderen Worten: Fliess' Theorie der Bisexualität war nur eine Vertiefung von Ideen, die schon zuvor sehr weit verbreitet gewesen waren.

Obwohl die Freundschaft zwischen Freud und Fliess in der Folge auseinanderbrach, spielte das Konzept der Bisexualität bei Freuds zukünftigen theoretischen Ansätzen immer noch eine wichtige Rolle und wurde konsequent weiterentwickelt. Die moderne psychoanalytische Theorie betrachtet Bisexualität sowohl als instinktbestimmt als auch als ein Ergebnis der ungleich intensiven kindlichen Identifikation mit beiden Eltern. Man nimmt an, daß das Bewußtsein weitgehend durch die Identifikation des Kindes mit einem männlichen bzw. weiblichen Rollenvorbild geprägt wird, wobei alles Passive, Intuitive und Rezeptive als typisch weiblich, alles Assertive, Analytische und Penetrative als typisch männlich angesehen wird. Dies sind Themen, die wir in den Kapiteln 2 und 3 wieder aufnehmen.

Alfred Kinsey und das Zählen

Wie weitgehend die Zielsetzung und die Ergebnisse wissenschaftlicher Forschung durch persönliche Anliegen bestimmt werden können, wird im Leben eines anderen wissenschaftlichen Pioniers, Alfred Kinseys, verblüffend deutlich. Obwohl die Werke beider Wissenschaftler wenig miteinander zu tun haben, sind in Kinseys ebenso wie in Freuds Biographie dieselben Wechselwirkungen zwischen rationalem Argument und verborgenem Impuls erkennbar, und ebenso eine starke Sympathie eines soliden, verheirateten Mannes im mittleren Alter für einen seiner Geschlechtsgenossen.[10]

So wie Freud war auch Kinsey der geborene Wissenschaftler. Die beiden Männer, deren Geburt fast vierzig Jahre auseinanderliegt, sind in vielerlei Hinsicht beispielhafte Repräsentanten der beiden Kulturen, aus denen ein Großteil der Erkenntnisse der modernen Psychologie sich entwickelt hat. Beide waren erstgeborene Söhne, beide wurden von ihren Müttern geradezu angehimmelt, beide waren Außenseiter. Der eine war das Produkt einer jüdischen Kultur der Mittelklasse, während der andere dem puritanischen Zweig der protestantischen Kirche angehörte.

Kinsey kam aus bescheidenen familiären Verhältnissen. Sein Vater hatte die Abendschule, allerdings nur bis zur achten Klasse, besucht, seine Mutter konnte kaum lesen und schreiben. Der Haushalt war streng sabbatarisch; selbst das Ausliefern von Milch an einem Sonntag war verboten. Sein Vater bestand darauf, daß der Sohn Ingenieur werden sollte, aber Kinsey interessierte sich, trotz der daraus resultierenden häuslichen Streitereien, leidenschaftlich für die Naturgeschichte. Obwohl er an einer so ernsten Rückgratverkrümmung litt, daß er keinen Wehrdienst leisten durfte, begeisterte er sich für das Leben in der freien Natur und schloß sich als einer der ersten den Eagle Scouts an. Er war ungewöhnlich schüchtern und hatte kaum Interesse am anderen Geschlecht. Auch später behielt er die tiefe Religiosität seiner Kindheit bei. Als eines Tages ein Kommilitone ihm gestand, daß er tiefe Schuldgefühle habe, weil er masturbiere, knieten die beiden jungen Männer auf Kinseys Betreiben hin im Schlafsaal nieder und beteten darum, daß der Freund die Willensstärke haben möge, diesen Drang zu unterdrücken.

Kinsey heiratete die erste junge Frau, die er näher kennenlernte – auf ihrer Hochzeitsreise übernachteten sie im Zelt –, und das junge Paar bekam schnell hintereinander vier Kinder. Kinseys Begabung und Zielstrebigkeit führten ihn von der High School zum Bowdoin College, von dort nach Harvard und dann an einen Lehrstuhl der Universität von Indiana. Dort tat er sich als Experte für Gallwespen hervor. Diese Insekten, von der Größe einer kleinen Ameise, legen ihre Eier tief unter die Borke von Bäumen; dadurch werden enorme Auswüchse oder Gallen hervorgerufen. Im Laufe seiner Karriere sammelte und klassifizierte Kinsey etwa vier Millionen Gallwespen, und im Alter von fünfunddreißig Jahren veröffentlichte er zu diesem Thema ein größeres Werk: *The Gall Wesp Genus Cynips: A Study in the Origin of Species.* Sechs Jahre später folgte ein zweiter Band; beide wurden als seriöse Beiträge zur Naturgeschichte und zur genetischen Theorie betrachtet.

Die Attraktivität der Gallwespe ließ im Laufe der Jahre allerdings nach. Mit 45 unternahm Kinsey seine letzte größere Exkursion. Im vorausgegangenen Sommer hatte die Universität ihm aufgetragen, eine Vorlesung über die Ehe zu halten, vermutlich, weil man davon ausging, daß solche Vorlesungen in den Kompetenzbereich des Biologen fielen, aber vielleicht auch deshalb, weil Kinsey besonderes Interesse daran gezeigt hatte. Für den Kursus gab es keine Punkte, und er wurde begleitet von persönlichen Beratungsgesprächen, deren Inhalte »als vertraulich betrachtet« wurden. Es waren diese Gespräche, die den Deckel der Büchse der Pandora aufstießen. Schon sehr bald waren nicht mehr Gallwespen das Ziel von Kinseys Exkursionen, sondern Orgasmen. Früher hatte er seinen klassifikatorischen Eifer auf die Parasiten von Eichen konzentriert, jetzt richtete er ihn auf die Ereignisse in Schlafzimmern. Zunächst reiste er nach Chicago, um Informationen über Homosexuelle, Scheidung und Prostitution in großen Städten zu sammeln. Später unternahm er größere Reisen. »Woran ich mich vor allem erinnere«, erzählt sein Mitarbeiter Wardell Pomeroy, »und zwar aus Tausenden von Interviewstunden, ist das dauernde Getriebenwerden unter der Peitsche von Kinseys wilder Entschlossenheit, mehr und mehr Fallgeschichten zu hören.« Kinsey wollte fortwährend »nur noch eine einzige mehr« hören.[11]

Kinsey ging an jedes Interview mit einer geradezu fanatischen Zielstrebigkeit heran. »Er war entschlossen, von den Leuten Informationen über ihre Sexualität zu bekommen«, so erinnert sich Pomeroy, »und zwar gleichgültig, welches Hindernis er dabei zu überwinden hatte.« Kinsey hatte sich auch eine strenge Geheimhaltung auferlegt, und das war möglicherweise der Grund dafür, daß seine Informanten sich so offen äußerten. Die meisten scheinen es als an sich schon lohnend betrachtet zu haben, das Verborgene in Worte zu fassen, und einige ergriffen die Gelegenheit, um sich von einer lebenslang getragenen Last schuldbeladener Geheimnisse zu befreien. Da die Informationen gänzlich privater Natur waren und wahrscheinlich niemand anderem jemals zugänglich gemacht worden waren, geriet Kinsey als Vertrauter in eine Position konkurrenzloser Macht, eine Tatsache, die er, so glaubt Pomeroy, sehr genoß. Allein auf dem Campus der Universität von Indiana, so deutet Pomeroy an, gab es wenigstens zwanzig Professoren, deren Homosexualität niemandem außer Kinsey bekannt war.

Tatsächlich schlägt Kinsey bei seinen Beschreibungen männlicher Homosexueller einen ganz und gar unvoreingenommenen, beiläufigen Ton an. Zu einer Zeit, als es normal war, Homosexualität als unnatürlich zu verdammen und als Verbrechen zu behandeln, wurde sie von Kinsey als lediglich eine weitere Facette menschlicher Verschiedenheit dargestellt. Wenn 37 % der amerikanischen Erwachsenen eingestehen, daß sie im Laufe ihres Lebens das eine oder andere homosexuelle Erlebnis gehabt haben, welche rationale Begründung kann es dann, so argumentierte er, für Gesetze gegen die Homosexualität geben – oder im übrigen gegen jede andere Abweichung von der sexuellen Norm, die nicht aus anderen Gründen illegal ist?

Kinsey befaßte sich in seinen Untersuchungen sehr intensiv mit »*outlets*«, Möglichkeiten der Abreaktion, – damit wählte er einen Bezugsrahmen, durch den er den Sex dem Bereich der moralischen Zensur entzog. Wenn ein Mann berichtete, er habe im Monat durchschnittlich fünfzehn »*outlets*«, dann war das im Rahmen von Kinseys außermoralischen Kategorien eine Frage von rein technischem Interesse. Als Wissenschaftler und, genauer gesagt, als ein Mann der Klassifizierung, bestand seine Rolle schlicht darin, zu kategorisieren und zu zählen. Aber – und Pomeroy legt das sehr deutlich dar – in der Praxis genossen Kinsey und seine Mitarbeiter den Schauder, rein objektiv über entlegene sexuelle Praktiken zu berichten. Pomeroy erinnert sich an eine Reise, die er und Kinsey in den Südwesten unternahmen, um sich die Geschichte eines »stillen, mit leiser Stimme redenden, unterwürfigen« 63jährigen anzuhören, eines »Collegeabsolventen, der einen verantwortungsvollen Posten bei der Regierung bekleidete«. Dieser Mann hatte seine sexuellen Erlebnisse sehr sorgfältig schriftlich festgehalten und behauptete, er habe sexuelle Beziehungen zu 600 Jungen und 200 Mädchen im vorpubertären Alter gehabt, darüber hinaus zu unzähligen Erwachsenen beiderlei Geschlechts und zu Tieren verschiedener Spezies. Er hatte einen Familienstammbaum aufgezeichnet, der bis zu seinen Großeltern zurückging, und zu 17 der 33 Personen, die in jenem Stammbaum verzeichnet waren, hatte er angeblich sexuelle Beziehungen unterhalten. Seine Großmutter hätte ihn in den heterosexuellen Geschlechtsverkehr eingeführt, sein Vater in die Homosexualität. Im Laufe des ausgedehnten Interviews behauptete der Mann, er könne »vom schlappen Anfang« bis zur Ejakulation innerhalb von 10 Sekunden masturbieren. Als seine Besucher ihre Skepsis zum Ausdruck brachten, bewies er es ihnen in aller Ruhe.

Die Idee, daß ihr Informant sich systematisch selbst betrügen oder daß er ein Psychopath sein könnte, kam den Forschern nicht. Man findet bei ihnen auch keinerlei Anzeichen von Besorgnis, daß er den Jungen und Mädchen, mit denen er sexuelle Kontakte hatte, ein Trauma zugefügt haben könnte. Sie scheinen auch nicht befürchtet zu haben, daß er selbst dann, wenn seine Behauptungen nur zu einem Prozent wahr gewesen wären, Jungen und Mädchen, Männer und Frauen, einige Verwandte und eine unzählige Menge von Tieren verschiedener Spezies mit einer Vielzahl von Geschlechtskrankheiten angesteckt haben könnte. Die einzige offensichtlich beweisbare Tatsache war, daß Kinseys und Pomeroys Informant schneller als sie selbst masturbieren konnte. Und doch nahmen sie das, was er ihnen erzählte, als wahr hin und betrachteten es als eine interessante Beispielsammlung für die lustvolle Vitalität und die Verschiedenartigkeit der Menschen.

Kinseys Arbeit war jedoch nicht ganz die von Vernunft und Objektivität inspirierte Leistung, als die sie erscheinen könnte. Denn – wie Freud, wie Havelock Ellis, wie fast jeder von uns – plagte er sich mit persönlichen Ängsten und Schwierigkeiten herum. In seinen Vierzigern hatte er anscheinend eine enge Beziehung zu einem jungen Kollegen, Ralph Voris, der wenig später starb. Es war ein wichtiger Aspekt der Forschungsmethode, die Kinsey entwickelt hatte, daß sie ihn von allen Schuldgefühlen befreite, die er auf Grund seiner Liebe zu Voris gehabt haben mochte. Es ist zudem interessant, daß die Beschäftigung mit dem Forschungsfeld Sex für Kinsey ebenso wie für Freud erst im mittleren Alter eine beherrschende Rolle spielte. Freud begann erst in seinen späten Vierzigern und frühen Fünfzigern, in dem Jahrzehnt nach der Veröffentlichung der *Traumdeutung*, sexuelle Erklärungen in einer Weise zu benutzen, die Kritiker wie Jung als zwanghaft und allzu pauschal betrachteten.[12]

»Normalität«

Während beide, Kinsey und Freud, den Prinzipien und Werten der Naturwissenschaft aus tiefster Seele verpflichtet waren, zogen sie doch ihre Leser in jeweils entgegengesetzte Richtungen und dies ganz besonders in der Frage der »Normalität«. Kinsey feierte unausgesprochen die Verschiedenheit und Vielfalt und übte nirgendwo eine Zensur aus, was an sich schon eine wichtige moralische Position – und eine charakteristisch moderne – ist. Freud dagegen erforschte die Sexualität mit dem Ziel, sie zu kontrollieren. Das Ergebnis war, daß der Standard der Normalität, den er der Welt anbot – »Genitalität« – in der Tat sehr hohe Anforderungen stellte. Nach Erik Eriksons bekannter Neuformulierung der Freudschen Vision »sollte die Utopie der Genitalität folgendes umfassen:

1. Wechselseitigkeit des Orgasmus
2. mit einem geliebten Partner
3. des andern Geschlechts,
4. mit dem man wechselseitiges Vertrauen teilen will und kann,
5. und mit dem man imstande und willens ist, die Lebenskreise der
   a. Arbeit
   b. Zeugung
   c. Erholung
   in Einklang zu bringen, um
6. der Nachkommenschaft ebenfalls alle Stadien einer befriedigenden Entwicklung zu sichern.«[13]

Partner desselben Geschlechts werden ausgeschlossen, ebenso Partner, die nicht geliebt werden, und wechselnde oder anonyme Partner. Es gibt bei uns vielleicht nur wenige Menschen, die solchen Maßstäben entsprechen, aber darum, so hätte Freud ausgeführt, geht es nicht. Genitalität ist nicht die Beschreibung dessen, was wir tatsächlich in all unserer Ängstlichkeit und Verletzlichkeit tun, sondern sie ist das Ideal, das wir im Interesse unserer eigenen Generation und nachfolgender Generationen anstreben sollten. Sie ist ein Maßstab, der unserem Geschlechtsleben eine signifikante (und signifikant heterosexuelle) Richtung verleiht. Kinsey dagegen betrachtete jeglichen Maßstab als willkürlich. Was Freuds medizinische Vorstellung von gesunder Genitalität im Grunde ausdrückt, sind von Kinseys Warte aus gesehen die konventionellen Tugenden des mittleren Alters. Weit entfernt davon, die Vorurteile gegen sexuelle Minderheiten abzubauen und ihre Leiden zu verringern, verschärft Freuds Konzept das eine wie das andere gleichermaßen.

In den Jahrzehnten, die seit Kinseys vielen Büchern voller Statistiken des Sexuellen und seit Eriksons Neuformulierung des psychoanalytischen Nirvanas der Genitalität vergangen sind, sind wir sowohl im Hinblick auf Vorschriften als auch auf Vorschreibende vorsichtig geworden. Aber die Herausforderung der orthodoxen Psychoanalyse begleitet uns dennoch. Einige Formen der sexuellen Intimität erscheinen uns immer noch erstrebenswerter – in Ermangelung besserer Begriffe: normaler, gesünder und natürlicher – als andere. Die Mehrzahl jedoch erscheint uns als bizarr und krank. Die Unterscheidung zwischen moralischer und klinischer Beurteilung verschwindet nicht einfach, weil die Definitionsmaßstäbe schwierig zu finden sind. Darf man beispielsweise jemanden vergewaltigen? Oder Geschlechtsverkehr mit den eigenen Kindern haben? Wir sind fast alle übereinstimmend der Meinung, daß die Antwort »nein« ist. Aber trotz dieses grundsätzlichen Urteils bleiben viele von uns unsicher, ob diese Akte schon an sich oder aus anderen Gründen verwerflich sind: etwa weil sie einen gewalttätigen Angriff auf die Person darstellen oder die Rechte von Minderjährigen verletzen. Ist es darüber hinaus falsch, Geschlechtsverkehr mit Schafen zu haben? Oder mit Toten? Oder mit dem Ehepartner zum Orgasmus zu kommen, während man sich Szenen der Demütigung oder Grausamkeit vorstellt? »Ja«, so sind wir geneigt zu sagen, und zwar obwohl der Akt im ersten Fall beiden Vergnügen bereiten könnte, obwohl es im zweiten Fall niemanden gibt, der Einwände erheben könnte, und obwohl im dritten Fall nichts »wirklich« Grausames geschieht. »Reine Theorie«, wendet der Verfechter des Prinzips der Willensfreiheit vielleicht ein und meint damit, daß diese Beispiele extrem oder trivial seien. »Durchaus nicht«, entgegnet der orthodoxe Psychoanalytiker. Was die Sache noch komplizierter macht: Wenn der Verfechter der Willensfreiheit zugibt, daß einer dieser Akte an sich schon verwerflich ist, dann bewegt er sich auf schlüpfrigem Boden. Wo und warum zieht er die Trennungslinie?

Mead plus Marx

Bis in die 50er Jahre ging die Populärpsychologie von dem feststehenden Konzept der Bisexualität aus und unterstellte, daß jeder von uns ein erfüllteres Leben führen könnte, wenn er stärker androgyn orientiert wäre und der Schattenseite seiner Natur volleren Ausdruck verleihen würde. Man glaubte, daß diese Ansichten durch die Theorie der Relation zwischen Bisexualität, Verdrängung und dem Unbewußten gestützt würden, die Freud zugeschrieben wurde. Freud, so meinte man, habe behauptet, daß die vorherrschende Geschlechtszugehörigkeit des Individuums den mentalen Ausdruck der jeweils untergeordneten Geschlechtszugehörigkeit verdrängt – mit dem Ergebnis, daß der Kern des Unterbewußtseins beim Mann »weiblich« und bei der Frau »männlich« ist. Obwohl Freud dieses Konzept später ablehnte, blieb der Einfluß dieses simplen Erklärungsansatzes doch beträchtlich.[14] Er ging einher mit einer großzügigeren, rationaleren und progressiveren Einstellung zum Leben, die Geburtenkontrolle und Sex außerhalb der Ehe akzeptierte, die Zensur und Todesstrafe ablehnte und Homosexualität als natürlich ansah. Im Zuge der allgemeinen Liberalisierung wurden auch die elterlichen Disziplinierungsmaßnahmen abgebaut und an Vorschriften orientierte Erziehungsmethoden abgelehnt. Überzeugungen, die sich auf die Rechte des Individuums, auf die Befreiung von autoritärer Nörgelei und Zensur konzentrierten, gewannen immer mehr an Einfluß.

Die Vorstellung von der menschlichen Bisexualität verschmolz wiederum mit einer anderen, aber komplementären Vorstellung, die zum gleichen Zeitpunkt in den Köpfen von Soziologen und Psychologen Gestalt annahm: Weit entfernt davon, ein Ausdruck angeborener Disposition zu sein, seien die Kategorien »männlich« und »weiblich« insgesamt kulturell determiniert. Es seien Kategorien, die uns von den Kulturen, in die wir zufällig hineingeboren worden sind, eingeprägt wurden. In dieser Hinsicht waren vor allem die anthropologischen Schriften von Margaret Mead sehr einflußreich. Schon in *Sex und Temperament in drei primitiven Gesellschaften*, das sie bereits 1935 veröffentlichte, hatte sie sich mit bemerkenswerter Klarheit ausgedrückt: Die menschliche Natur sei fast unglaublich formbar. Infolgedessen könnte man sagen, daß viele, wenn nicht alle der Persönlichkeitszüge, die als maskulin oder feminin bezeichnet werden, so locker mit der Geschlechtszugehörigkeit verbunden sind wie die Kleidung, das Verhalten und die Art der Kopfbedeckung, die eine Gesellschaft zu dem einen oder anderen Zeitpunkt dem einen oder anderen Geschlecht zuschreibt.[15]

Meads beispielhaften Untersuchungen folgend machten die Lehrbücher der 60er Jahre viel Aufhebens um drei primitive Völker, die Arapesh, die Mundugumor und die Tchambuli.[16] Die Arapesh, so wurde behauptet, seien ein Volk, bei dem sowohl die Männer als auch die Frauen so agierten, wie wir es von Frauen erwarten würden. Die Mundugumor seien ein Volk, bei dem beide Geschlechter so agierten, wie wir es von Männern erwarten würden. Und bei den Tchambuli würden unsere Erwartungen ins Gegenteil verkehrt: die Männer agierten, wie wir es von Frauen erwarten, und die Frauen, wie wir es von Männern erwarten. Die Überzeugungskraft solcher Beispiele war beträchtlich, und nur wenige Leser waren fähig zu entdecken, daß die Beweislage im Hinblick auf primitive Stämme in eine ganz andere Richtung wies.[17] Tatsächlich zeigte sie, daß es zwar eine Vielzahl von primitiven Kulturen gibt, in denen die Frauen, nicht die Männer, schwere Lasten tragen, daß aber eben nicht eine einzige Kultur nachweisbar ist, in der die Frauen in den Krieg ziehen, während die Männer sich um den Haushalt kümmern. Und mehr noch: die symbolisch signifikante Aktivität der Waffenherstellung scheint in jeder primitiven Kultur, die den Anthropologen bekannt ist, ausschließlich den Männern vorbehalten zu sein. In der Tat weisen die ethnographischen Fakten darauf hin, daß die Benutzung der Kategorien »männlich« und »weiblich« auf sehr direkte Weise in der Biologie verwurzelt ist: zunächst in einer sozialen Beherrschung der Frauen durch die Männer, die auf der unterschiedlichen Körperkraft begründet ist, und zweitens in den beiden mit dem Geschlecht zusammenhängenden Beschäftigungen – der Männer mit der Gewalt und der Frauen mit der Aufzucht.

Trotz dieser sperrigen Tatsachen gewann die Vorstellung, daß Männlichkeit und Weiblichkeit vollständig kulturell determiniert seien, zunehmend an Einfluß, und sie vermischte sich bald mit einer anderen, noch radikaleren Vorstellung. Pauschal gesagt war diese ihrer Herkunft nach marxistisch. Sie lief auf die Behauptung hinaus, daß in ökonomisch weiter entwickelten Kulturen die Geschlechterrollen neu festgelegt werden könnten. Feinere Unterscheidungen – die Tatsache, daß ein Unterschied der Geschlechter nicht notwendigerweise eine Ungleichheit und die Ungleichheit nicht unbedingt die Unterdrückung des einen Geschlechts nach sich zieht – gingen in einem Glaubenssystem unter, das sofort als eine Aufforderung zum Kampf verstanden wurde: Frauen sind nur so lange anders als Männer, als sie sich durch die konventionellen und egoistischen Rationalisierungen, die die Männer sich haben einfallen lassen, verwirren lassen.[18]

Diese neue Art von Sozialwissenschaft – »Mead plus Marx« – sollte eine magnetische Anziehungskraft auf die Studenten beiderseits des Atlantiks ausüben. Nur der Behaviorismus in der Psychologie konnte ihr Konkurrenz machen, und so feierte sie in den von Wohlstand und Wirtschaftswachstum geprägten Nachkriegsjahren einen universitären Siegeszug. Ihr Appell richtete sich nicht an Herz und Geist, sondern an das Stilgefühl. Wie der Behaviorismus war das, was Mead plus Marx seinen Anhängern anbot, ein Glaube, der in seiner Einfachheit bestechend war und in seinem Bereich so modern wie die Architektur Le Corbusiers. Gestützt wurde es von einer brillanten argumentativen Technik. Anstatt sich von den Angriffen der Reformer auf die Konvention fernzuhalten, meldeten sich Anthropologen und Soziologen häufig als deren Stoßtruppen. In interdisziplinären Seminaren und Kolloquien war ihr Einfluß beträchtlich. Zweifler, vor allem diejenigen, die sich auf »die Fakten« zu beziehen versuchten, wurden verdächtigt, sowohl offensichtliche Wahrheiten zu verleugnen als auch unmoralische Einstellungen an den Tag zu legen. Der daraus resultierende Angriff war von einer solchen Kraft, daß nur wenige konventionell gebildete Akademiker gerüstet waren, ihm zu widerstehen. Er war hitzig und resultierte aus einer doppelten Unklarheit: zugleich faktisch und moralisch begründet, spielte er sich innerhalb eines Rahmens ab, der Fakten oder auch eine Moral nicht vorsah.

In der Folgezeit wurde dieser Angriff auf die biologischen Fundamente der Geschlechter sogar noch radikaler, und in den Händen der Poststrukturalisten konzentrierte er sich jetzt auf die Idee der Person, sogar auf die Idee des Körpers selbst. Innerhalb dieses neuen Bezugsrahmens werden Männer und Frauen plötzlich nicht mehr als Säugetiere mit stabilen und in einigen Fällen genetisch determinierten Charakteristika gesehen. Ihre Körper hören auf, Hüllen aus Fleisch und Blut zu sein, sie werden zu Schauplätzen in sich instabiler, irreduzibel mehrdeutiger Bedeutungsspiele. Es geht nun darum, den »Phallogozentrismus« unserer Kultur zu »dezentrieren«. Körperliche Kategorien sollen »denaturalisiert« und »resignifiziert« werden und sich in subversiver Weise »jenseits des binären Rahmens« verbreiten können.[19]

Der Stil mag neu sein, die Ziele dagegen sind vertraut. Teilweise ist die Absicht durch und durch wissenschaftlich; es geht darum, die Wahrheit hinter den Erscheinungen zu fassen. Dann sollen bestimmte Praktiken oder Existenzformen – homosexuelle beispielsweise –, die in der Vergangenheit als abnorm oder unnatürlich angesehen wurden, vom letzten Ruch der Unanständigkeit befreit werden. Teilweise geht es auch darum, die Kriege der Legitimität weiterzukämpfen, die Sozialwissenschaftler ohne Unterlaß gegen die unterstellte Autorität der Naturwissenschaften führen. So seltsam es scheinen mag: Viele tüchtige Philosophen und Soziologen glauben jetzt, daß wissenschaftliche Erklärungen nichts anderes als »Stories« sind und die Begriffe »Faktum« und »Entdeckung« nichts anderes als Hilfen, die die Wissenschaftler benutzen, um die dramatische Wirkung ihrer eigenen theatralischen Darbietung zu erhöhen.[20]

Freizügigkeit ist der Grundton dieser Art von dekonstruktiver Analyse. Sie stürzt scheinbare Autoritäten vom Sockel, feiert die Vielfalt und legitimiert die Bedürfnisse von zuvor stigmatisierten Minoritäten. Dennoch sind in diesem Bereich wohl wieder Revisionen und Umkehrungen zu erwarten. In 25 Jahren wirken möglicherweise die gegenwärtig herrschenden Meinungen über die sexuelle Befreiung ebenso verworren und heuchlerisch wie der Moralkodex des 19. Jahrhunderts heute auf uns wirkt. Das Pendel wird möglicherweise zu den alten Werten zurückschwingen. Es mag sein, daß aus politischen oder moralischen Gründen anscheinend altmodische Ideale wie die der Jungfräulichkeit und der Unschuld wieder respektiert werden. Auf der anderen Seite könnten wir uns angesichts der Bedrohung durch sexuell übertragbare Krankheiten wie AIDS auf eine Wohlfahrtsmoralität hinbewegen, die sich ausschließlich auf die Nutzungsmöglichkeiten unseres Körpers konzentriert. Eine dritte Möglichkeit geht zurück auf die scharfe Kritik radikaler Denker wie Herbert Marcuse.[21] In ihrer augenblicklich populären Form beharrt die Doktrin der sexuellen Befreiung auf dem Recht des Individuums zum Lustkonsum und auf der freien Wahl von »Lustmachern« (»turn-ons«[22]). Obwohl diese Ansicht als eine Befreiung vom Puritanismus betrachtet wird, könnte sie sich als genau das Gegenteil erweisen: eine Ausdrucksform der manichäistischen Tendenz in einer neuen Verkleidung. Sie könnte eine weitere Manifestation unserer Angst vor wirklichem Genuß sein; ein Abwehrmechanismus gegen die andauernde Befriedigung, die nur durch erotische Intimität erlangt werden kann. Es gibt jedoch immer die Möglichkeit, daß, ausgehend von der Idee der Intimität, sich neue Maßstäbe bilden.

Zurücktreten

Es gibt natürlich keinen Grund, warum eine Theorie, die die privaten Bedürfnisse ihrer Protagonisten erfüllt, nicht zugleich auch wahr sein kann und warum nicht auch verborgene Beweggründe durch und durch humanitäre soziale Veränderungen herbeiführen können sollten. In den folgenden Kapiteln wird sich zeigen, warum wir sowohl für die Erhebungen Kinseys als auch für die Einsichten, die wir Freud verdanken, dankbar sein können. *Ein* Eindruck jedoch drängt sich uns immer wieder auf: Es handelt sich hier nicht einfach um den Triumph der Vernunft über die Unwissenheit und den Aberglauben, sondern hier diente der Geist auch dazu, die scharfen, schmerzhaften Kanten der persönlichen Erfahrung abzurunden. Kinsey, der aus einer außerordentlich puritanischen Familie kam, benutzte die Methode des Zählens und Einordnens als ein Mittel, um sich vor der Möglichkeit moralischer Zensur zu schützen. Freud griff beim Entwurf seiner Theorie der libidinösen Energien nicht nur auf seine privaten Erfahrungen zurück, sondern er benutzte sein leidenschaftliches Engagement für jene Theorie, um sich selbst in einem ausgeglichenen Seelenzustand zu halten.

Auf diese Weise entsteht nicht nur eine Atmosphäre großer Erregung, sondern auch potentiell unentwirrbarer Konfusion. Selbst die nüchternsten Fragesteller – die, denen es um die Wahrheit geht, die eines symbolischen Krieges müde sind, die gewillt sind, reformatorische Anliegen anderen zu überlassen, und ihr Bestes tun, um ihre privaten Ängste und fixen Ideen an einer kurzen Leine zuhalten –, haben es schwer. Es gibt keine stabile, faktische und theoretische Basis, von der aus man die vielfältigen Aspekte von Sex und Geschlecht angehen könnte, sondern diese Basis ist an sich schon instabil und zeitweise verwirrend. Forschungen wie die von Freud und Kinsey kann man als ein Beispiel für die Fähigkeit der Leidenschaft betrachten, Form und Richtung des abstrakten Denkens zu bestimmen, und sie sind ein Teil des Knotens, den wir entwirren müssen.[23]

Dementsprechend haben wir uns entschlossen, vorsichtig vorzugehen: die Argumente und das Faktenmaterial so gut wir können zu prüfen und alle Empfehlungen, die wir unter anderen Umständen vielleicht auszusprechen versucht wären, für uns zu behalten. Wir tun das in dem Glauben, daß Psychologen, was Erklärungen anbetrifft, realistischerweise hoffen können, etwas »herauszufinden«, daß es Wahrheiten über menschliche Erfahrung gibt, die festzuhalten wir erwarten können. Wir tun das auch in dem Glauben, daß vor allem nach Zeiten des Umbruchs und der

Unruhe die Wahrheit sich am leichtesten denjenigen zeigen wird, die wie ein Maler ein Stück von der Leinwand zurücktreten. Weit entfernt davon, verborgen oder schwer erfaßbar zu sein, fallen uns dann signifikante Aspekte jener Wahrheit – wie die männliche Wunde – möglicherweise ins Auge.

Anstatt unsere Hypothese dem Faktenmaterial mit einer immer größeren Gewaltanstrengung und Erfindungsgabe aufzuzwingen, können wir einen Schritt zurücktreten und darauf warten, daß das, was wir bereits wissen (oder was wir sehr leicht herausfinden können), sich von selbst zeigt. Nach Kellers Worten ist es möglich, »die Grenzen zwischen Subjekt und Objekt aufzugeben, ohne die Wissenschaft zu gefährden«, genau deshalb, weil Wissenschaft eine solche Abgrenzung nicht notwendigerweise verlangt. So wie bei der Malerei spielt auch hier eine »ausgebildete Aufmerksamkeit« eine wichtige Rolle.[24]

Gewinne und Verluste

Kapitel 2
Einfache Entscheidungen, komplexe Lösungen

Jede spezifische Hypothese in bezug auf biologisches und soziales Geschlecht – wie die unsrige über die männliche Wunde – braucht einen Rahmen. Er muß natürlich klar definiert, aber zugleich auch ausreichend flexibel sein, um die Verschiedenheit und Wandelbarkeit der menschlichen Bedürfnisse und des menschlichen Verhaltens zu umfassen. Wie Roger Brown sagt, scheinen die gründlichsten Denker immer das Bedürfnis nach »einer allgemeinen Theorie der sexuellen Orientierung« verspürt zu haben, »vermittels derer die Entwicklungen sämtlicher vorhandener Phänomene verfolgt werden können« – und nicht nur nach einer Theorie der Orientierung, so möchten wir hinzufügen, sondern nach einer Theorie unserer sexuellen Natur im allgemeinen.[1] Dieses Kapitel, das mit Anekdoten beginnt und endet, steckt den Rahmen ab, den wir am befriedigendsten finden. Innerhalb dieses Rahmens greifen biologische, psychologische und soziale Komponenten in dynamischer Weise, als System, ineinander. In der so entstehenden Ordnung findet auch die im nächsten Kapitel beschriebene männliche Wunde ihren Platz.

Das Erklärungsmuster, das wir anbieten, ist einfach, unverbindlich und ausbaufähig. Wir wollen in unsere Analyse ganz verschiedenartige Persönlichkeiten einbeziehen können, und sie soll keinesfalls ein klinisches oder moralisches Urteil enthalten. Wir wollen:

– einen Rahmen schaffen, innerhalb dessen die verschiedenen Facetten der Männlichkeit und Weiblichkeit voneinander getrennt und zugleich deren verschiedene Bedeutung erfaßt werden können,
– zeigen, wie sich diese Facetten bei jedem von uns verbinden, als Teil einer deutlich erkennbaren Persönlichkeit, und
– ein häufig übersehenes Motivationsprinzip erhellen, das, wenn es ein-

mal existiert, unablässig darauf abzielt, seine eigenen Spannungen zu lösen und einen wie auch immer prekären Ausgleich zu schaffen.

In der Entwicklung unserer Gedanken sollte die Auswirkung dieses Motivationsprinzips auf die imaginativen Energien des männlichen Geistes schnell deutlich werden.

Harry

»Harry« ist ein großer, grobknochiger Mann Mitte Dreißig, noch immer als Rugbyspieler aktiv, und er hat den Ruf besonderer Wildheit. Er erzählt, als wäre dies ein Aspekt seiner Erfahrung, der ihn selbst verwirrt, daß er während der Rugby-Saison an den Samstagabenden eine ganze Menge trinkt und manchmal frühmorgens ohne seine Hosen heimkehrt. Es ist bekannt, daß überall in englischen Rugbyclubs erwachsene Männer betrunken auf Tische steigen, ihre Hosen herunterlassen und der versammelten Mannschaft ihre Geschlechtsteile vorführen. Insoweit sind seine Feststellungen über sich selbst nicht besonders verblüffend. Ein weiteres Geständnis kommt allerdings in der Tat unerwartet. Er ist Lehrer. Er lehrt, so erzählt er, das Juwelierhandwerk.

Harrys Persönlichkeit ist ganz einfach ein System, in dem einander entgegenwirkende Kräfte am Werk sind. Es beinhaltet »männliche« und »weibliche« Elemente, und zwar auf unkonventionelle Weise. Sein muskulöser Körper, seine harte und rauhe Art und der Eindruck von unkontrollierter Gewalttätigkeit: all das paßt sehr gut zum Rugbysport. Und ebenso paßt ein Sich-Betrinken, bis man nicht mehr »bei sich« ist, dazu. Unter diesem Aspekt betrachtet ist Harry ein harter Mann in einer harten Welt: Bewohner eines Kulturkreises, in dem die Geschlechterrollen streng getrennt bleiben und in dem Frauen ein dienender Status zugewiesen wird. Sein Sohn besucht eine Grundschule, deren Pausenhof bis vor kurzem wie ein Zoo durch eiserne Gitter in Bereiche für Jungen und Mädchen aufgeteilt war. Dort kommunizierten die Repräsentanten der beiden Hälften der Menschheit vor allem durch Spucken miteinander. Harry lebt in einer Welt, die Weichheit oder ein unmännliches Wesen bei Männern mit Widerwillen betrachtet.

Gewiß kann die Tendenz bestimmter Sportler, in betrunkenem Zustand in der Öffentlichkeit ihre Hosen fallenzulassen, als ein Beweis für latente Homosexualität betrachtet werden. Es gibt auch Ähnlichkeiten zwischen solchen Ritualen und dem Dominanz- und Unterwerfungsverhalten von Affen. Aber was diese Rituale wohl wirklich ausdrücken, ist nicht so sehr eine latente Homosexualität, sondern es sind ungelöste Aggressionskonflikte. Auf jeden Fall zeigt sich in Harrys eindrucksvoller Männlichkeit ganz offensichtlich ein Schwachpunkt.

Dieser Schwachpunkt wird noch deutlicher, wenn wir uns Harrys Berufswahl genauer betrachten. Das Herstellen von Schmuck erfordert nicht nur eine extreme Geschicklichkeit der Hände und äußerste technische Finesse – wer je versucht hat, auch nur das einfachste Stück zu reparieren, weiß das –, es braucht dazu auch ein sinnliches Unterscheidungsvermögen und die Verbindung dieser Sinnlichkeit mit außerordentlichem technischen Geschick. Und diese flüchtige Verbindung hat typischerweise etwas mit weiblichen Körpern zu tun. Manche Männer tragen Schmuck, und Schmuckstücke haben viele Funktionen, darunter die eines Statussymbols und einer Selbstdarstellung. Aber im wesentlichen soll Schmuck dazu dienen, die Attraktivität von Frauen zu betonen und ihre Kostbarkeit zu demonstrieren.

An diesem Punkt zeigen sich die Spannungen in Harrys Persönlichkeit. Männlichkeit und Weiblichkeit sind nicht eindeutige, klar nachweisbare Eigenschaften. Wie wir früher einmal ausgeführt haben, sind vier Grundschichten oder Ebenen von biologischem und sozialem Geschlecht im Spiel[2]:

– Biologie,
– Geschlechtsidentität,
– Objektwahl und
– Selbstdarstellung.

Aus diesen vier Facetten der Männlichkeit oder Weiblichkeit setzt sich die Persönlichkeit jedes einzelnen Menschen zusammen – und wird bisweilen in anderer Form neu zusammengesetzt.

Anatomie und Physiologie

Es gibt keine Frau, die Harry in irgendeiner Weise ähneln würde. Und es gibt nur wenige, so möchte man meinen, die sich das wünschen. Er ist fast 1,90 m groß, wiegt mehr als zwei Zentner, ist eher grobknochig und muskulös als fleischig, an Gesicht und Körper reichlich behaart, seine Stimme verfällt sehr leicht in ein röhrendes Brüllen. Es gibt auch auf

Erden keine Frau, die wie Harry – oder wie sein Sohn – äußerlich sichtbare Genitalien hätte. Auf der anderen Seite gibt es keinen Mann, der menstruierte und ein Kind austragen könnte. Diese anatomischen Unterschiede zwischen Männern und Frauen sind unabänderlich. Das Sexualverhalten wird durch »männliche« und »weibliche« Sexualhormone reguliert, deren Ausscheidung durch die Hypophyse an der Basis des Gehirns kontrolliert wird. Das Funktionieren der Hypophyse wird wiederum durch die Hypothalamus-Drüse, auch ein Teil des Gehirns, reguliert. Infolgedessen, so sagt Tanner, »ist die endokrine Männlichkeit in der Hypothalamus-Drüse und nicht in den Hoden oder in der Hirnanhangdrüse lokalisiert«[3]. Genauso wie die männlichen und die weiblichen Genitalien verschieden sind, unterscheidet sich also auch ein Teil des männlichen Gehirns von einem Teil des weiblichen Gehirns. Die fraglichen Unterschiede betreffen die Zellstruktur der Hypothalamus-Drüse und sind, wenn sie sich einmal manifestiert haben, anscheinend irreversibel.

Andere körperliche Unterschiede zwischen den beiden Geschlechtern sind weniger deutlich ausgeprägt. Einiger sind wir uns intuitiv bewußt, andere jedoch sind für unser Erfahrungsspektrum so unwesentlich, daß wir sie kaum je bemerken. Die meisten von uns sind sich beispielsweise intuitiv der Tatsache bewußt, daß erwachsene Frauen relativ gesehen breite Hüften und schmale Schultern haben, während es bei erwachsenen Männern umgekehrt ist. Dieser Unterschied entwickelt sich im Laufe der Pubertät. Das Schultergewebe beider Geschlechter wird von männlichen Geschlechtshormonen, das Beckengewebe beider Geschlechter von weiblichen Geschlechtshormonen beeinflußt. In der Pubertät wird der männliche Körper mit männlichen Hormonen überflutet, der weibliche mit weiblichen. Daher sind es bei Jungen die Schultern, bei Mädchen die Hüften, die sich tendenziell verbreitern.

Weniger offensichtlich dagegen ist ein anderer, von Tanner erwähnter Unterschied: Auch wenn wir unsere Hände an jedem Tag unseres Lebens viele Male anschauen, werden wir an unseren Fingern erst bei ganz genauer Betrachtung ein seltsames Phänomen entdecken, das wir zuvor meist noch niemals wahrgenommen haben. Bei beiden Geschlechtern ist der vierte Finger jeder Hand länger als der Zeigefinger. Jedoch, so sagt Tanner, ist dieser Unterschied geschlechtsspezifisch. Gewöhnlich ist er bei einer Frau an der linken Hand deutlicher ausgeprägt, bei einem Mann an der rechten Hand.

Diese und viele andere mit dem Geschlecht zusammenhängenden Unterschiede der physischen Erscheinung sind jeweils Durchschnittswerte.

Tanners Daten deuten darauf hin, daß im Hinblick auf den Unterschied der Breite der Hüften und der Breite der Schultern etwa 10% der Männer dem »weiblichen« Muster entsprechen und 10% der Frauen dem »männlichen«. Solche anatomischen Unterschiede erklären wiederum, warum Männer im Durchschnitt schneller rennen, höher springen und weiter werfen können als Frauen, und warum zugleich eine Minderheit von Frauen in diesen Bereichen bessere Leistungen zeigt als die meisten Männer.

Die Unterschiede zwischen dem männlichen und dem weiblichen Körper sind natürlich nur in dem Maße signifikant, wie wir sie als solche wahrnehmen. Wir können sie ignorieren oder sie als außerordentlich bedeutungsvoll ansehen. Wir können sie auch als Bühne für vielfältige soziale und ästhetische Spiele nutzen. Gegenwärtig ist einer der verwirrenderen Aspekte der eben erwähnte Unterschied zwischen Schulter- und Hüftbreite. Es ist bei den wohlhabenden Frauen des westlichen Kulturkreises modern, Körper – und vor allem Hüften – »wie ein Junge« zu haben. Dieses Bedürfnis ist keineswegs auf die frivolen Frauen beschränkt, sondern auch bei den angepaßten erkennbar. In jüngster Zeit hat diese Einstellung zu einem Modetrend geführt, bei dem eine massive Polsterung benutzt wird, um die weiblichen Schultern breiter erscheinen zu lassen. Das Resultat ist visuell ebenso aufregend wie biologisch pervers.[4]

Noch ein weiterer Unterschied hat allem Anschein nach eine physiologische Basis. Es handelt sich diesmal eher um eine Frage der Funktion als der äußeren Erscheinung. Diese Funktion ist ein immer wiederkehrendes Thema der Sexualforschung für mindestens ein halbes Jahrhundert gewesen. Kinsey hat dazu einiges Beweismaterial zusammengetragen. Er zeigte, daß die beiden Geschlechter, was ihre sexuellen Energien anbetrifft, unterschiedliche Wege gehen. Männer erreichen den Gipfel ihrer sexuellen Energie allem Anschein nach in ihren frühen Teenagerjahren, mit Eintritt in die Pubertät. Danach schwächen sich diese Energien gewöhnlich ab. Das Defizit ist meist sehr leicht wahrnehmbar, wenn der Mann in den Dreißigern oder Vierzigern ist, und wenn er die Fünfziger oder Sechziger erreicht hat, wird es endgültig zur Tatsache. Das weibliche Muster ist ganz anders. Das Faktenmaterial ist im Detail unterschiedlich, aber der allgemeine Eindruck läuft darauf hinaus, daß in der späten Pubertät oder im frühen Erwachsenenalter ein Niveau sexueller Energie erreicht wird, das sich wenig verändert und sich bis in die Vierziger oder Fünfziger einer Frau – und häufig noch darüber hinaus – hält.

Auch hier gibt es, wie anderswo, ein breites Spektrum individueller

Verschiedenheit. Kinseys Bericht zeigt, daß eine beträchtliche Anzahl von Frauen beim Geschlechtsverkehr jedesmal mehrere Orgasmen hatten; einige Frauen drei oder vier, einige wenige sogar ein Dutzend. Aber in dem Bericht ist auch die Rede von einer Frau, die ihren ersten Orgasmus hatte, nachdem sie mit demselben Mann 28 Jahre lang verheiratet war. Unter Kinseys Fallbeispielen für die Männer ist ein »hochgebildeter Rechtsanwalt«, der behauptete, in 20 Jahren seines Lebens wöchentlich durchschnittlich 33 Orgasmen gehabt zu haben, es gibt einen Bericht über einen männlichen Prostituierten von Ende Dreißig, der angeblich zu »sechs bis acht Ejakulationen« fähig war – wenn es der Anlaß erforderte. Kinsey fand jedoch auch einen Mann, noch immer im angemessenen Alter und anscheinend bei guter Gesundheit, der nur einmal in drei Jahrzehnten ejakuliert hatte.

Der bei Männern und Frauen unterschiedliche Trend ist deutlich erkennbar. Während für Frauen sexuelle Energie ein relativ stabiles Element ihres Erwachsenenlebens ist, schwächt sie sich bei Männern im Laufe der Zeit immer weiter ab. Während die sexuelle Energie junger Frauen häufig die Normen einer Kultur erfüllt, in der Sex mit Liebe und Intimität in Verbindung gebracht wird, ist das bei jungen Männern gewöhnlich nicht der Fall. Im Gegenteil: die männliche sexuelle Energie erreicht ihren Höhepunkt gewöhnlich zu einem Zeitpunkt, zu dem eine andauernde heterosexuelle Intimität noch nicht erlebt werden kann, und danach hat sie, zumindest eine Zeitlang, die Tendenz, solche Intimität, wenn sie sich einmal entwickelt hat, wieder zu zerstören.

»Instinkte«

Uns ist kein Grund bekannt, warum man die Tatsache anzweifeln sollte, daß anatomische und physiologische Unterschiede zwischen den Geschlechtern genetisch determiniert sind. Es ist zumindest möglich, daß das Gefühl sexueller Faszination bei Männern und Frauen auch durch Instinkte ausgelöst wird. Bei allen Säugetieren, so behaupten die Biologen, ist die primäre Funktion des männlichen Tieres die Besamung, die des weiblichen dagegen die Austragung des wachsenden Fötus. Es kann infolgedessen beim Mann durchaus ein genetisch übermittelter Drang bestehen, mit den männlichen Konkurrenten um die größtmögliche Anzahl verfügbarer Weibchen zu rivalisieren. Bei Frauen gibt es möglicherweise ebenfalls komplementäre Bedürfnisse: vom dominanten Mann der

Gruppe, zu der sie gehören, besamt zu werden, Kinder zu haben, diese zu lieben und für sie zu sorgen. All das ist möglicherweise ein Teil unserer »Biogrammatik«.

Solche evolutionären Argumente können auch zur Erklärung der Homosexualität benutzt werden. Offensichtlich hat eine Spezies, die heterosexuell programmiert ist, einen genetischen Vorteil, aber man könnte zumindest in Erwägung ziehen, daß auch die Spezies einen Vorteil hat, die die Nachkommen beiderlei Geschlechts darauf programmiert, eher sexuell erregt als aggressiv auf gewalttätige Aufmerksamkeiten von älteren Vertretern des gleichen Geschlechts zu reagieren. So riskieren die jüngeren zwar eine homosexuelle Vergewaltigung, aber sie überleben und können dann wieder Nachkommen zeugen. Homosexuelle Reaktionsmuster der Unterwürfigkeit können in der Folge »eingeschliffen« werden. Diese Erklärung sagt auf der anderen Seite nichts über aggressive homosexuelle Muster aus. Analoge Argumente können auch benutzt werden, um ein verwirrendes Ergebnis der Sexualforschung der jüngsten Zeit zu erklären: Nicht nur sind Männer im Durchschnitt promiskuitiver als Frauen, sondern homosexuelle Männer sind im Durchschnitt promiskuitiver als heterosexuelle Männer, während es bei Frauen keinen vergleichbaren Unterschied gibt; die durchschnittliche Anzahl der Sexualpartner ist bei heterosexuellen und homosexuellen Frauen eher bescheiden.[5] Anscheinend gibt es nur wenige Frauen, die kurzen, anonymen Sex in der Weise suchen wie dies Männer tun, es sei denn aus rein wirtschaftlichen Gründen. Die entsprechenden Biogrammatiken liefern uns dafür plausible Erklärungen. Die Annahme lautet, daß alle Männer zur Promiskuität neigen, daß die heterosexuellen Männer diese Neigung aus Rücksicht auf ihre jeweilige Partnerin nicht ausleben. (Eine alternative Erklärung dieses Sachverhalts wäre natürlich, daß die fraglichen Gruppen unterschiedlich motiviert sind: Die Ursache der Promiskuität bei Männern – vor allem der Promiskuität bei Homosexuellen – ist eine latente Feindseligkeit. Dagegen werden Frauen in ihren sexuellen Beziehungen von dem Bedürfnis geleitet, erneut primäre Bindungen zu schaffen.)

Die Urteile über solche entwicklungsgeschichtlichen Erklärungsversuche sind stark von persönlichen Ansichten und Vorlieben geprägt. Unbestreitbar ist jedenfalls die Tatsache, daß Männer und Frauen Instinkte haben. Da wir Säugetiere sind, wäre es seltsam, wenn das nicht der Fall wäre. Allerdings können wir mit Recht gegen die Annahme protestieren, Instinkte seien stärker als alles, was unsere Kultur von uns verlangt. Der Einfluß genetisch übertragener Instinkte auf ein Geschöpf, das ein sehr weit entwickeltes zentrales Nervensystem besitzt und das in einer komplexen Kultur lebt, wird gewöhnlich indirekt, oder, um den auf Tiere anwendbaren behavioristischen Begriff zu gebrauchen, »unter-determiniert« sein. Unser Verhalten wird von unseren Instinkten zwar beeinflußt, aber nicht notwendigerweise beherrscht. Die Rolle von Instinkten bei Menschen ist es, bestimmte Fähigkeiten herauszubilden, die leicht zu erlernen und spontan anwendbar sind: den Erwerb von Sprache beispielsweise und bestimmte Verhaltensweisen in Bezug auf biologisches und soziales Geschlecht. Auf diesen Verhaltensweisen basieren die Institutionen einer jeden Kultur – und die zentrale Institution ist, wie wir in Kapitel 4 noch zeigen wollen, die Familie.[6]

Geschlechtsidentität

Unsere köperliche Identität als Mann oder Frau steht sehr eng in Zusammenhang mit unserer Geschlechtsidentität – dem Gefühl, entweder zur männlichen oder zur weiblichen Hälfte der menschlichen Gattung zu gehören. Wissenschaftliche Untersuchungen deuten darauf hin, daß weibliche oder männliche Säuglinge bereits im Alter von 18 Monaten ein entsprechendes Gefühl entwickelt haben. Untersuchungen über hermaphroditische Kinder, deren Zugehörigkeit zum männlichen oder weiblichen Geschlecht nicht eindeutig feststand, haben gezeigt, daß jenseits dieses Alters das Bewußtsein von Männlichkeit oder Weiblichkeit nur schwer, wenn überhaupt, zu verändern ist. Bis vor kurzem nahm man an, daß dieses Bewußtsein klar strukturiert und in sich eindeutig sei; wohl aus diesem Grund wurde es von der Wissenschaft weitgehend ignoriert. In der Praxis sind die Dinge jedoch komplizierter. Ein Mann erlebt sich möglicherweise auf dem Fußballplatz als eindeutig männlich und als geschlechtslos oder sogar »weiblich«, wenn er mit einer Frau schläft. Eine Frau erlebt sich vielleicht als geschlechtslos oder sogar »männlich«, wenn sie eine Lebensversicherung verkauft, aber als eindeutig weiblich, wenn sie ihr Kind badet. Unser Rahmen muß also Raum für Menschen schaffen, deren Gefühl von persönlicher Männlichkeit oder Weiblichkeit nur zeitweilig vorhanden ist oder sich entsprechend der Umgebung verändert. Er muß auch Raum schaffen für Personen, bei denen Fragmente von Männlichkeit und Weiblichkeit mosaikartig nebeneinander liegen, denen ein eindeutiges Gefühl der Geschlechtszugehörigkeit fehlt. Und auch für das merkwürdige Phänomen des Transsexuellen: des »Mannes«, der sich als im Körper einer

Frau gefangen wahrnimmt, oder der »Frau«, die sich als in einem männlichen Körper gefangen wahrnimmt, und die beide ihre Körper als grundsätzlich fremd betrachten, sollte Platz sein.[7]

Einige der Determinanten der Geschlechtsidentität sind ganz offensichtlich: die früher oder später erfolgende Entdeckung der Kinder, daß ihre genitale Anatomie sie entweder den Männern oder den Frauen in ihrem Leben zuordnet, ihre Namen, die entweder männlich oder weiblich sind, und die Erwartungen der Eltern. Andere Determinanten der Geschlechtsidentität von Erwachsenen sind – wie wir später zeigen werden – subtiler.

Objektwahl

Unsere »Objektwahl« richtet sich auf eine Person, auf die wir unsere erotischen Leidenschaften konzentrieren. Dabei wird jene Person nicht als einzigartiges Individuum, sondern als Repräsentant einer Gruppe oder eines Typus gesehen: er oder sie ist »unser Typ«. Dieser hat dasselbe Geschlecht wie wir oder ist gegengeschlechtlich. Er ist uns im Hinblick auf Persönlichkeit und soziale Herkunft ähnlich, oder er ist anders als wir – und so fort. (Das Wort »Objektwahl« ist zwar geläufig, aber unglücklich gewählt. Es sind nicht Objekte, um die es hier geht, sondern Menschen, und es sind nicht bewußt getroffene Entscheidungen, sondern durch das Unterbewußtsein gesteuerte Neigungen.)

Das Fortbestehen der Spezies hängt, überflüssig zu sagen, davon ab, daß wir uns zu Mitgliedern des entgegengesetzten Geschlechts hingezogen fühlen. Aber eine Minderheit folgt diesem Muster nicht und wählt statt dessen das homosexuelle Objekt, was, unter dem Aspekt der Vermehrung gesehen, schlecht angepaßt, unnatürlich ist. Obwohl man sich viele Jahrzehnte lang sehr intensiv mit diesem Phänomen beschäftigt hat, bleiben die Erklärungen weitgehend spekulativ. Browns Überblick zeigt, daß die Untersuchungen zu diesem Phänomen kaum substantielle Ergebnisse erbracht haben. Die Suche nach hormonellen Unterschieden zwischen erwachsenen Homosexuellen und Heterosexuellen blieb ergebnislos, und die Annahme exzessiver Nähe zum gegengeschlechtlichen Elternteil ist seiner Meinung nach weitgehend spekulativ.[8]

Für Brown bietet die Überprüfung von Hormonmengen bei Embryonen eine vielversprechende Klärungsmöglichkeit. In bestimmten Fällen wird der weibliche Fötus in einer kritischen Phase seiner Entwicklung von exzessiven Mengen des männlichen Sexualhormons überschwemmt. Bei einer derartigen »fötalen Androgenisation« wachsen die Mädchen als Wildfang auf und haben eher als andere Mädchen die Tendenz, entweder homosexuell oder bisexuell zu sein.[9] Es deutet in der Tat alles darauf hin, daß exzessive Mengen männlicher oder weiblicher Sexualhormone in kritischen Phasen der Entwicklung des Fötus entsprechende Auswirkungen auf beide Geschlechter haben können. Für den Augenblick jedoch bleibt der Einfluß der Hormone auf unsere erotische Orientierung, sei diese nun heterosexuell oder homosexuell, trotz großer Anstrengungen der Wissenschaftler, ein ungelöstes Rätsel.

Es steht in jedem Falle eine sehr viel drängendere Aufgabe an als die Pro- und Contra-Argumente der oben genannten Erklärungsansätze abzuwägen. Denn wir müssen uns darüber klar sein, daß die traditionelle Unterscheidung zwischen Homosexualität und Heterosexualität nicht das ist, was sie zu sein scheint. Sie basiert auf Mustern sexueller Bedürfnisse, die de facto sehr viel differenzierter sind. Ein Mann, der sich selbst als Mann sieht und der andere Männer begehrt, sucht das Ähnliche. Er fühlt sich sexuell zu Menschen hingezogen, die zur selben Kategorie wie er selbst gehören. Ein Mann, der sich selbst als Frau sieht und andere Männer begehrt, sucht, und das ist wichtig festzuhalten, das Unähnliche. Das heißt, daß er sich sexuell zu Menschen hingezogen fühlt, die er in signifikanter Hinsicht als grundsätzlich *anders* als sich selbst wahrnimmt.

Dasselbe gilt natürlich für heterosexuelle Beziehungen, und in diesem Bereich für Männer ebenso wie für Frauen. Ein Mann, der sich als Mann sieht und sich zu Frauen hingezogen fühlt, sucht das Unähnliche, entsprechend dem konventionellen Muster. Wenn er sich aber als Frau sieht und sich zu Frauen hingezogen fühlt, dann ist er in einer signifikanten Hinsicht nicht heterosexuell, sondern »lesbisch«.

Die notwendigen Unterscheidungen hören hier nicht auf. Der Mann, der sich selbst als Mann sieht und andere Männer begehrt, fühlt sich vielleicht zu Männern hingezogen, die er als sich selbst ähnlich, maskulin, betrachtet. Oder er fühlt sich vielleicht zu Männern hingezogen, die er als anders als sich selbst, als unmännlich, wahrnimmt. Es gibt einen gewaltigen Unterschied zwischen dem männlichen »Lesbier«, der sich zu kraftvollen Frauen hingezogen fühlt, von denen er beherrscht zu werden hofft, und dem männlichen »Lesbier«, der Frauen begehrt, die noch femininer sind als er sich selbst sieht. In der Praxis wird der Erfolg oder Mißerfolg einer Beziehung häufig von eben diesen Feinheiten abhängen.

Genauso wie es »Mosaiken« der Geschlechtsidentität gibt, so gibt es auch bei der Objektwahl komplexe Muster. Einige Menschen entdecken vielleicht, daß sie sowohl hetero- als auch homosexuell sind, entweder gleichzeitig oder von Zeit zu Zeit wechselnd. Sie fühlen sich vielleicht zu ähnlichen Eigenschaften bei ihren männlichen wie bei ihren weiblichen Partnern hingezogen; vielleicht zu einer sanften Anpassungsbereitschaft bei dem einen wie bei dem anderen Geschlecht, die ihnen einen Spielraum zum Beherrschen gibt. Oder das Muster der Anziehung ist geschlechtsspezifisch, ein Mann entdeckt vielleicht, daß er eine fatale Schwäche sowohl für den »weiblichen« Mann als auch für die »männliche« Frau hat. Er spielt mit ihnen vielleicht jeweils dasselbe Spiel von Dominanz und Unterwerfung, aber er benutzt möglicherweise die untypische geschlechtliche Identität seines Partners als Stimulanz, um dabei von einer Rolle zur anderen zu wechseln – so verhält er sich, sagen wir einmal, dominant beim »weiblichen« Mann, unterwürfig bei der »männlichen« Frau.

In *Sex and Gender* beschreibt Stoller eine Hausfrau von Mitte Dreißig mit zwei Söhnen im vorpubertären Alter, deren sexuelles Erleben zeigt, welche speziellen Formen dies annehmen kann.[10] Die Frau wollte als Kind und junges Mädchen unbedingt ein Junge sein. Seit der frühen Pubertät hatte sie homosexuelle Beziehungen gehabt, und ihre privaten sexuellen Phantasien waren »männlich«: »Wenn ich mich sexuell stimulieren möchte, dann stelle ich mir vor, ich sei ein Mann mit einer Frau in verschiedenen sexuellen Situationen.« Oder: »Wenn ich sexuelle Beziehungen mit einer Frau habe, dann kann ich mich, solange sie mich nicht im Schambereich berührt, völlig männlich fühlen. Unabhängig davon, in welcher Weise ich im Zusammensein mit einer Frau sexuell aktiv bin, habe ich immer dann einen Orgasmus, wenn sie einen hat, und das kann auch dann der Fall sein, wenn sie meine Genitalien nicht berührt hat. Wenn ich eine sexuelle Beziehung mit einer Frau habe, dann fühle ich mich in der Tat so, als hätte ich einen Penis. Ich empfinde mich als völlig maskulin und betrachte mich als der Frau, mit der ich zusammen bin, überlegen. Wenn ich einen Orgasmus habe, dann habe ich das Gefühl, als würde ich ejakulieren.«

Diese Frau war allerdings energetisch bisexuell, ihr Erleben der sexuellen Lust war in einer heterosexuellen Beziehung ganz anders als in einer homosexuellen. »Ich habe mich niemals als maskulin empfunden«, sagte sie, »während ich sexuelle Beziehungen mit einem Mann hatte.« »Bei einem sexuellen Kontakt mit einer Frau kann ich mich nach einem Orgasmus völlig befriedigt fühlen. Wenn ich Verkehr mit einem Mann habe, dann muß ich mehrere Orgasmen haben, bevor ich mich entspannt und befriedigt fühle.« Wie Stoller in einem anderen Zusammenhang bemerkt, scheinen Frauen leichter von einem erotischen Verhaltensmuster zum anderen wechseln zu können. Männern scheint dies wesentlich schwerer zu fallen.

Selbstdarstellung

In der vierten Ebene unseres Erklärungsschemas geht es um unsere Selbstdarstellung in unserer Eigenschaft als soziale Wesen. In fast allen Kulturen gibt es bestimmte feste Erwartungen, wie Männer und Frauen sich verhalten sollen.

In unserem Kulturkreis wurde, zumindest bis in die jüngste Zeit hinein, angenommen, daß der Mann aggressiv und aktiv sei, die Frau dagegen fürsorglich-nährend und passiv. Das Milieu im Fußballverein und auf dem Bau ist männlich, in dem Sinne, wie es das Milieu des Juweliers, der Ballettänzerin oder der Krankenschwester nicht ist. Diese Beziehungen zwischen Geschlechtszugehörigkeit und öffentlichem Leben sind keinesfalls unveränderlich, aber sie sind traditionell tief verwurzelt, und sie bilden den Hintergrund, vor dem jeder von uns seine persönliche Identität zu finden sucht. Unsere Männlichkeit oder Weiblichkeit hängt sowohl von unserer Haltung gegenüber der Welt ab, wie von den sozialen Umfeldern, in denen wir unseren Lebensunterhalt verdienen oder unsere Freizeit verbringen.

Wir müssen uns bei unserer Analyse vor Vereinfachungen hüten. Der Angriff der Emanzipationsbewegung auf die tradierten Rollen zielte auf das Klischee des »Machos« ebenso wie auf das stereotype Bild des »Weibchens« – ganz Sanftheit und Intuition, Kopfschmerzen und weibliche Tricks. Solche Rollenklischees seien bloße Verteidigungsstrategien gegen Angstgefühle, so die einleuchtende Erklärung der Kritiker, und sie würden die Menschen einengen und krankmachen. Es ist wahr, daß beide Lebensentwürfe häufig einen sehr starken Klischeecharakter haben. Auf der anderen Seite ist ein offenkundiges Ausleben der männlichen oder weiblichen Rolle nicht notwendigerweise falsch, und einige Menschen, wie Harry, leben interessanterweise beide Rollen zugleich. Bei jeder beruflichen Tätigkeit eröffnen sich fortwährend neue Wege und Möglichkeiten, und viele von ihnen erweisen sich als geschlechtsspezifisch: einige eindeutig »männlich« oder »weiblich«, andere stärker androgyn. Das Goldschmiedehandwerk kann als Beispiel dafür herangezogen werden. Ein Juwelier wie Harry kann sich zu der offensichtlich mehr technisch orientierten Seite dieses Kunsthandwerks hingezogen fühlen, er kann sich auf die Verarbeitung kostbarer Metalle und das Schleifen, Polieren und Einsetzen wertvoller Steine spezialisieren. Auf der anderen Seite kann er sich mit jenen Bereichen der Juwelierkunst befassen, in denen es um künstlerisch-modische Aspekte und um die sinnliche und bisweilen erotische Seite seines Könnens geht. In jedem Fall hat er die Freiheit, in Einklang mit dem geschlechtsspezifischen Charakter des kulturellen Umfeldes zu arbeiten – oder aber im Gegensatz dazu. Wenn es ihm ein Bedürfnis ist, dann bleibt ihm immer noch ein genügend großer Bereich, innerhalb dessen er seine Ambivalenz ausdrücken kann. Er kann technisch orientierte Schüler, die vor allem den handwerklichen Aspekt erlernen, mit den künstlerisch-modischen Aspekten des Juwelierhandwerks vertraut machen. Auf der anderen Seite kann er auch die Schüler, die sich besonders für die modischen Aspekte begeistern, zur Beschäftigung mit der Technik der Metallverarbeitung und des Edelsteinpolierens anhalten.

Auch in einem anderen Bereich, dem der Geschichtswissenschaft, wird der Anfänger entdecken, daß es stärker sachlich orientierte und mehr intuitiv-beurteilende Ansätze gibt. Oder anders gesagt: Es ist in vielen Gebieten möglich, zwischen Methoden zu wählen, die den Rollenklischees in unterschiedlichem Grade entsprechen. Ernest Hemingway ist in dieser Hinsicht ein aufschlußreiches Beispiel: ein durch und durch rauhbeiniger und draufgängerischer Mann, der im wirklichen Leben die leicht überzeichnete Rolle eines rauhbeinigen und draufgängerischen Mannes zu spielen schien. Was uns an Hemingway in diesem Zusammenhang interessiert, ist nicht, daß wir in ihm noch eine weitere verletzliche Seele fänden, die in die Rolle des harten Machos schlüpft, der seine Zeit vorwiegend in einer Bar verbringt, begierig darauf, seine Muskeln spielen zu lassen und die »lieben kleinen Frauchen« zu beschützen und zu bevormunden. Vielmehr interessiert uns die Tatsache, daß seine Beschäftigung mit beinharter Männlichkeit zu einer gründlichen Reinigung der Prosa des modernen Romans geführt hat. Die Struktur seiner Sätze war so schlicht und prägnant, wie er selbst sein wollte. Richard Ellmann schreibt:

»Für Hemingway war Schreiben eine Form der Unterdrückung, mit einer nur zeitweiligen Befreiung. Er lebte so, wie er schrieb: er aß eine Weile nichts, um Geld zu sparen, und stürzte sich dann in einen Ausgabenrausch, wobei er die ganze Zeit lang ein wenig Geld in Reserve behielt. Seine Fähigkeit, gewisse Dinge zurückzuhalten, ging so weit, daß er seine frühen Notizbücher viele Jahre lang in Banktresoren aufbewahrte, um sie in ferner Zukunft auswerten zu können. Selbst seine Methode, einen Abschnitt kreisförmig um bestimmte Schlüsselwörter herum zu komponieren, erinnert an die peristaltische Bewegung des Darms. Er liebte es, sich als Protz und Angeber darzustellen, aber seine eigentliche Stärke bestand darin, seine wahre Persönlichkeit weitgehend zu verstecken. Seine wohlbekannte Lust am Rivalisieren, am Wettkampf, war vor allem auch ein Versuch, seine geheimen Ressourcen zu schützen.«[11]

Stereotypen

Nicht nur stehen eine große Zahl von Berufen und Freizeitbeschäftigungen mit der Geschlechtszugehörigkeit in Zusammenhang, sondern schon der klischeehafte Kontext, in dem diese von jedem von uns wahrgenommen und interpretiert werden, ist als solcher geschlechtsspezifisch strukturiert.

Das kulturelle Stereotyp, so behaupten wir, ist ein Element der Grundausstattung unseres Geistes, das gründlich mißverstanden worden ist. Weit entfernt davon, eine willkürliche Beschränkung zu sein, die unserem Denken durch unwissende Eltern oder durch geldgierige Werbeleute aufgezwungen wurde (oder, noch schlimmer, durch die finsteren Machenschaften des Kapitalismus oder des militärisch-industriellen Komplexes), sind die Stereotypen der Künste, der Wissenschaften und der Technik, obwohl es sich dabei um krasse Vereinfachungen handelt, Gedankengerüste oder Muster, deren solide psychische Grundlage in der frühkindlichen Entwicklung gelegt worden ist.

Ein Großteil der Forschungen über die Wahrnehmung der Künste und Wissenschaften wurde in den 60er Jahren durchgeführt; wir selbst haben einen gewissen Beitrag dazu geleistet.[12] Im Detail müssen die Erkenntnisse auf den neuesten Stand gebracht werden, aber die Botschaft ist und bleibt eindeutig. Der typische Naturwissenschaftler, sagen wir einmal der Physiker, ist jemand, den wir uns in einem Rahmen bestimmter Werte vorstellen, der in überwältigender Weise »männlich« ist. Der typische Repräsentant der schönen Künste, der Romanschreiber, ist jemand, den wir uns in einem Werterahmen vorstellen, der androgyn oder deutlich »weiblich« ist. Dies gilt ebenso für die Engländer wie für die Amerikaner, für Gymnasiasten ebenso wie für fortgeschrittene Studenten.

Wir stellen uns den typischen Naturwissenschaftler als langweilig, hart und kalt vor, als hochintelligent, aber phantasielos, als zuverlässig, schwer arbeitend und gesellschaftlich wertvoll, als eher rauh denn sanft und, überflüssig zu sagen, als eher männlich denn feminin. Der typische Künstler wird dagegen als aufregend, weich und warm betrachtet, als außerordentlich phantasievoll, aber nicht gerade sehr intelligent, als unzuverlässig, faul und gesellschaftlich nicht besonders wertvoll, als eher sanft denn rauh und als keinem der beiden Geschlechter eindeutig zugehörig.[13]

In unserem Zusammenhang können wir durch diese Einsichten in Stereotypen drei Bereiche erhellen. Dies sind:

- die Trennung zwischen den hedonistischen und den puritanischen Anteilen unseres kollektiven Wertesystems,
- die Entstehung von Stereotypen in den verschiedenen Stadien unserer Entwicklung und
- die Bereitschaft des Einzelnen, sich Gruppen anzuschließen, die er eher negativ wahrnimmt.

Die Ergebnisse weisen auf eine wahre Gegensätzlichkeit zwischen der Haltung des Hedonismus und der der puritanischen Selbstbeschränkung hin. Der Naturwissenschaftler, die im wesentlichen »männliche« Gestalt, wird als zwar wertvoll betrachtet, aber zugleich als bar jeden persönlichen Charmes und jeder persönlichen Attraktivität. Der männliche Künstler, die typisch androgyne Persönlichkeit, wird als persönlich attraktiv, aber als nur sehr beschränkt nützlich angesehen. Mit anderen Worten: Trotz unserer offensichtlichen aufgeklärten Rationalität sind wir mit den Bürgern des viktorianischen Zeitalters darin einig, daß Männer erst durch die Kontrolle ihrer Spontaneität oder Impulsivität moralisch wertvoll werden.

Im viktorianischen Zeitalter wurde Männlichkeit mit Selbstbeherrschung, Weiblichkeit dagegen mit Zügellosigkeit assoziiert. Männlichkeit, so glaubte man, werde durch den Verlust von Samen gefährdet, und sexuelle Exzessivität führe zu degenerativen Erkrankungen und Wahnsinn. Es ist nicht der »starke, athletische Junge«, so schrieb William Acton, der Gynäkologe der viktorianischen Zeit, »der so früh Anzeichen sexueller Begierde zeigt, sondern der kümmerliche Exot«, dessen intellektuelle Erziehung auf Kosten seiner körperlichen Entwicklung vorangetrieben wurde.[14] Der typische Wissenschaftler gilt, nach den Forschungsergebnissen im Bereich stereotyper Wahrnehmung, als im viktorianischen Sinne männlich: als Mann, dessen Geist diszipliniert ist und dessen Genußfähigkeit und dessen Fähigkeit zum erotischen Abenteuer beschnitten sind. Es kann infolgedessen kaum ein Zufall sein, daß der Wert, auf dem viele der täglich geäußerten Einschätzungen und Urteile in der akademischen Welt basieren, einen durch und durch bourgeoisen Anstrich hat; nämlich die Frage der wissenschaftlichen *Respektabilität*.

Es gibt noch ein zweites bemerkenswertes Faktum im Zusammenhang mit der Entwicklung dieser Stereotypen: daß sie sich in unterschiedlichen Altersstufen kristallisieren. Wir haben herausgefunden, daß die Vorstellung vom langweiligen, aber für die Menschheit wertvollen Wissenschaftler bereits vorfabriziert in den Gehirnen von englischen Elfjährigen existiert, die keine Erfahrung aus erster Hand mit Wissenschaft oder Wissenschaftlern haben, und daß sie sich im Laufe der Adoleszenz kaum verändert.[15] Dasselbe gilt für das Image des Mathematikers, des Ingenieurs und des Rechtsanwalts. Jedoch gibt es unter Elfjährigen keinen vergleichbaren Konsens über die Künste oder Humanwissenschaften. Die kollektive Vision des aufregenden, aber unzuverlässigen Künstlers nimmt langsamer, erst im Alter von siebzehn oder achtzehn Jahren Gestalt an.

Der Physiker, der Mathematiker, der Ingenieur und der Rechtsanwalt verkörpern allesamt das Prinzip unpersönlicher Autorität oder Kontrolle. Der Künstler dagegen verkörpert Aufregung und persönliche Attraktivität. Das erste Stereotyp scheint einer bestimmten Zeit im Leben eines Heranwachsenden zu entsprechen: der »Latenzzeit« zwischen etwa fünf und elf Jahren, in der wir die unpersönlichen Fähigkeiten von Lesen, Schreiben und Rechnen erwerben und in der das Gewissen bekanntermaßen sehr streng ist. Das Stereotyp des Künstlers dagegen scheint den Bedürfnissen und Beschäftigungen der Adoleszenz zu entsprechen, in der die wesentlichen Interessen zwischenmenschliche, erotische sind. Wir werden im nächsten Kapitel ausführen, daß die semantischen Strukturen, die den Definitionen des wissenschaftlichen bzw. künstlerischen Lebensstils zugrundeliegen, in Wirklichkeit, zumindest in groben Zügen, schon in den Köpfen fast aller kleinen Jungen im Alter von zwei oder drei Jahren an existieren.[16]

Das eigentlich Merkwürdige an diesen Stereotypen ist, daß junge Männer, die sich entscheiden, Wissenschaftler zu werden, dabei das anscheinend ungünstige Bild eines langweiligen, aber wertvollen Menschen im Kopf haben. Und genauso haben die Studenten der Künste und der Humanwissenschaften das Image des liederlichen, aber persönlich attraktiven Künstlers im Kopf. Beide Gruppen teilen diese Stereotypen.[17] Zweifellos betrachtet sich jeder einzelne als individuell verschieden von den Menschen, mit denen zu arbeiten er sich entscheidet, aber wir müssen doch aus dem eben Gesagten folgern, daß das Milieu von Naturwissenschaft und Technik nicht einfach nur »männlich« ist, sondern daß es von Männern (und gelegentlich auch Frauen) bevölkert wird, die sich mit dem abgefunden haben, was sie als persönliche Langweiligkeit und eigenen Mangel an

Attraktivität ansehen. In den Künsten und Humanwissenschaften arbeiten Menschen, und zu ihnen gehören verhältnismäßig viele Frauen und relativ viele androgyne Männer, für die persönliche Attraktivität, Stil und Charisma sehr wichtig sind. Zugleich haben sie dem Konzept von einem Arbeitsleben, das im praktisch-realistischen Sinne wertvoll ist, den Rücken gekehrt.

Biologisches und soziales Geschlecht als dynamisches System

Auf jeder Ebene unseres Schemas muß das Individuum eine Entscheidung zwischen »Männlich« und »Weiblich« treffen. Dieses einfache Schema läßt sechzehn verschiedene Ergebnisse zu – unter ihnen die beiden Muster, die unsere Kultur als normal akzeptiert: den Mann, der sich selbst als Mann wahrnimmt, Frauen begehrt und sich als maskulin präsentiert, und die Frau, die sich selbst als Frau wahrnimmt, Männer begehrt und sich selbst als feminin präsentiert. Dazwischen gibt es vierzehn weitere Variationen, jede auf subtile Weise verschieden. Da gibt es beispielsweise die Frau, die sich als Mann wahrnimmt, andere Frauen begehrt und sich selbst als maskulin präsentiert, und den Mann, der sich als Mann wahrnimmt, Frauen begehrt, aber sich der Welt als »unmännlich« präsentiert. Jede dieser Verhaltensweisen ist eine individuell unterschiedliche Lösung des Rätsels von sexueller Identität und sexuellem Begehren.

Aber das Leben ist selten klar und eindeutig. Auf jeder Ebene kann das, was auf den ersten Blick wie eine Einzelentscheidung erscheint, sich als ein Bündel von Entscheidungen erweisen. Wir präsentieren uns der Welt nicht notwendigerweise als geradeheraus »männlich« oder »weiblich«. Statt dessen erschaffen viele von uns öffentliche *personae*, die beide Aspekte kombinieren: nicht nur einfach Mosaike, sondern Mosaike innerhalb von Mosaiken.[18] Die Gesamtzahl von deutlich unterschiedlichen Ergebnissen, die das Schema erlaubt, ist deshalb unbegrenzt groß. Die obere Grenze hängt praktisch von der Entschlossenheit und dem Erfindungsreichtum ab, mit denen jeder von uns seine eigene Persönlichkeit zusammenstellt. Wichtig ist, welchen Kurs das Individuum beispielsweise im Bereich von Kleidung und Schmuck steuert: die Entscheidung einer Frau, zur Arbeit in einem Anwaltsbüro einen Hosenanzug, oder die Entscheidung eines Mannes, einen Ohrring zu tragen. Persönlichkeit mag auch durch offen eingestandene Interessen und Haltungen bestimmt sein – Neigungen zu Sportarten mit Körperkontakt vielleicht – oder durch eine gewisse Affektiertheit oder bestimmte Gesten. So gibt es vielleicht in einer ansonsten konventionellen Selbstdarstellung eine winzige Übertreibung, oder diese fehlt gerade dort, wo der Zuschauer sie mit Gewißheit erwartet.

In bestimmter Hinsicht sind die verwickelteren und eher prekär ausbalancierten dieser Lösungen mit Kunstwerken verwandt: Es gibt Persönlichkeitsdarstellungen, bei denen starke innere Spannungen sorgfältig begrenzt und kontrolliert werden und die Ausgeglichenheit durch eine kaum wahrnehmbare Nuance erreicht wird. Wie in der Kunst muß jede Entscheidung in einem Kontext gesehen werden. Für eine Frau mag die Entscheidung, zur Arbeit in einer bestimmten Rechtsabteilung Hosen zu tragen, zu einem bestimmten Zeitpunkt der modischen Entwicklung auf eine gerade eben erlaubbare Weise gewagt sein, während sie drei Monate später etwas ganz Gewöhnliches ist. Für einen Mann wird die Tatsache, daß er in derselben Abteilung einen Rock trägt, normalerweise absolut lächerlich sein – es sei denn, die Abteilung befände sich zufällig in Schottland. In dem Fall könnte das Tragen eines Kilts ein Akt der Bestätigung von Männlichkeit und Konformität sein.

Die Kombinationsmöglichkeiten von biologischem und sozialem Geschlecht sind unerschöpflich. Sie entstehen logisch aus dem Wechselspiel von separaten, aber verwandten Facetten von Männlichkeit und Weiblichkeit, die zusammengenommen ein System bilden. Jede einzelne Facette beruht auf dem binären Unterschied von »männlich« und »weiblich«; wenn man es zuläßt, daß sie aufeinander einwirken, dann sind die Ergebnisse grenzenlos variabel. Durch biologische Mechanismen, vor allem (aber keinesfalls ausschließlich) durch sexuelle Bedürfnisse angetrieben, operiert das System in der Praxis homöostatisch; es versucht, Zweideutigkeiten und Dissonanzen gegeneinander auszuspielen und die Spannungen, die sie erzeugen, auf ein erträgliches Maß zu reduzieren. Mit anderen Worten: *Es ist ein System, das zwischen gefühlsmäßig stark besetzten Ähnlichkeiten und Unterschieden einen gewissen Ausgleich sucht.* Wie in der modernen Mathematik resultiert in den Fragen des Geschlechts die Kompliziertheit aus einer Kombination von Elementen, die für sich genommen kaum simpler sein könnten.

Viele Lösungen werden stabil sein. Obwohl sie möglicherweise ein starkes Potential zur Veränderung in sich tragen, werden sie sich, wenn sie einmal etabliert sind, gewöhnlich nur unter beträchtlichem äußerem Druck wandeln – ein stabil heterosexueller Mann wird in seinen Phantasien und Handlungen nur dann homosexuell werden, wenn er für mehrere Jahre hintereinander der weiblichen Gesellschaft beraubt ist. Gleichermaßen mag jedoch eine solche Stabilität mehr oder weniger illusionär sein. Eine prekäre Entscheidung, die man auf einer Ebene getroffen hat, kann prekäre Entscheidungen auf anderen Ebenen nach sich ziehen, und dabei können verborgene Wege gebahnt werden, die der einzelne Mensch in der Folge für sich entdeckt und erforscht. Die daraus resultierenden Verlagerungen und Abwandlungen geschlechtlichen Begehrens können dann plötzlich und scheinbar spontan eintreten.[19]

Ein extremes Beispiel für eine solche Verlagerung ist der unglückliche »Eric«. Er wurde an anderer Stelle (Hudson 1982) beschrieben. Wie Harry war er Lehrer und zum Zeitpunkt des Interviews in den Dreißigern; ein schüchterner, schmächtiger Mann, der im Schatten älterer Schwestern aufgewachsen war. Als Teenager wurde er von einer jungen, charakterstarken Frau unter die Fittiche genommen. Sie heirateten und bekamen Kinder. Wie er später berichtete, liefen ihre intimen Begegnungen auf eher konventionelle Weise ab, allerdings war der sexuelle Appetit seiner Ehefrau bei weitem stärker als sein eigener. Er fühlte sich sexuell überfordert, und sie begann eine Reihe von Affären, häufig mit seinen Arbeitskollegen, wobei sie sich nicht im mindesten bemühte, diese geheimzuhalten. Bei mindestens einer Gelegenheit, so erzählte er, öffnete sie trotz der Anwesenheit seiner Kollegen seinen Hosenstall und nahm seinen Penis heraus, eine Geste, die für ihn eine schwere Demütigung bedeutete. Eric fühlte sich isoliert und befriedigte sich mit dem Konsum von pornographischen Heften, vor allem solchen, in denen Jungen abgebildet waren. Er war ein sehr zärtlicher Mann und liebte es, nicht nur seinen eigenen Sohn, sondern auch den Sohn eines Paares aus der Nachbarschaft zu streicheln und zu betasten. Ohne sich im mindesten dessen bewußt zu sein, was wenig später geschehen würde, entdeckte er eines Tages, daß er mit diesem Jungen (und später mit noch anderen) sämtliche sexuellen Praktiken, die zwei männliche Körper überhaupt ermöglichen, ausgeführt hatte. Für seine sexuellen Bedürfnisse fand er in der Folge zwei Lösungsmöglichkeiten: die erste heterosexuell, physisch gehemmt, emotional verpflichtend, die zweite homosexuell, physisch ungehemmt, ohne Schuldgefühle. Seine homosexuellen Beutezüge bedeuteten durchaus nicht die Entdeckung eines wahren Bedürfnisses, das lange unter seiner an die Konvention gebundenen Heterosexualität verborgen gewesen wäre; sie waren ganz einfach Dinge, die er mit seinem Körper getan hatte, oder, genauer gesagt, Dinge, die, wie er entdeckte, sein Körper tat. Die Entdeckung der zweiten Lösung hat die erste nicht aus ihrer Position vertrieben und sie auch nicht als falsche Lösung entlarvt. Die beiden Lösungen waren vielmehr Formen des sexuellen Ausdrucks eines innerlich zutiefst zerrissenen Menschens. Es war seine innere Zerrissenheit, die Eric schließlich in die Zelle eines Hochsicherheitsgefängnisses brachte.

In der Rückschau zeigte Eric keine Spur von Schuldbewußtsein. Die Jungen hätten bereitwillig mitgemacht, sagte er; einer von ihnen hatte sich als Prostituierter und Erpresser erwiesen. Auf der anderen Seite vergoß er noch immer heiße Tränen über seine Frau, die ihn um eines potenteren Rivalen willen, eines Führers der esoterischen Religionsgemeinschaft, der sie angehörte, verlassen hatte. Sie hatte ihn wegen seines Mangels an Manneskraft sowohl privat als auch vor seinen Kollegen lächerlich gemacht, war ihm wiederholt untreu gewesen, und jetzt, da er im Gefängnis saß, hatte sie ihn verlassen. Aber anscheinend fühlte er sich in seinen Gedanken und seiner Phantasie an sie gebunden, und die Gefahr war groß, daß er dann, wenn er seine Gefängnisstrafe abgesessen hätte, denselben Irrtum wiederholen würde: sich eine starke, sexuell verlangende Frau auszusuchen, sich in sie zu verlieben und dann, wenn die Beziehung in die Brüche ging, sich erneut mit Pornographie und sexuellen Abenteuern mit Jungen zu trösten.

Erics Erfahrung war zugegebenermaßen außergewöhnlich, aber es scheint, wir können daraus eine allgemeine Schlußfolgerung ableiten. Unser aus vier Ebenen bestehendes Schema dient als eine grobe Skizze eines Systems, in dem ungelöste Spannungen zu plötzlichen Veränderungen und den dazugehörigen emotionalen Turbulenzen führen. Tatsächlich sind unvorhergesehene – im technischen Sinne »katastrophale« – Schwankungen von einer Konfiguration zur anderen Phänomene, die wir bei vielen Lösungen im Bereich des Geschlechts erwarten müssen.[20] In einem weniger dramatischen Sinne können die Spannungen, die in diesem System enthalten sind, erotische Projekte entstehen lassen, die häufig ausschließlich auf geistiger Ebene verfolgt werden und die mit dem bewußten Alltagsselbst durchaus nicht harmonieren. Imaginative Aktivität (und speziell erotisierte imaginative Aktivität) entsteht, so behaupten wir verallgemeinernd, als Antwort auf innere Spaltungen und Risse und stellt einen Versuch dar, die Spannungen, die durch diese Risse verursacht wurden, unter Kontrolle zu bringen. Und wir gehen davon aus, daß es ohne innere Zerrissenheit und die entsprechenden Spannungen weder in den Künsten noch in den Wissenschaften zu kreativer Arbeit kommen kann.

Kapitel 3
Die männliche »Wunde«

Wir nehmen an, daß die innere Zerrissenheit, die Harrys und Erics Persönlichkeit charakterisiert, mit ebenso großer Wahrscheinlichkeit bei einem Mann wie bei einer Frau auftreten kann. Wir werden jetzt jedoch eine Art der inneren Spaltung beschreiben, die spezifisch männlich ist. Aus ihr resultieren, so glauben wir, die Denkschablonen und die Verhaltensmuster, die für Männer typisch sind. In diesem Kapitel beschreiben wir die Quelle dieser Zerrissenheit und im nächsten den Familienkontext, in dem sie Gestalt annimmt. Der übrige Teil des Buches wird sich dann mit ihren Folgen befassen.

Schritt für Schritt trennen sich unsere Wege

Ganz zu Anfang, in den frühesten Wachstumsstadien ist es nur durch eine Analyse der Chromosomen möglich, männliche und weibliche Embryonen zu unterscheiden. Die männlichen und weiblichen Keimdrüsen sind, obwohl sie sich später entweder als Hoden oder Eierstöcke entwickeln, in diesem frühen Stadium gleich. Die männlichen Geschlechtsdrüsen wachsen jedoch schneller als die weiblichen, und innerhalb weniger Wochen nach der Empfängnis sind sie als Hoden erkennbar. Nach etwa einer weiteren Woche erscheinen spezialisierte Zellen in den männlichen Hoden, und, ausgelöst durch Absonderungen der Plazenta, beginnen sie das Sexualhormon Testosteron abzusondern. Dadurch nehmen die äußeren männlichen Genitalien die Form von Penis und Skrotum an. Von anderen spezialisierten Zellen in den männlichen Keimdrüsen wird zudem noch ein zweites Hormon abgesondert. Dieses dient dazu, die Strukturen dessen, was sich bei der Frau später zum Eileiter entwickelt, schwinden zu lassen. Aber anscheinend ist die Einwirkung des Testosterons entscheidend. Ohne dieses Hormon nehmen die äußeren Genitalien beider Geschlechter die weibliche Ausprägung an.

Für die große Mehrzahl der Menschen ist dies die Wegscheide. Danach sind wir alle dem Schicksal ausgesetzt, in einem Körper zu leben, den man entweder als männlich oder als weiblich erkennt. In dem Maße, wie unser Körper unser Schicksal ist, ist dies der Punkt, an dem es besiegelt wird.

Es gibt zwar auch abweichende Meinungen, aber die orthodoxe Ansicht geht dahin, daß das weibliche Muster das Grundmuster und das männliche Muster eine systematische, genetisch programmierte Abwandlung davon ist, die durch die Einwirkung der relevanten Sexualhormone verursacht wird. Diese Sichtweise wird auch von Tanner vertreten. »Das weibliche Geschlecht«, so sagt er, »ist das ›Grund‹-Geschlecht, zu dem der Embryo sich entwickelt, wenn er nicht dazu stimuliert wird, sich in eine andere Richtung zu entwickeln«.[1] Und im gleichen Sinne schreibt Stoller:

»Die biologischen Regeln, die das sexuelle Verhalten bei Säugetieren regieren, sind simpel. Bei allen, auch beim Menschen, ist der ›Ruhezustand‹ des Gewebes weiblich. Wir können nun bei allen Experimenten, die an Tieren gemacht werden, ohne Ausnahme zeigen, daß sich die Anatomie und das Verhalten, die für die Männchen der Spezies typisch sind, ungeachtet der genetischen Geschlechtszugehörigkeit *nicht* herausbilden werden, wenn die Zufuhr von Androgenen in der richtigen Menge und in der richtigen biochemischen Form in kritischen Phasen des fötalen Lebens verhindert wird. Wenn die Androgene dagegen *zugeführt* werden, dann bilden sich eine Anatomie und ein Verhalten heraus, die typisch sind für die männlichen Exemplare jener Spezies, gleichgültig welchem genetischen Geschlecht das Tier angehört. Wir können keine derartigen Experimente an Menschen durchführen, aber sämtliche auf natürliche Weise auftretenden Erscheinungen (beispielsweise Unregelmäßigkeiten der Chromosomen) entsprechen der allgemeinen Regel für Säugetiere.«[2]

Bei Jungen, aber nicht bei Mädchen, tritt eine weitere Überschwemmung mit Testosteron in den sechs Monaten nach der Geburt ein. Es sind bis jetzt nur wenige Untersuchungen über die psychologischen Folgen dieser zweiten Überschwemmung durchgeführt worden, aber es ist dies ein Zeitraum, in dem sich im Gehirn wichtige Strukturen ausformen und in dem sich möglicherweise wesentliche Unterschiede zwischen Mann und Frau herausbilden. Die Beweise sind immer noch bruchstückhaft, aber es gibt Hinweise darauf, daß im Alter von vier bis sechs Monaten die visuelle Wahrnehmung der Mädchen der von Jungen überlegen ist, weil, so vermutet man, Testosteron die Entwicklung des entsprechenden Kortikalgewebes bei Jungen hemmt.[3]

Unsere eigenen Überlegungen setzen an einer weiteren Weggabelung ein. Diese zeigt sich in der Kindheit, in den zwei oder drei Jahren nach der Geburt, und anstatt anatomischer und physiologischer ist sie psychologischer Natur; es geht dabei um die Selbstwahrnehmung des Individuums, darum, wer es ist und wie es mit den Menschen, die seine intime Welt ausmachen, in Kontakt tritt. Auch wenn man keinen genauen Zeitpunkt dafür angeben kann, tritt hier zweifellos eine Verschiebung ein, die ebenfalls das Männliche aus einem Muster hinausdrängt, das bis dahin beide Geschlechter geteilt haben. Wir sind keinesfalls die ersten, die auf diese Tatsache aufmerksam wurden. Wir scheinen jedoch die ersten zu sein, denen auffiel, welche zutiefst zweischneidigen Folgen sie hat und wie tiefgehend diese Verschiebung gewisse beschränkte Ansichten über die Wege untergräbt, denen Frauen und Männer später angeblich aus freiem Willen und entsprechend ihrer persönlichen Entscheidung zu folgen vermögen.[4]

Der theoretische Hintergrund ist bekannt und im Grunde sehr einfach. Als Kleinkinder finden sowohl die Jungen als auch die Mädchen gewöhnlich Trost und Sicherheit bei ihrer Mutter oder ihrem Mutter-Ersatz. Die Normalität der kleinkindlichen Entwicklung hängt von dieser intimen, symbiotischen Beziehung zu einer fürsorglichen und unterstützenden mütterlichen Präsenz ab. Wie Greenacre sagt, »bewegt sich« der Fötus, »strampelt mit den Beinen, dreht sich um, reagiert auf einige äußere Stimuli durch gesteigerte Bewegung. Er schluckt, und Spuren seines eigenen Haares werden im Kindspech gefunden. Er sondert Urin und manchmal Stuhl ab.« Grunberger setzt den Uterus infolgedessen mit »einer göttlichen, strahlenden Quelle von Glück und mit einem Nachttopf« gleich.[5]

Es ist diese vorgeburtliche Erfahrung einer vollkommenen körperlichen Intimität, die in der symbiotischen Intimität zwischen Mutter und Kind aufrecht erhalten wird. Wo diese Bindung fehlt, da ist die spätere Kompetenz des Erwachsenen gestört – und das trifft für Schimpansen nicht weniger zu als für Menschen, wie die Experimente der Harlows zeigen. Bei Schimpansen sind die Paarung und das mütterliche Verhalten gestört, bei Menschen scheint es die Fähigkeit zu sein, intime Beziehungen zu entwickeln.[6] Im Rahmen dieser symbiotischen Bindung an die Mutter erfährt das kleine Kind allerdings auch zum ersten Mal Schmerz und Frustration: Milch, die nicht sofort fließt, schneidende Bauchschmerzen, Behinderungen des Dranges, alles zu erforschen. Die Mutter wird also für das Kleinkind nicht nur zur Quelle innigsten Wohlbehagens, sondern auch zur Quelle von Wut und Furcht.

Ebenso wie das kleine Kind in Anbetracht der emotional bedeutsamen Aspekte seiner Welt eine eigene Position finden muß, so muß es auch ein Gefühl für seine Männlichkeit oder Weiblichkeit, seine Geschlechtsidentität, entwickeln. Für das kleine Mädchen ist es leicht zu erkennen, worum es geht. Es bleibt mit seiner Mutter identifiziert; sie ist die Quelle seiner stärksten Gefühle; positiver wie negativer, angenehmer wie schmerzlicher. In der Folge nimmt es sich ganz und gar als dieselbe Art von Wesen wie seine Mutter wahr. Wenn es, wie es wahrscheinlich der Fall sein wird, sowohl seine Mutter als auch sich selbst als ein Amalgam des Vergnügen Hervorrufenden und des Schmerz Hervorrufenden, des »Guten« und des »Schlechten« wahrzunehmen lernt, dann wird sein Gefühl für sich selbst in dem entsprechenden Maße verletzt, rissig. Dennoch bleibt es verbunden mit der Mutter, dem Geschöpf, von dem sein Realitätsgefühl abhängt. Wenn das kleine Mädchen sich bemüht, für sich selbst ein angemessenes »Objekt« zu schaffen, auf das es seine Sehnsüchte konzentrieren kann, dann steht ihm wiederum seine Mutter als Modell zur Verfügung. Es kann der Richtung des Blickes der Mutter auf den Vater und auf andere männliche Wesen folgen. Das Objekt seiner Sehnsucht ist somit ein Wesen, das ihm im Grunde nicht vertraut, sogar fremd ist, aber eines, an das es sich von einer psychologisch kohärenten Basis aus wenden kann.

Die Aufgabe des männlichen Kleinkinds ist eine ganz andere. Der Psychoanalytiker Ralph Greenson war wohl der erste, der ausführte, daß der kleine Junge, wenn er sich mit seinem Vater identifizieren soll, sich zunächst imaginär von seiner Mutter, die bis dahin die Quelle allen Trostes und aller Sicherheit war, trennen muß.[7] Greenson beschreibt das als einen »speziellen Schicksalsschlag«. »Ich beziehe mich auf das Faktum«, sagt er, »daß das männliche Kind, um ein gesundes Gefühl für seine Männlichkeit zu entwickeln, das primäre Objekt seiner Identifikation, die Mutter, ersetzen und sich statt dessen mit dem Vater identifizieren muß.« Es ist dieser zusätzliche Schritt, so glaubt er, der die speziellen Probleme erklärt, unter denen der erwachsene Mann leidet und die der erwachsenen Frau erspart bleiben.

Dis-Identifikation und Gegen-Identifikation

Dieser erste Schritt, mit dem der kleine Junge sich aus der symbiotischen Bindung an seine Mutter befreit, wird von Greenson als *Dis-Identifikation* bezeichnet. Den darauffolgenden Schritt, der vom ersten unabhängig ist und der ihn positiv befähigt, sich mit seinem Vater zu identifizieren, nennt Greenson *Gegen-Identifikation*. Der erste etabliert das Getrennt-Sein des Jungen, der zweite seine Männlichkeit. *Es sind diese beiden Entwicklungsprozesse, die wir zusammen die »männliche Wunde« nennen.*[8]

Aus heutiger Sicht ist es möglich, Greensons Auffassung der Konsequenzen von Dis-Identifikation und Gegen-Identifikation als zu beschränkt zu kritisieren, aber es gibt keinen Zweifel an der Richtigkeit der Einsicht an sich. Um sich mit seinem Vater zu verbünden, bewirkt der kleine Junge zunächst innerhalb seiner selbst eine Verlagerung, und insofern er die Objektwahl seines Vaters imitiert – die Ausrichtung seiner sexuellen Begierde auf Frauen –, ist diese Verlagerung deren erste Bedingung.

Zunächst einmal nehmen sowohl der Sohn als auch die Tochter, während sie mit ihrer Mutter symbiotisch verbunden sind, ihren Vater als den »anderen« wahr. Aber dann, in dem Maße wie die männliche Geschlechtsidentität sich herauskristallisiert, sieht der Sohn jenen »anderen« (seinen Vater) als »dasselbe«, und das, was »dasselbe« war (seine Mutter) als »anderes«. Das heißt, *der Sohn erlebt eine Umkehrung – eine von Ähnlichkeit-im-Unterschied zum Unterschied-in-Ähnlichkeit – die seine Schwester nicht erlebt.* Die Elemente der Umkehrung sind stark emotional befrachtet, und deren Form, so werden wir noch weiter ausführen, ist eine, die die spätere männliche Erfahrungswelt prägen wird. Wenn wir recht haben, dann wird jede der späteren männlichen Unternehmungen im Lichte jener Umkehrung stattfinden, die Wahl der Arbeit und der imaginative Ausdruck nicht weniger als die typische Form des sexuellen Begehrens.

Niemand weiß bisher, was das männliche Kleinkind dazu veranlaßt, seine Aufmerksamkeit von seiner Mutter abzulenken, sich zu dis-identifizieren. Es ist wahrscheinlich, daß es auf irgendeine Weise, die bisher noch nicht klar erkannt worden ist, biologisch in diesem Sinne beeinflußt wird. Aus Gründen, die letztlich ihre Ursache in der intrauterinen Umgebung haben mögen, könnte der Junge beispielsweise unruhiger sein als seine Schwestern, weniger tolerant gegenüber Frustrationen, weniger eingestimmt auf den Blickkontakt, von dem die intime Beziehung zu seiner Mutter abhängt.[9] Männliche und weibliche Kleinkinder sind mit anderen Worten möglicherweise biologisch programmiert, auf einen gegebenen mütterlichen Einfluß unterschiedlich zu reagieren.

Eine alternative Erklärungsmöglichkeit, für die es auch verschiedene Varianten gibt, ist stärker transaktional. Sie geht, wiederum aus Gründen, die in ihrem Ursprung weitgehend biologisch sein mögen, von der These aus, daß die meisten Mütter ihre männlichen Kinder von Anfang an auf die eine, ihre weiblichen Kinder auf die andere Art behandeln. Es gibt Hinweise darauf, daß Mütter in der Zeit nach der Geburt mit größerer Wahrscheinlichkeit Interaktionen mit ihren Töchtern als mit ihren Söhnen einleiten und daß dabei im Falle der Söhne die körperliche Bewegung des Kindes eine zentrale Rolle spielt, während es im Falle der Töchter die gegenseitige lautliche Ansprache und der Blickkontakt sind.[10] Wie Hinde und Stevenson-Hinde betont haben, werden sehr kleine biologisch bedingte Unterschiede des Geschlechts des Kindes sehr schnell von der Mutter, deren Wahrnehmung zwangsläufig durch kulturelle Stereotypen von Männlichkeit und Weiblichkeit geprägt ist, vergrößert. Sie betrachtet zwangsläufig ihren Sohn als »anders« – und zwar anders in einer Weise, wie es ihre Tochter nicht ist.[11]

Das Kind, das von seiner Mutter als »anders« wahrgenommen wird, unterscheidet sich – und dies muß klar erkannt werden –, in der Tat in körperlicher Hinsicht von seinen Schwestern. Während Jungen größer und stärker werden als Mädchen, reifen Mädchen schneller heran. Nach der Hälfte der Schwangerschaft ist die Entwicklung des Skeletts des Mädchens dem des Jungen bereits um drei Wochen voraus. Bei der Geburt entspricht der Unterschied in der Reifung etwa vier bis sechs Wochen des normalen Wachstums und beim Beginn der Pubertät zwei Jahre. Dieser geschlechtliche Unterschied ist bei vielen Säugetieren und bei fast allen Primaten erkennbar, und während er im Einzelfall durchaus individuell variieren kann, gibt es kaum Ausnahmen zu der Regel, daß Mädchen »weiter« sind. Zwar bekommen beide Geschlechter zur selben Zeit die Milchzähne, jedoch kommen die zweiten Zähne bei Mädchen früher als bei Jungen durch, die Eckzähne sogar um elf Monate.[12] Wir wissen auch, daß Mädchen im sechsten oder siebten Monat nach der Geburt ihre Bewegungen besser koordinieren können als Jungen und daß sie wahrscheinlich eher als Jungen ihre Blase mehr oder weniger kontrollieren können.[13] Mädchen sind schneller, was den Erwerb sprachlicher Fähigkeiten anbetrifft. Zu jedem Zeitpunkt ihrer Entwicklung ist ihr Vokabular größer als das der Jungen, und sie können sich deutlicher und klarer ausdrücken. Solche Unterschiede werden zwangsläufig, zumindest teilweise, als unterschiedliche Erwiderung wahrgenommen, als Lohn der liebevollen mütterlichen Aufmerksamkeit und Pflege. Auf eine wie auch immer subtile Weise wird der kleine Junge als der unnachgiebigere Partner in der Eltern-Kind-Beziehung wahrgenommen werden, das kleine Mädchen dagegen als der dankbarere (oder beeinflußbarere).

Ein damit zusammenhängender Gedankengang bezieht sich auf diese unterschiedliche Wahrnehmung der Mutter. Lange bevor ihr Sohn in der Lage ist, sich aufzusetzen – was er gewöhnlich im Alter von acht bis neun Monaten tut – und zu entdecken, wie seine Geschlechtsteile aussehen, ist seine Mutter sich des Unterschiedes zwischen seiner und ihrer eigenen Anatomie bewußt. Das heißt, sie sieht ihn möglicherweise nicht nur einfach als »anders«, sie beginnt vielleicht, sich für sein »Anders-Sein« erotisch zu begeistern. Es könnte dieses – bisweilen auch körperlich ausgedrückte – erotische Interesse sein, wodurch die Dis-Identifikation ihres Sohnes beschleunigt wird. Das ist der Fall, so könnte man vermuten, weil er ein Verschlungen-Werden durch seine Mutter fürchtet, da er nicht nur für das erotische Engagement seiner Mutter empfänglich ist, sondern auch für ihre von Schuldgefühlen belastete Ambivalenz in Hinblick auf dieses Engagement, oder, wie die klassische Freudsche Theorie annimmt, weil er intuitiv erfaßt, daß der Körper seiner Mutter sich anatomisch von seinem eigenen Körper unterscheidet, und weil diese Entdeckung in ihm eine unerträgliche Angst hervorruft.[14]

Wir wissen nicht, welche dieser Erklärungen am ehesten zutrifft. Welche prädisponierenden Umstände es letztlich auch sein werden, es ist klar, daß Greensons Erkenntnisse drei ganz unterschiedliche Muster zulassen:

- das konventionelle, bei dem das biologisch männliche Kind sich von seiner Mutter dis-identifiziert und sich mit seinem Vater gegen-identifiziert,
- das des biologisch männlichen Kindes, das sich weder dis-identifiziert noch gegen-identifiziert, und
- das des biologisch männlichen Kindes, das sich dis-identifiziert, aber nicht gegen-identifiziert.

Von diesen Mustern ist es, so meinen wir, das erste, das den Mann »männlich« macht – zu einem Mann, der sich als männlich wahrnimmt und als ein Mann agiert. Das zweite führt zu einer Verweiblichung und in extremen Fällen sogar zur Transsexualität – beim Erwachsenen zu dem Mann, der, was die Geschlechtsidentität anbetrifft, im wesentlichen in derselben Position ist wie seine Schwester, außer daß er irgendwie mit der Tatsache fertigwerden muß, daß seine primären und sekundären Geschlechtsmerkmale anders aussehen als die seiner Mutter und seiner Schwester. Das dritte Muster bringt einen Mann hervor, der als Erwachsener ein Gefühl des Androgyn-Seins oder der Geschlechtslosigkeit erfährt.

Da niemand weiß, wie Biologie, Psychologie und Kultur wechselweise aufeinander einwirken, um die Wunde zu verursachen, wäre es abwegig, detaillierte Erklärungen vorzutragen. Dennoch ist leicht zu erkennen, wie die Wirkungen von Dis-Identifikation und Gegen-Identifikation möglicherweise zu einem späteren Zeitpunkt als dem, den wir ins Auge gefaßt haben, zum Tragen kommen – zum Zeitpunkt der Adoleszenz etwa, anstatt im Alter von zwei oder drei Jahren. Passende Szenarien für solche Entwicklungen sind leicht vorstellbar. Beispielsweise erzieht eine Mutter ihren Sohn allein. Als er dreizehn, vierzehn Jahre alt ist, heiratet sie, und Sohn und Stiefvater entwickeln in der Folge eine enge Bindung. In diesem Fall könnte das Selbstgefühl des Sohnes als männlich durchaus echt sein, aber es ist möglicherweise weniger tief verwurzelt, in geringerem Maße scheinbar instinktbestimmt, als dies sonst der Fall sein könnte. Er scheint dem ersten eben skizzierten Muster zu entsprechen, während in Wahrheit eher das zweite oder dritte auf ihn zutrifft.

Wenn man über Greensons Unterscheidung weiter nachdenkt, wird es klar, daß noch andere Entwicklungen möglich sind. Diese sind insoweit besonders interessant, als sie dabei helfen, bestimmte Annahmen, auf denen die Theorie der Identifikation beruht, deutlich zu machen. Insbesondere ist vorstellbar:

– das männliche Kind, das sich mit seinem Vater gegen-identifiziert, ohne sich zuerst von seiner Mutter dis-identifiziert zu haben.

Auf den ersten Blick mag dies als wenig überzeugend erscheinen, aber ein solches Muster könnte in einer Familie entstehen, in der die Persönlichkeiten von Mutter und Vater in gewisser Hinsicht ähnlich sind, in der beide im Umgang mit ihrem Sohn emotional distanziert sind und sich die Verantwortung für seine Pflege teilen. Die Wirkung auf die Entwicklung des Sohnes könnte darin bestehen, daß er zu einer Persönlichkeit wird, bei der das »Männliche« und das »Weibliche« schwach ausgeprägt und wenig unterschiedlich sind. Das genannte Muster könnte sich jedoch auch in extremer Form manifestieren. Dabei sind – wie bei der Persönlichkeit von Harry – sowohl die »männlichen« als auch die »weiblichen« Charakteristika deutlich ausgeprägt, und sie bestehen beide nebeneinander her, und zwar auf Grund von Abtrennungen und Loslösungen, die dem äußeren Beobachter zwangsläufig willkürlich erscheinen müssen. Auch ein anderes Muster ist vorstellbar:

– das männliche Kind, das sich von seiner Mutter dis-identifiziert, aber sich mit einer anderen Frau gegen-identifiziert.

Der Kontext für das Entstehen eines solchen Musters könnte eine Gruppe sein, in der alle Frauen gemeinsam für die Kinder sorgen. Und in ähnlicher Weise:

– das männliche Kind, das sich von seiner Mutter dis-identifiziert, aber sich in der Folge nicht mit einer Person gegen-identifiziert, sondern mit einer emotional befrachteten Idee oder einem Symbol: dem Vaterland, dem Helden (Napoleon), dem Führer (Stalin), dem Genie (Beethoven oder Freud).

Familien, in denen der Vater schwach oder abwesend ist, sind möglicherweise für eine solche Entwicklung prädisponiert und ebenso Kulturen, in denen auf Kinder um eines bürgerlichen Ideals willen massiver Druck ausgeübt wird.[15] Wie die Sozialpsychologen ausführen, gewinnen, wenn ein Kind älter wird, Identifikationen mit Personen außerhalb der Familie zunemend an Bedeutung, dann nämlich, wenn es sowohl eine soziale Identität als auch ausgeprägte Interessen und Loyalitäten entwickelt.[16]

Bei den beiden letztgenannten Mustern stellt sich zudem eine wichtige Frage der Interpretation. Üblicherweise geht man davon aus, daß der Vater oder der Vater-Ersatz präsent sein muß, damit eine Gegen-Identifikation stattfinden kann. Die Fakten, die wir gesammelt haben, scheinen, wie wir im nächsten Kapitel zeigen werden, für diese Tatsache zu sprechen. Ein anderer Gedankengang nimmt dies weniger wörtlich. Er läuft darauf hinaus, daß die Männlichkeit, von der wir ausgehen, abstrakt sei: eine Eigenschaft nicht der Individuen, sondern der Erziehung, die dazu dient, daß das Kind sich unpersönliche symbolische Fähigkeiten aneignet. Jeder Elternteil kann sowohl als eine Quelle körperlichen und psychologischen Trostes angesehen werden als auch als die Verkörperung von Autorität. Wenn wir die Entwicklung des männlichen Kindes unter diesem Gesichtspunkt betrachten, dann gegen-identifiziert es sich nicht mit seinem Vater, sondern mit den Aspekten seiner Eltern, die es intuitiv als unpersönlich (und in diesem Sinne als »männlich«) wahrnimmt. Die Rolle des Vaters ist unter diesem Aspekt betrachtet im wesentlichen eine festigende. Der Vater konsolidiert sich entwickelnde Veränderungen, die schon innerhalb der Mutter/Sohn-Beziehung von selbst stattfinden können.[17]

Zweifellos sind Identität und Identifikation unzulängliche Begriffe, da die formende Wirkung, um die es geht, nicht nur das betrifft, was jemand tut, sondern auch das, was jemand ist. Sie betrifft nicht nur Verhaltensmuster und -neigungen, sondern auch Seinszustände. Praktisch gesprochen gibt es einen Unterschied zwischen der sozialen Identität eines Menschen – als Katholik oder Mitglied der Arbeiterklasse oder als Fan der Fußballmannschaft von Liverpool – und den Identifikationen, die in der Mutter/Kleinkind-Beziehung enthalten sind, wobei der erstgenannte Bereich der des Sozialpsychologen ist, der zweitgenannte der des Entwicklungspsychologen und Psychoanalytikers.[18] In dem letztgenannten Bereich geht es um fundamentale Fragen, Fragen vor allem danach, was sich zwischen zwei Menschen abspielt, die füreinander eine emotionale Bedeutung haben. Denn unsere intimen Beziehungen ermöglichen uns nicht nur menschliche Nähe und einen rationalen Dialog, sondern auch einen Zugang zum Nicht-Rationalen, zu einem gefährlichen Austausch von unbewußten Sehnsüchten und Ängsten.[19]

Die Kosten

Die beruhigende Schlußfolgerung eines Kommentators lautet, daß die »Identität ein Konzept ist, das niemand präzise definiert hat, aber es scheint, daß wir dennoch fortfahren können, weil jedermann so ungefähr versteht, was gemeint ist«.[20] Wir selbst konzentrieren uns mehr auf ihre Folgen als auf ihre Entstehung, um uns nicht in dem dichten Gewebe der theoretischen Schwierigkeiten zu verfangen.

Insofern er sich selbst als männlich betrachtet und männlich agiert, ist der Junge von dem einfachen Trost abgeschnitten, den seine Mutter ihm spenden könnte. Logischerweise folgt daraus – und es fehlt uns hier eine bessere metaphorische Umschreibung –, daß die meisten Männer sich von den meisten Frauen hinsichtlich dessen, was sie »in sich« haben, unterscheiden. Die meisten Männer haben, im Gegensatz zu den meisten Frauen, in ihrem Innern eine Art existentiellen Abgrund. Dies, so haben Greenson und andere ausgeführt, wird sich zum Nachteil des Mannes auswirken.[21] Seine Position ist dennoch keinesfalls völlig hoffnungslos. Sie besteht in Wirklichkeit aus einem Muster von Stärken und Schwächen – und diese sind es, die wir erforschen wollen.

Auf der Sollseite gibt es zwei Schwächen, denen der erwachsene Mann ganz besonders leicht erliegt:

– persönliche Unsensibilität und
– Frauenhaß.

Der kleine Junge, so können wir auf Grund von Greensons Einsicht vorhersagen, wird es schwieriger als seine Schwester finden, Liebe zurückzugeben, und seine Fähigkeit, sich in andere Menschen einzufühlen, ist wahrscheinlich beschränkt. Alles Emotionale wird sich ihm als einfaches Schwarzweiß darstellen, entweder als Himmel auf Erden oder als unaussprechlich unangenehm. Er wird es auch nur unter Schwierigkeiten schaffen, widerstreitende Emotionen zu verstehen, die vielen Grauschattierungen zu erkennen, die Schwarz und Weiß voneinander trennen, und wahrzunehmen, daß sie häufig auf sehr komplizierte Weise Abtönungen von Schwarz und Weiß sind. Was auch immer seine Stärken auf anderen Gebieten sein mögen, im Bereich der intimen Beziehungen ist der »männliche« Mann unweigerlich im Nachteil, er ist sogar eine Art Krüppel. Seine Fähigkeit, eine Beziehung als »intersubjektiv« zu erfahren – als ein Zusammentreffen verschiedener Erfahrungswelten – wird eingeschränkt sein.

Wenn er aus der warmen, symbiotischen Präsenz seiner Mutter hinaustritt, bleibt bei dem kleinen Jungen möglicherweise auch ein unklares Gefühl von Verlust und Ressentiment und möglicherweise auch die Furcht vor Bestrafung und Rache. Infolgedessen gibt es in der männlichen Psyche häufig untergründige Strömungen stark negativer Gefühle; diese werden sich wahrscheinlich in einigen Fällen in symbolischer Form, weit entfernt von ihrer Quelle, manifestieren, aber in anderen Fällen zielen sie direkt auf das weibliche Geschlecht und auf den weiblichen Körper. Wir sind deshalb geneigt zu behaupten, daß der erwachsene Mann unter seiner oberflächlich erkennbaren Einstellung zum anderen Geschlecht häufig sehr stark frauenfeindliche Haltungen und Phantasien verbirgt. Frauen und die Vorstellung des sexuellen Zugangs zu ihnen werden möglicherweise idealisiert. Aber zugleich existiert – vielleicht gerade noch oberhalb, vielleicht auch unterhalb der Bewußtseinsschwelle – eine Vorstellung von Frauen als Wesen, die beschmutzen, köpfen und kastrieren, als Kreaturen also, die man fürchten muß und in denen, allem Anschein zum Trotz, finstere Kräfte am Werk sind.

Diese frauenfeindlichen Ressentiments drücken sich auf stereotype Weise in der Figur des Don Juan aus; der sexuelle Athlet, der Frauen als begehrenswerte Objekte wahrnimmt und es versteht, sie zu verführen, der aber fliehen muß, bevor die potentiell verschlingenden Gefahren sexueller Intimität ihre furchteinflößenden Schäden anrichten können. Diese Vorstellungen fanden im Zeitalter der Renaissance einen präzisen Ausdruck in der ursprünglich protestantischen Tradition, einen weiblichen Akt zu malen und bildhauerisch darzustellen. Während die italienische Schule eines Tizian und Veronese die nackte Frau in idealisierter Form darstellte, haben die Zeichner, Schnitzer und Bildhauer nördlich der Alpen ganz detailliert jene Ambivalenzen und inneren Konflikte erforscht, denen der Mann durch die heterosexuelle Begierde ausgesetzt ist. Die »birnenförmigen« Frauen und die »wurzelförmigen« Männer dieser Kunst schienen, wie Kenneth Clark bemerkt, in ihrer krassen Nacktheit der schützenden Dunkelheit des vorangegangenen Jahrtausends entrissen worden zu sein.[22] Diese Variante der Konvention von Aktdarstellungen beruht auf anderen Körperproportionen als den von den Griechen eingeführten – breiter in der Hüfte, schmaler in der Schulter, länger, stärker birnenförmig im Unterbauch. Diese Betrachtungsweise beschäftigt sich auch stark mit Dellen und Falten, nicht mit dem wohl ausgewogenen Arrangement geglätteter Oberflächen und harmonischer Formen.

Die vielleicht gültigste Manifestation dieser neu gewonnenen Betrachtungsweise ist Conrad Meits Holzskulptur von Judith und Holofernes. Meits *Judith*, eine kleine Statue aus Alabaster, wurde im ersten Viertel des 16. Jahrhunderts geschaffen. Ein Kritiker lobt ihre heitere, selbstbewußte Pose, findet aber ihre Erotik »fast abstoßend«. Ein anderer betrachtet sie als den »wahrscheinlich befriedigendsten« Ausdruck des Renaissance-Zeitalters, den man in den nördlichen Breiten Europas jemals gesehen hat.[23]

Auf den ersten Blick wirkt Judith, vor allem für das an klassische Proportionen gewöhnte Auge, ganz und gar grotesk: Der Kopf und die Hüften sind zu groß, der Brustkorb und die Brüste zu klein, die Entfernung von der Brust zum Bauchnabel ist zweimal so groß, wie wir es erwarten würden. Ihr Bauch wölbt sich vor, und ihr Körpergewebe droht bereits, an Spannkraft zu verlieren; dies ist ein Körper, der nicht nur fähig ist, Kinder auszutragen, sondern dies bereits getan hat. Mit ihrer rechten Hand, nahe ihres nackten Beckens, stützt sie sich auf ein massives Schwert, sie hält den Griff gedankenverloren in der Hand, ganz so, als sei dies ein erigierter Penis, der sie nicht besonders interessiert. In der leicht ausgestreckten linken Hand, getrennt vom Griff des Schwertes durch ihren Unterbauch und die deutlich eingekerbte Schamspalte, hält sie den bärtigen Kopf des Holofernes. Er ist vom Körper abgetrennt; sie hält ihn am Schopf fest und balanciert ihn gleichmütig auf einem Sockel. Der Mann ist zerlegt worden; sein Kopf ist in Judiths linker Hand, sein Schwert in ihrer rechten. Weit entfernt davon, die groteske Figur zu sein, als die sie zunächst wirkt, scheint Judith eine ungewöhnlich intensive sexuelle Lockung zu verkörpern. Infolgedessen könnte die Verbindung zwischen Schwertgriff, Vagina und abgetrenntem Kopf kaum beredter sein. Es wird uns nahegelegt, daß die männliche Psyche, ganz anders als die weibliche, ein Apparat ist, der auseinanderfällt. Daß diese männliche Psyche eine starke Kraft darstellt, steht außer Zweifel – der Bart ist männlich, das Schwert überzeugend massiv –, aber sie droht in sich zusammenzufallen, wenn sie in die Nähe des nackten weiblichen Körpers gerät. Die körperliche Intimität mit dem anderen Geschlecht, besonders der Geschlechtsverkehr, bringt, so wird uns vermittelt, solche Zerlegungen der männlichen Psyche mit sich.[24]

Frauenhaß ist deshalb kein Aspekt des männlichen Geistes, der ganz einfach nur ein Nebenprodukt einer engstirnigen Erziehung wäre oder das Ergebnis von sexistischen Vorurteilen in der Erziehung. Er ist ein fester Bestandteil der männlichen Psyche. Er wird durch Ängste gespeist, die eine direkte Konsequenz der Wunde sind, und führt ein Schattendasein in einem Bereich, wo Vorstellungen von Trennung und Verschlungen-Werden, erotischer Erregung und Abscheu sich vermischen. Diese Ängste können sich offensichtlich auf verschiedene Weise ausdrücken. In einem allgemeinen Gefühl des Entsetzens gegenüber Frauen. In einem spezifischen Abscheu gegen den Geschlechtsverkehr, obwohl die Gesellschaft von Frauen ansonsten als angenehm und tröstlich empfunden wird. Oder in Panik, wenn er einmal stattgefunden hat. Dies sind Gefühle, die, wenn sie nicht auf destruktive Weise ausgedrückt werden sollen, in irgendeiner Weise unter Kontrolle gehalten oder in eine andere Form übertragen werden müssen, und genau das hat Meit getan.

Der Nutzen

Es gibt jedoch auch positive Folgen. Drei von ihnen interessieren uns ganz besonders, nämlich:

- die Vorstellung einer individuellen Kraft des Handelns – will sagen, der Freiheit des Individuums, auf die Welt im Licht seiner eigenen Bedürfnisse und Absichten einzuwirken;
- die Wunde als eine sich fortwährend wieder auffüllende Quelle psychischer Energie;
- die Möglichkeit abstrakter Leidenschaften.

Wenn seine Suche nach einem alternativen Identifikationsbrennpunkt erfolgreich ist, dann hat der kleine Junge, wie Greenson ausführt, für sich selbst ein gewisses Maß an Trennung erreicht. Und was noch bezeichnender ist, er hat eine einfache Lektion gelernt, die er anders nicht lernen kann: die der *Möglichkeit, individuell und unabhängig zu handeln.*[25] Wo das weibliche Kleinkind, während es die geschlechtliche Identifikation mit seiner Mutter aufrechterhält, auf eine wie immer geartete Weise mit jeder Frustration, die in der Beziehung zwischen ihnen vorhanden ist, fertigwerden muß, entdeckt das männliche Kleinkind, daß man eine Quelle der Frustration vermeiden und zugleich einen davon unabhängigen Standpunkt finden kann. Für diese Entdeckung muß zweifellos der Preis der Angst und der dazugehörigen Verdrängungen und Verleugnungen gezahlt werden, aber sie ist dennoch sehr wertvoll. Je »männlicher« das männliche Kind ist und je tiefer der imaginative Abgrund, der es von seinen Quellen primitiver Tröstung abschneidet, desto größer, so möchten wir vermuten, ist notwendigerweise seine darunterliegende existentielle Unsicherheit. Es ist jedoch perfekt dafür gerüstet, seine Wunde durch einen symbolischen Akt zu heilen und die Angst, die die Trennung in ihm hervorruft, zu nutzen, um Ideensysteme zu schaffen, die an die Stelle der verlorenen Intimität treten können und innerhalb derer es nach Kohärenz und Harmonie streben kann.[26]

Die Energien des männlichen Kindes, deren Ursprünge in einer primitiven Trennung liegen, sind im Prinzip unerschöpflich. Sie werden solange fließen, wie die Wunde existiert. Der Mann kann diese Energien nutzen, um ein Leben lang im Chaos eine Ordnung zu suchen. Er kann andererseits auch die Formen der Ordnung, die bereits bestehen, zerstören – entweder um des Vergnügens willen, das die Zerstörung ihm bereitet, oder mit der Absicht, sie durch eine neue Form zu ersetzen, die der alten überlegen und die eindeutig seine eigene ist. Diesem Gedankengang zufolge bedeutet die Wunde nicht nur die Erfahrung individueller Handlungsfähigkeit. Sie ist eine *Energiequelle* und speist symbolisch signifikante Aktivitäten – typischerweise in Bereichen, die von Müttern und Vätern, Sexualität und Geschlecht weit entfernt sind. Charakteristisch für diese Aktivitäten ist, daß sie mit Leidenschaft verfolgt werden – nicht aus äußerlichen Gründen wie Profit oder Status, sondern als Selbstzweck. Wie Anthony Storr ausgeführt hat, wird in konventionellen psychoanalytischen Theorien geistige Gesundheit mit der Fähigkeit zur Aufrechterhaltung erfüllter menschlicher Beziehungen gleichgesetzt.[27] Aber zumindest beim »männlichen« Mann ist die Verbindung von Kreativität, menschlichen Beziehungen und geistiger Gesundheit eher kompliziert. Das biographische Faktenmaterial – und wir werden später noch Fälle beschreiben, die wir für repräsentativ halten – deutet darauf hin, daß die erfülltesten Beziehungen vieler geistig gesunder und außerordentlich kreativer Männer solche zu Ideensystemen oder Maschinenteilen waren.

Von dem Augenblick an, in dem eine vorgestellte Kluft sich zwischen dem kleinen Jungen und seiner Mutter auftut, so unsere Hypothese, ist er im Prinzip darauf vorbereitet, in sich selbst zumindest drei getrennte, aber verwandte Arten von Kompensationsmöglichkeiten zu aktivieren. Je reifer er wird, desto intensiver kann er abstrakte Ideen verfolgen, die in gewisser Weise ein Ersatz für seine Mutter sind, insofern als sie eine komplexe symbolische Beziehung zu ihr haben.[28] Er kann über persönliche und unbelebte Dinge auf eine Weise nachdenken, die die von ihm geschaffene Distanz zu seiner Mutter einübt und zelebriert – mit anderen Worten, er kann anscheinend objektiv und leidenschaftslos denken. Und er kann – und diese Möglichkeit ist am wichtigsten für unsere Argumentation – Ideen verfolgen, die zu seiner Mutter kaum in Beziehung stehen, und zwar mit derselben heftigen Leidenschaft, die er zuvor für sie empfunden hat. (Wir behaupten ausdrücklich nicht, daß die gedanklichen Prozesse des »männlichen« Mannes eindeutig objektiv seien. Was wir sagen ist, daß er ein dringendes Bedürfnis danach hat, seine Verstandeskraft auf unpersönliche Probleme zu richten – und daß ihm dafür die Mittel eines unbarmherzigen Eifers zur Verfügung stehen.)[29]

Die Erklärungen der Psychologen für solche Phänomene erschienen bisher reichlich gezwungen. Gewöhnlich behaupten sie, daß eine biologische Energie – Sexualität, Aggression – irgendwie in einen neuen Kanal gelenkt oder »sublimiert« worden sei, oder daß das Motiv, das dem abstrakten Denken zugrunde liegt, nicht sein kann, was es zu sein scheint: daß es sich letztlich z.B. auf Ehrgeiz reduziert, auf einen Territorialanspruch, auf Neid oder auf die Sehnsucht nach dem anderen Geschlecht. Diese Erklärungsversuche, so ist bereits vor langer Zeit erkannt worden, passen nur schlecht zu den Fakten, so wie wir sie kennen, zu dem kleinen Jungen, der sich mit hingebungsvoller Leidenschaft mit seiner Briefmarkensammlung beschäftigt, oder zu Isaac Newton, der, alle anderen Interessen vernachlässigend, völlig von den Gesetzen der Schwerkraft in Anspruch genommen wurde. Im Gegensatz dazu bietet uns das Konzept einer männlichen Wunde eine plausible Erklärung genau dieser Hingabe: daß sie aus einem Akt der psychischen Trennung resultiert, durch den das Unbelebte – Dinge, Ideensysteme – die intensive emotionale Bedeutung gewinnt, die zuvor den Menschen zugemessen wurde, und die Menschen, jener Bedeutung beraubt, so behandelt werden, als wären sie Dinge.

Uns beschäftigt hier das Potential der Wunde, Begeisterung für das Unpersönliche zu erzeugen. Dieses Phänomen hilft uns zu erklären, was unter dem Aspekt der Evolution gesehen das herausragendste Charakteri-

stikum unserer Spezies ist: *unsere Fähigkeit zu abstrakter Leidenschaft.*
Die Wunde erklärt unsere Fähigkeit, nicht nur analytisch und mit leidenschaftlicher Intensität zu denken, sondern auch analytisch und mit leidenschaftlicher Intensität über Themen nachzudenken, die nichts mit unseren gewöhnlichen biologischen Gelüsten oder Bedürfnissen zu tun haben. Für den »männlichen« Mann – und dies ist für unsere Darlegung der entscheidende Punkt – *werden solche Leidenschaften umso dauerhafter befriedigend sein, je stärker sie von menschlichen Beziehungen getrennt sind.* Je abstrakter ihr Kontext, in desto stärkerem Maße werden seine Unternehmungen von leidenschaftlichem Eifer und der Suche nach ästhetischer Vollendung geprägt. Die Handlungen des Mannes im Rahmen eines objektivierenden Denkens müssen deshalb durchaus nicht desinteressiert sein, weder was das emotionale Engagement, noch was die dahinterstehende Motivation anbetrifft. Was wir vielmehr zeigen wollen, ist, daß der Mann innerhalb dieses gedanklichen Rahmens – sicher und aus einer Distanz heraus – alle Impulse ausdrücken kann, die ansonsten durch eine intime Beziehung hervorgebracht worden wären.

Im Kern unserer Darlegung über die Psychologie der männlichen Imagination stehen zwei Thesen: daß nämlich Dis-Identifikation und Gegen-Identifikation zusammen im »männlichen« Mann ein Gefühl der individuellen Handlungsfähigkeit erzeugen, das gespeist wird durch eine sich fortwährend wieder auffüllende Quelle imaginativer Energie; und daß außerdem dieselben Prozesse ihn zum Unbelebten hinziehen – zu der Welt der Dinge, der Mechanismen, der abstrakten Ideen und Systeme, innerhalb derer er mit einem Engagement und einem Feuer ans Werk geht, von denen wir üblicherweise erwarten würden, daß ein Mensch sie anderen Menschen entgegenbringt.[30]

Das Intellektuelle und das Persönliche

Eine signifikante Folge von Dis- und Gegen-Identifikation ist, so vermuten wir, die Existenz komplexer Muster von Verbindungen und Trennungen zwischen der Natur der Arbeit eines Mannes und der seines Privatlebens.[31] Häufig sind diese Verbindungen und Trennungen auf sehr spezifische Weise geprägt. In einer Studie über bekannte Forscher an britischen Universitäten haben wir beispielsweise herausgefunden, daß bei den Geisteswissenschaftlern, den Biologen und den Physikern für Ehe, Nachkommenschaft und Scheidung jeweils ein anderes spezifisches Muster nachweisbar ist. Viele Männer der Geisteswissenschaften blieben unverheiratet; vier von zehn hervorragenden Altphilologen gaben an, sie seien kinderlos. Im Gegensatz dazu waren alle Biologen und Physiker einem stärker konventionellen Muster gefolgt: sie hatten geheiratet und hatten Kinder.[32]

Unsere Untersuchungen ergaben außerdem, daß die Scheidungsrate von Gruppe zu Gruppe stark variierte, daß sie z.B. bei den Physikern sechsmal so hoch war wie bei den Chemikern. Der markanteste Unterschied war jedoch unter den Biologen festzustellen. Jene, die sich durch bestimmte hervorragende Leistungen im Überschneidungsbereich der herkömmlichen Biologie mit der Mathematik und der Physik ausgezeichnet hatten – die beispielsweise dazu beigetragen hatten, die moderne Disziplin der Genetik zu etablieren – hatten eine etwa fünfundzwanzigmal höhere Scheidungswahrscheinlichkeit als die Biologen des nächsten Jahrzehnts, die diese Pionierentdeckungen zur Anwendung brachten. Offenbar scheinen also die Turbulenzen in der intellektuellen und in der persönlichen Sphäre einander zu entsprechen, wobei ernste eheliche Störungen am häufigsten bei Männern vorkommen, die intellektuelle Grenzen überschritten haben. Im Sinne von Kuhns Unterscheidung zwischen »revolutionärer« und »normaler« Wissenschaft scheint Scheidung bei den »revolutionären« Wissenschaftlern eine sehr naheliegende Begleiterscheinung zu sein und bei den »normalen« Wissenschaftlern nur vereinzelt und zufällig aufzutreten.[33]

Das Schema, das wir in Kapitel 2 skizziert haben, läßt auch Raum für die Tatsache, daß Dis- und Gegen-Identifikation des Mannes nur teilweise oder in sehr prekärer Form ausgebildet sein können. Wo das der Fall ist, werden die vorrangigen Interessensgebiete des fraglichen Individuums signifikant von der »männlichen« Norm abweichen. Einige der subtilsten dieser Abweichungen sind in den Naturwissenschaften, vor allem in der Biologie, erkennbar. Ein Forscher kann sich lebender Materie mit der Absicht nähern, sie in Begriffen der Mathematik, Physik oder Chemie zu erklären. Er kann an die Phänomene des Lebens als Systematiker herangehen, indem er unterscheidet, katalogisiert, zählt. Er kann, wie Darwin, die Phänomene des Lebens in der Hoffnung erforschen, zu ihren verborgenen Gesetzen Zugang zu finden. Er kann, so wie einige Ökologen es tun, die Phänomene des Lebens mit der Absicht erkunden, ihre Vielfalt zu bewahren und zu würdigen. Und was in diesem Kontext am interessantesten ist, er kann die Biologie als eine Plattform benutzen, um das spezifisch Menschliche in Frage zu stellen, und dabei zeigen, daß die charakteristischen Aspekte unserer Erfahrung – unsere Fähigkeiten zu lieben und Zugang zum Transzendenten zu finden – im Prinzip ununterscheidbar sind von denen, die auch einem Pavian oder einem Hamster offenstehen.

Alles in allem hat der Mann die Freiheit, die Beschäftigung mit Objekten mit dem Persönlichen auf vielfältige Weise in Verbindung zu bringen. Er kann:

– seine Erfahrung trennen: auf der einen Seite einer unsichtbaren Trennungslinie leidenschaftliche Aufmerksamkeit für das Unpersönliche, auf der anderen Seite das Persönliche, anerkannt, aber nahe dem Verschwinden.

Oder er kann versuchen, Persönliches und Unpersönliches miteinander zu verweben. Dabei kann er das Unpersönliche benutzen, um:

– das Persönliche zu attackieren und zu unterwerfen, oder
– es in symbolischen Begriffen neu zu erschaffen.

Die Vorgehensweise des Einzelnen wird, so werden wir in Kapitel 4 ausführen, durch den Kontext seiner elterlichen Familie beeinflußt, vor allem durch den Charakter der Beziehung zu seinem Vater und zu seiner Mutter – nicht nur hinsichtlich seiner Trennung von dem einem und seiner Identifikation mit dem anderen Elternteil, sondern auch hinsichtlich dessen, wie Gefühle von Wärme und Feindseligkeit innerhalb der Familie ausgedrückt wurden. Von den drei eben genannten Optionen korrespondiert die erste im großen und ganzen mit den dominanten Fragestellungen von *Wissenschaft und Technik*. Die zweite korrespondiert mit den dominanten Fragestellungen der stärker reduktiven Formen von *Biologie und Psychologie*. Die dritte korrespondiert mit den dominanten Bestrebungen im Bereich der *kreativen Künste*.

Selbst dort, wo die langfristigen Wirkungen von Dis-Identifikation und Gegen-Identifikation als völlig gesichert erscheinen, kann eine Tendenz zur Instabilität vorhanden sein. Wenn das der Fall ist, muß der Mann sein ganzes Leben lang entsprechende Barrikaden aufrechterhalten. Jeder Vorstoß in den Bereich des Abstrakten wird auf diese Weise zur Bestätigung der internen Arrangements, die die Wunde ursprünglich hat entstehen lassen. Wie von einem entfernten Widerhall kann jede Unternehmung auch von den Ängsten begleitet werden, die der Gedanke an zusammenbrechende Schutzmechanismen und die Aussicht auf ein erneutes Verschlungenwerden hervorrufen. Abstrakte Gedanken drücken insofern nicht nur die Möglichkeit des Wohlbehagens aus, das einst mit symbiotischer Intimität in Verbindung gebracht wurde, sondern auch die Feindseligkeit (und in extremen Fällen die Panik), die durch die Vorstellung ausgelöst wird, daß das symbiotisch Intime nicht an dem ihm zugewiesenen Platz verbleiben könnte. Wie die »Schlammflut«, die einst Freud bedrohte, und gegen die seine Sexualtheorie ein Bollwerk sein sollte, können Vorstellungen von exzessiver Intimität selbst die strengsten und diszipliniertesten Denker bedrohen und müssen deshalb – wie Freuds Vision des »Okkultismus« – durch jedes Werk, das in Angriff genommen wird, erneut verbannt werden. Die Bedrohung durch solche Gedanken und Phantasien erklärt möglicherweise nicht nur die kämpferische Atmosphäre, die in der Wissenschaft so oft anzutreffen ist, sondern auch die Tendenz zur bösartigen Vernichtung des Gegners, wenn dessen andersgeartete Methode, Dämme zu errichten, als ebenso gefährlich erscheint wie die herannahende Flut selbst. Und noch bezeichnender ist, daß es vielleicht der intuitiv wahrgenommene Übergriff des exzessiv Intimen ist, der viele (und möglicherweise sogar alle) Denker und Wissenschaftler zu stets neuen Vorstößen in das formale Denken treibt.

Die Beschaffenheit der Wunde

Später werden wir die spezifischen Qualitäten der männlichen Imagination detaillierter beschreiben. Zuvor müssen wir jedoch unsere Hypothesen über die männliche Wunde aufs Genaueste darlegen, da das Risiko besteht, daß diese als übertrieben und allzu vereinfachend erscheinen.

Unsere Annahmen haben nichts mit einer Auffassung von Biologie als Schicksal zu tun und befassen sich auch nicht mit den Wirkungen von Vorurteilen in einer sexistischen Gesellschaft. Die Wunde ist, wie wir bereits grob skizziert haben, ein psychologisches Phänomen, eine immer deutlicher zutage tretende Eigenschaft der Verbindung eines Körpers mit einer wachen und nachdenklichen Intelligenz. Sie entsteht als Reaktion auf biologische Realitäten, führt aber, wenn sie einmal existiert, ein autonomes Leben, und sie drängt Individuen zu unterschiedlichen Formen des Ausdrucks, wobei sie eine authentische Leistung das eine Mal erleichtert und das andere Mal erschwert.[34] Wir behaupten, daß die Wunde:

- ein zentraler Aspekt der geistigen Verfassung des »männlichen« Mannes ist;
- eine Energiequelle ist – eine Quelle ungelöster (und im Prinzip unlösbarer) Spannungen;

- einen gestaltenden Einfluß auf die imaginativen Bedürfnisse des Mannes hat;
- dem Ausdruck jener Bedürfnisse eine charakteristische Form oder eine charakteristische Wendung verleiht;
- sich in ihrer Wirkungsweise durch eine lose verknüpfte Gruppe von aufschlußreichen Zeichen offenbart;
- einen Einfluß ausübt, der kurzfristig übergangen werden kann, sich aber längerfristig hartnäckig wieder bemerkbar macht;
- beim Erwachsenen in vielgestaltiger Form zum Ausdruck kommt.

Bis heute tendierte die Psychologie dazu, von relativ klar definierten aufeinanderfolgenden Entwicklungsphasen auszugehen, die durch kritische Perioden bestimmt werden, in denen die Lernfähigkeit besonders gesteigert ist. Wie von uns wird von vielen anderen angenommen, daß die frühen Jahre einen entscheidenden formenden Einfluß haben und daß es die sehr früh im Leben erworbenen Eigenschaften sind, die Kette und Schuß der erwachsenen Persönlichkeit ausmachen. Um einen anderen metaphorischen Ausdruck zu gebrauchen: Es sind diese Eigenschaften, die als »in das Gewebe der Persönlichkeit eingefärbt« wirken.

Wir müssen jedoch auf der Hut sein. Wir haben unsere Forschungen auf die akademischen Entscheidungen von Heranwachsenden konzentriert, auf die Berufskarrieren von Erwachsenen und auf die Beziehung zwischen solchen Karrieren und dem Privatleben. Forschungen dieser Art lehren uns eine wichtige Lektion. Jedes biographische Faktenmaterial ist durch Vielfalt charakterisiert. Was auch immer die letztendliche Rolle oder Leistung sein mag, es gibt immer oder fast immer mehr als ein vorangehendes biographisches Muster. Bei der Entwicklung von Charakterzügen und Talenten der reifen Persönlichkeit hat man es, wie so häufig in der Psychologie, nicht mit gradlinigen Verbindungen zu tun, sondern mit den Wechselwirkungen vielfältiger Ursachen innerhalb eines Netz- oder Gitterwerkes, und mit dem Pfad oder Weg, der durch eine Serie von Entscheidungen innerhalb jenes Gitterwerks gebahnt wird. Obwohl die Erhebungen manchmal sehr deutlich erkennbare Unterschiede zwischen »männlichen« Männern und geschlechtsneutralen oder verweiblichten Männern und zwischen Männern und Frauen insgesamt zu Tage treten lassen, sind solche Unterschiede nicht das einzige Beweismaterial, das unserer Theorie der Wunde entspricht. Auch Unterschiede in Details und Nuancen sind wichtig. Wo deutlich definierbare Unterschiede tatsächlich entstehen, heißt dies nicht, daß die relevanten Optionen und Verbindungen selbst deutlich definierbar seien, sondern lediglich daß, aus dem einen oder anderen Grund, die fraglichen Gruppen sich durch ihre konsequent unterschiedlichen Wege durch ein komplexes Gitterwerk hindurch voneinander entfernt haben.

Ein Aspekt solcher Gitterwerksmuster ist, daß ein einzelner Ausgangspunkt mit sehr unterschiedlichen Zielen verbunden ist, während nahe beieinanderliegende Ziele auf sehr unterschiedlichen Wegen erreicht werden können.[35] Und, was noch schwerwiegender ist, wir tragen alle unsere Vergangenheit mit uns herum. Ein Schriftsteller mit einer Lebensgeschichte wie der von Truman Capote wird einen bestimmten Stil entwickeln; ein Mann mit einer Lebensgeschichte wie der von Ernest Hemingway wird an seine Romane ganz anders herangehen. Wir entwickeln unsere Vorstellung von der Wunde vor dem Hintergrund eines Modells des menschlichen Geistes, in dem verschiedene Abfolgen von Entscheidungen aufeinander einwirken und voneinander abhängig sind.

Voraussagen und Vermutungen

Wenn die Theorie, die wir bisher entwickelt haben, im wesentlichen korrekt ist, dann würden wir erwarten, daß die Wirkungen der Wunde:

– während langer Zeiträume des Lebens stabil bleiben und nicht nur flüchtige Nebenprodukte der persönlichen Lebensumstände des Individuums oder der sozialen Rollen, die es zufällig spielt, sind;
– sich in offensichtlichen, meßbaren Manifestationen niederschlagen werden, bei bestimmten, beispielhaft ausgewählten Männern und als Unterschied zwischen ausgewählten Männern und Frauen ebenso wie im Leben von Individuen;
– gegenüber Veränderungen in den Mustern der Kindererziehung und des Familienlebens resistent sein werden.

Wir würden darüber hinaus erwarten, daß sich

– im Leben sowohl von Individuen als auch von Gruppen die Wirkungen der Wunde häufig durch anscheinend willkürliche Widersprüchlichkeiten und Trennungen manifestieren.

Die Existenz der Wunde läßt uns erwarten, daß Charakterzüge wie Frauenhaß oder Mangel an Sensibilität sich spontan bei Männern ausdrücken, deren geschlechtliche Identität ganz offensichtlich »männlich« ist. Aber wir haben es mit einem System zu tun, in dem Verlagerungen und Abweichungen die Norm sind. So könnte Frauenhaß sich letztlich, abhängig von dem jeweiligen Kulturbereich, auf unterschiedliche Weise ausdrücken: in Schürzenjägerei bei Dichtern, im Zölibat bei Altphilologen, in hohen Scheidungsraten bei radikal innovativen Biologen und in unverblümt sexistischen Vorurteilen bei Ingenieuren. Der Ausdruck dieses Frauenhasses könnte sich auch innerhalb der jeweiligen wissenschaftlichen Disziplin von Generation zu Generation ändern, und zwar in dem Maße, wie der formale Rahmen und die Inhalte jener Disziplin sowie die Form der Rekrutierung neuer Mitglieder sich verändern. Während wir also erwarten, daß eine Eigenschaft wie Frauenhaß sich sowohl im intellektuellen als auch im sexuellen Lebensbereich eines Mannes ausdrückt, wollen wir die Augen nicht gegenüber der Möglichkeit verschließen, daß der Ausdruck dieses Frauenhasses örtlich begrenzt, sehr speziell werden kann. Ein Mann kann treulos in seiner Arbeit oder in seinem Geschlechtsleben oder in beiden gleichermaßen sein. Im Laufe der Jahre können seine verlogenen Tendenzen sich von seinem Arbeitsleben auf sein Sexualleben oder umgekehrt ausbreiten. Sie können sich auch verlagern. Ein zuvor untadeliges Arbeitsleben kann durch die Tendenz, zu lügen und etwas durch unlautere Mittel erreichen zu wollen, beeinträchtigt werden, und zwar gerade in dem Augenblick, in dem sich im Privatleben, das zuvor durch feindselige Impulse beeinträchtigt worden war, eine Atmosphäre von anständiger Ausgeglichenheit entwickelt.[36]

Trotz dieser Tendenzen zur Übertragung und Verlagerung erwarten wir, daß in dem vorliegenden Faktenmaterial sowohl im ganzen als auch im Detail bestimmte Themen regelmäßig wiederkehren. Wir würden erwarten, daß die Wunde in Zusammenhang steht mit:

- Trennungen des Persönlichen vom Unpersönlichen;
- einer vorwiegenden Beschäftigung mit Themen intellektueller Kontrolle; und
- der Verbindung dieser Kontrolle mit Gefühlen von Aggressivität und Parteinahme.

Noch spezifischer würden wir erwarten, daß die Wunde zusammenhängt mit:

- charakteristischen Mustern von Kosten (Frauenfeindlichkeit, Mangel an persönlicher Sensibilität) und Nutzen (Fähigkeit zu selbstbestimmtem Handeln, imaginative Energie, abstrakte Leidenschaft);

- charakteristischen Mustern der Karrierewahl; und
- regelmäßigen Beziehungen zwischen der ersten und der zweiten Gruppe dieser Muster.

Was das Formale angeht, so wird die männliche Denkweise:

- »unordentlichen« Argumenten gegenüber intolerant sein, das heißt, Argumenten gegenüber, denen eine formale Struktur fehlt und die intuitiv, von Einfühlungsvermögen getragen, uneindeutig sind; und
- die Tugenden der Leidenschaftslosigkeit und Objektivität betonen (obwohl allem Anschein nach die Intelligenz gewöhnlich in den Dienst von Unternehmungen gestellt wird, die parteiisch und kämpferisch und in diesem Sinne nicht-objektiv und leidenschaftlich sind).

Die Existenz der Wunde läßt uns auch Beweise erwarten, die weniger eindeutig sind und die stärker den Status von Vermutungen haben. Insbesondere führt sie uns dahin, die Existenz »männlicher« Rahmenbedingungen für das Denken zu erwarten. Diese unterscheiden sich natürlich von Bereich zu Bereich, aber im wesentlichen sind ihre charakteristischen Aspekte die, die der Wunde selbst zu eigen sind.[37] Der »männliche« Geist sollte typischerweise Geschmack finden an:

- Argumenten, die in Begriffen von Dualitäten und dialektischen Gegensätzen (wie männlich/weiblich, bewußt/unbewußt, Geist/Körper, Theorie/Tatsachen) und deren Vereinbarkeit vorgetragen werden;
- Argumenten, die von konzeptionellen Grenzen und Trennungen (wie der zwischen den Naturwissenschaften und den Sozialwissenschaften) abhängen und von den kolonisierenden Beutezügen über solche Grenzen hinweg;
- Argumenten (beispielsweise im Hinblick auf Klassifikationen), die von einer intensiven Beschäftigung mit Ähnlichkeiten und Unterschieden abhängen;
- Argumenten, die reduktiv sind, ganz besonders solchen, die das auf subtiler Erfahrung Beruhende in Begriffen des Prosaischen und Nüchternen erklären; und an
- Argumenten, die sich auf – häufig extrem technische – Ideen konzentrieren und deren Wahrheit als unmittelbar einleuchtend betrachtet wird.

Es gibt auch, wie wir bereits erwähnt haben, Gründe zu vermuten, daß selbst die stabilsten Lösungen für das jeweilige Dilemma der Dis- und Gegen-Identifikation in dieser oder jener Hinsicht leicht erschütterbar sind und daß infolgedessen die Arbeit, die Trennungen aufrechtzuerhalten, niemals zu Ende ist. Wie wir sehen werden, sind selbst in den abstraktesten männlichen Gedanken Spuren des intim menschlichen Ursprungs der Wunde erkennbar, und sie werden vielleicht niemals endgültig gelöscht.

Kapitel 4
Der familiäre Kontext

Biologen, Psychologen und Sozialwissenschaftler sind sich noch immer uneinig darüber, in welchem Ausmaß das männliche Kind zum Zeitpunkt seiner Geburt bereits programmiert ist. Zugleich räumt fast jedermann ein, daß der Einfluß der Eltern eine entscheidende formende Wirkung hat. Es ist die häusliche Familieneinheit, der »familiäre Kontext«, der determiniert, ob die Wirkungen der Wunde so extrem sein werden, daß sie geradezu karikaturistische Ausmaße annehmen, oder ob sie andernfalls so sehr verdeckt werden, daß sie nur noch in verkümmerter Form vorhanden sind.

In den 50er und 60er Jahren wurden eine Reihe von genialen Untersuchungen zum Einfluß der verschiedenen Praktiken der Kindererziehung auf die Persönlichkeit des heranwachsenden Kindes durchgeführt, und auf der anderen Seite untersuchten einige Wissenschaftler den Einfluß der Lebensweise der Eltern auf die Praktiken der Kindererziehung. Einige dieser Studien wurden recht berühmt, und obwohl sie am Ende keine schlüssigen Ergebnisse zeitigten, haben diese Forschungsprojekte die Psychologen für bestimmte prinzipielle Aspekte sensibilisiert. In einer Studie haben Sears und seine Kollegen amerikanische Mütter interviewt, deren fünfjährige Kinder den Kindergarten besuchten. Sie entdeckten, daß *es klar erkennbare Beziehungen zwischen der Art und Weise der Mutter, ihr Kind zu disziplinieren, und dem Temperament des Kindes* gibt. Die Kinder, vor allem die Söhne von Müttern, die sich kontrollierend verhielten, aber milde bestraften, waren nicht aggressiv, während die Kinder von Müttern, die sich permissiv verhielten, aber hart bestraften, sich aggressiv zeigten. Wie die Autoren selbst betonten, war es nicht klar, ob die Mütter hart bestraften, weil sie aggressive Kinder hatten, oder umgekehrt. Noch weniger klar war es, ob fünfjährige Kinder besser aggressiv oder still sein sollen, aber die Korrelation zwischen dem Erziehungsstil der Mutter und dem Temperament der Kinder wurde eindeutig nachgewiesen und seither in ihren Einzelheiten noch genauer erforscht. In einer zweiten Studie entdeckten Kagan und Moss sowohl einen »Sleeper«-Effekt als auch die Tendenz, daß *ein- und dasselbe Erziehungsmuster Jungen in die eine und Mädchen in die andere Richtung beeinflußt.* In einer amerikanischen Langzeitstudie fand man heraus, daß es vor allem das mütterliche Verhalten während der ersten drei Lebensjahre der Kinder war, das die genauesten Vorhersagen darüber erlaubte, welches Verhalten die Kinder später als Erwachsene an den Tag legen würden. Kagan und Moss fanden auch heraus, daß eine beschützende Einstellung der Mutter ein Streben nach intellektueller Größe bei den erwachsenen Kindern nach sich zog, aber nur bei Jungen. Es waren die kritischen Mütter, deren Töchter später dazu tendierten, intellektuell zu glänzen.[1]

Es wurde auch klar, daß, weit entfernt davon, in unvorhersehbarer Weise von einer Kultur zur anderen zu variieren, die *Grundziele der Kindererziehung im großen und ganzen konstant bleiben.* Mit Hilfe ihrer jeweiligen Mittel zielt jede Kultur darauf ab, die Männlichkeit des Mannes festzulegen, wobei eher der Weg als das Ziel verschieden ist. Whiting und seine Kollegen überprüften beispielsweise ethnographische Fakten über ökonomisch primitive Kulturen und demonstrierten, daß Kulturen, in denen die Schlafsitten so geregelt sind, daß die Mutter und der Säugling für mindestens ein Jahr nach der Geburt das Bett teilen, während der Vater ausgeschlossen ist, und in denen Tabus das sexuelle Verhalten der Mutter für mindestens ein Jahr nach der Geburt einschränken, eher als andere bei Eintritt der Pubertät männliche Initiationsriten vorsehen. Das kulturelle Anliegen ist mit anderen Worten die Männlichkeit von männlichen Kindern, ob das nun durch die Prozesse der Dis- und Gegen-Identifikation, die wir in unserer eigenen Kultur erwarten würden, oder auf rituelle und kategorische Weise zu Beginn der Adoleszenz erreicht wird.[2]

Schicht um Schicht wird die familiäre Umgebung, psychologisch und sozial, nach den Kategorien von biologischem und sozialem Geschlecht strukturiert. In unserer eigenen Kultur ist es die Kernfamilie – Mutter und Vater, die mit ihren Kindern zusammen als stabile Einheit leben –, die den Kontext bietet, innerhalb dessen die männliche Wunde ihre typische Gestalt annimmt. Aber im wohlhabenden Westen haben die Konventionen, die das Familienleben regieren, allmählich an Einfluß verloren. Frauen fühlen sich nicht länger gezwungen, die Väter ihrer Kinder zu heiraten, und beide Geschlechter fangen an, die Vorstellung abzulegen, daß die fürsorgliche Pflege der Kinder Frauenarbeit sei. Es gibt Paare, bei denen die konventionellen Rollen vertauscht wurden: Der Vater kümmert sich um die Kinder und die Ehefrau bringt die Lohntüte nach Haus. Darüber hinaus sind noch andere häusliche Neu-Kombinationen und Vertauschungen versucht worden: Mädchen und Jungen, die von ihren allein lebenden Vätern großgezogen werden, von Lesbierinnen oder männlichen Homosexuellen, die zusammenleben, oder von Mitgliedern einer Kommune, in der die Kinder von allen gemeinsam erzogen werden, sogar von Pädophilen.

Im Augenblick können über die Konsequenzen dieser natürlichen Experimente nur Vermutungen angestellt werden. Auf Grund der Differenzierungen, die wir im letzten Kapitel beschrieben haben, sind wir geneigt, vorherzusagen, daß bestimmte Faktoren die Wunde vertiefen und ihre Wirkungen potenzieren, während andere Faktoren sie verkleinern und ihre Wirkungen abschwächen. Folgende Faktoren dürften einen gewissen Einfluß haben:

– das Identitätsgefühl der Mutter – ob sie stärker zum Weiblichen, zum Androgynen oder deutlich zum Männlichen tendiert;
– die Art der mütterlichen Fürsorge – ob die Mutter ihren Sohn zu einer Trennung ermutigt oder eine symbiotische Einheit fördert;
– der Charakter des Sohnes – ob dieser eigenwillig ist und eine niedrige Frustrationsschwelle hat oder ob er anpassungsbereit ist;
– die dauernde Präsenz eines männlichen Erwachsenen im Haus, mit dem die Mutter sexuell intim ist – oder die Abwesenheit einer solchen Person;
– das Identitätsgefühl jener männlichen Person – »männlich«, androgyn oder »weiblich«; und
– das in der Familie vorherrschende Klima, durch das die typische Auseinanderentwicklung der Geschlechter befördert oder gehemmt wird.

Wie Stoller sagt, »beginnt Maskulinität bei Jungen als eine Bewegung fort von der schmerzlosen, aber potentiell gefährlichen … Mutter/Kleinkind-Symbiose«. Wenn er männlich werden soll, dann muß der Junge »in seinem biologischen Erbe das Bedürfnis entdecken«, sich zu trennen und zu vereinzeln, und er muß zudem mit einer Mutter gesegnet sein, die ihn dazu ermutigt. Wenn sie es nicht zulassen kann, daß er sich von ihr trennt, dann wird sie »seinen primären Zustand der Weiblichkeit verlängern und insofern verstärken«. Wenn sie auf der anderen Seite »zu sehr darauf drängt, alles, was sie als weiblich betrachtet, zu vermeiden, dann produziert sie möglicherweise den gefrorenen, brutalen, phallischen Charakter, der entsteht, wenn die Möglichkeiten selbst einer momentanen Rückkehr zu ihr verschlossen sind«.[3] Die Mutter, die eine symbiotische Intimität fördert, der Vater, der abwesend ist, der Sohn, der sich anpaßt und fügt: dadurch würde wohl eine Wunde entstehen, die so geringfügig ist, daß man sie kaum wahrnimmt. Die Mutter, die den Sohn von Anfang an zu einer Trennung ermutigt, aber selbst »feminin« ist, der Vater, der selbst tief verwundet, jedoch seinem Sohn gegenüber zugänglich ist, der Sohn, der die Frustration durch die Mutter nicht erträgt: dies ist, so vermuten wir, ein Muster, das wahrscheinlich im Sohn eine Wunde erzeugt, deren Wirkungen dauerhaft und unverkennbar sind.

Wenn wir das folgende Faktenmaterial erörtern, schauen wir uns zunächst einmal an, was aus einem Jungen wird, wenn der Einfluß seiner Mutter auf das Erleben in seiner frühen Kindheit überwältigend stark ist. Dann sehen wir uns den ganz anders gearteten Fall an: Beispiele, wo der Einfluß der Mutter zusammenbricht – weil sie stirbt, während der Sohn noch klein ist, oder weil sie ihn nicht lieben kann. Schließlich fassen wir die Einflüsse zusammen, die Eltern auf die Entwicklung der Imagination ihrer Kinder haben und weisen auf ein sehr schwer einzuordnendes Faktum hin, das wir an einem weiteren Beispiel illustrieren. Dies alles vor dem Hintergrund der Idee von Kosten und Nutzen, die sich gegenseitig aufwiegen, der Idee einer ausgeglichenen Bilanz von Gewinnen und Verlusten.

Alleinerziehende und Matriarchinnen

Wenn eine junge Mutter, entweder auf Grund ihrer eigenen Entscheidung oder durch die Umstände gezwungen, ihren Sohn allein großzieht, dann wird die Wirkung auf den Sohn, so behaupten wir, zumindest von zwei Faktoren abhängen: wie nahe sie ihm in intimer Weise rückt und unter welchen Bedingungen der Sohn sich Männern anschließen kann. Die Mutter ist vielleicht ihrem Sohn gegenüber schüchtern, hält ihn auf Distanz und fördert, sowohl unbewußt als auch bewußt, eine Trennung. Oder sie zieht ihn vielleicht fortwährend besonders hübsch an, schmust und flirtet mit ihm und hält ihn beim Einschlafen in den Armen. Stoller beschreibt Mütter, nämlich die von zukünftigen Transsexuellen, die so intim symbiotische Beziehungen zu ihren Söhnen schaffen, daß der Körper des Sohnes ihm wie eine Ausdehnung des mütterlichen Körpers und sein Geist ihm wie eine Ausdehnung ihres Geistes erscheint.[4] Die alleinerziehende Mutter hat vielleicht eine ganze Reihe von Liebhabern oder gar keinen. Sie lebt möglicherweise in einer Umgebung, wo ihr Sohn konstant Zugang zu männlichen Verwandten und Nachbarn hat, oder in sozialer Isolation. Und ebenso wie Individuen können auch ganze Gemeinschaften von Menschen in sehr unorthodoxen häuslichen Verhältnissen aufwachsen. Eine Mutter kann in einer Kultur als Alleinerziehende leben, in der fest verheiratete heterosexuelle Paare als die Norm betrachtet werden; auf der anderen Seite kann sie in einer matriarchalischen Gemeinschaft leben, die sich stark von der umgebenden dominanten Kultur unterscheidet.

1965, vor den Aufständen und der Entstehung der Bewegung der Black Panthers, haben wir zehn Tage im Woodlawn Ghetto von Chicago verbracht (für Engländer ein Privileg, das wir einem Freund verdankten, der damals die Universität von Chicago als eine Basis benutzte, von der aus er das Engagement schwarzer Eltern für die Schulausbildung ihrer Kinder fördern wollte). Arbeitslosigkeit war unter den männlichen Bewohnern von Woodlawn seit Menschengedenken weit verbreitet, und infolgedessen lag die Verantwortung für die Familie praktisch in den Händen der Frauen. Im Leben der Frauen, mit denen wir sprachen, spielten die Ehemänner keine erkennbare Rolle. Natürlich hieß das nicht, daß es keine Männer gegeben hätte, die die Söhne dieser Frauen sich zum Vorbild hätten nehmen können. In diesem besonderen Matriarchat hat der kleine Junge solche Vorbilder in rauhen Mengen. Was ihm fehlt, ist eine stabile männliche Präsenz in der Familie. Es gibt keinen Mann, auf den die Aufmerksamkeit der Mutter sich kontinuierlich richtete, kein erwachsenes Paar, das aufeinander bezogen, füreinander engagiert wäre und mit dessen permanenter sexueller Intimität er sich abfinden müßte.

Der abwesende Vater

Von dem jungen Mann, der ungebundene und unzufriedene Männer imitiert, kann man erwarten, daß er selbst ungebunden und unzufrieden wird; ihre Vorstellungen werden zu den seinen. Der wirkliche Schaden jedoch entsteht auf viel heimtückischere Weise. Zwar gibt es männliche Erwachsene, die der junge Mann imitieren kann, aber es gibt keinen, mit dem er sich identifizieren kann, ein Muster, das charakteristischerweise, so behaupten wir in unserer Theorie der Wunde, in einem defekten Gefühl für die individuelle Handlungsfähigkeit resultiert. Es ist genau diese Geisteshaltung, die es in Ghettos wie Woodlawn für schwarze Männer so schwierig macht, den Kreis zu durchbrechen, in dem ein Gefühl der Entwurzelung zu Arbeitslosigkeit führt und Arbeitslosigkeit und Kriminalität ein Gefühl von Entwurzelung verstärken.[5]

Soziale Gemeinschaften wie die von Woodlawn haben daneben noch andere Wirkungen. Keinesfalls notwendigerweise schädlich, sind sie von einem ganz speziellen psychologischen Interesse insofern, als sie ein unerwartetes Licht auf die männliche Wunde und deren Folgen werfen.

Die Ergebnisse von Intelligenztests zu interpretieren, die man Kindern aus Gegenden wie Woodlawn vorgelegt hat, ist eine wahre Kunst. Ein Thema taucht in solchen Untersuchungen dennoch wiederholt auf. Sowohl aus den nordamerikanischen schwarzen Ghettos als auch von den westindischen Inseln, wo die Mütter ebenso deutlich dominant sind wie in Woodlawn, wurde berichtet, daß die Jungen ein unerwartetes Muster mentaler Fähigkeit zeigen. Man könnte auf Grund ihrer schlechten Schulausbildung, ihres Schwänzens oder ihrer puren Gleichgültigkeit natürlich durchaus vermuten, daß schwarze Jungen, die in einer solchen familiären Konstellation aufgewachsen sind, schwächere verbale als nicht-verbale Leistungen zeigten. Wissenschaftliche Untersuchungen haben allerdings das Gegenteil erwiesen. Diese Jungen können adäquat mit verbalen Aufgaben fertigwerden, zeigen sich aber bei nicht-verbalen Aufgaben unerwartet schwach – genau bei den Aufgaben also, bei denen junge Männer gewöhnlich außerordentlich gut abschneiden.[6]

Das hier beschriebene Faktenmaterial ist allerdings bruchstückhaft und ohne Beweiskraft, und das Thema wäre es kaum wert, weiter verfolgt zu werden, hätten sich nicht ganz ähnliche Resultate bei ganz anderen Arten von Studien zum »abwesenden« Vater ergeben. Im Rahmen eines wissenschaftlichen Forschungsprojekts beobachtete Lynn Carlsmith junge Männer, die in Harvard studierten.[7] Sie konzentrierte sich auf ausgewählte Fälle, in denen die Väter in den ersten drei Lebensjahren ihrer Söhne in der Armee gedient hatten, dann aber zurückkehrten. Zu dem Zeitpunkt, als sie als Studenten nach Harvard kamen, schnitten die Söhne dieser Männer hinsichtlich ihrer verbalen Fähigkeiten außerordentlich gut ab, aber es fehlte ihnen die besondere Stärke der nonverbalen Denkfähigkeit, die man von einer derartigen Gruppe erwarten würde. Die Grundstruktur ihrer Begabungen war in der Tat gewöhnlich eher bei akademisch sehr erfolgreichen jungen Frauen zu finden.

Andere Studien – darunter eine Arbeit, die einer von uns damals an der Cambridge University schrieb – zeigten, daß eine non-verbale Ausrichtung der Intelligenz charakteristisch für junge Männer war, die sich auf Disziplinen wie Mathematik, Physik und Ingenieurwissenschaften konzentrierten, und daß eine markante verbale Begabung gewöhnlich bei den Männern in den Humanwissenschaften festzustellen war.[8] Physik und technische Studiengänge wurden mit anderen Worten nicht nur im Hinblick auf die Anzahl der Studenten von jungen Männern beherrscht, sondern es gab auch einen Überhang an jungen Männern mit einer ganz speziellen intellektuellen Begabung, die wiederum mit den Bedingungen ihres Aufwachsens in Zusammenhang stand. Insgesamt erbrachte diese Untersuchung die beiden Ergebnisse:

- daß auch in den ersten Lebensjahren die Präsenz des Vaters in der Familie einen signifikanten Einfluß auf die Entwicklung des Sohnes hat; und
- daß dieser Einfluß sehr weitgehend über den Bereich der persönlichen Beziehungen hinaus und in den des formalen Denkens hineinreicht.

Kleiner Junge im Mädchenkleid

Natürlich hat die Geschichte kleinen Jungen bizarrere Streiche gespielt als die, mit denen die Männer in Woodlawn oder in der Karibik konfrontiert waren. Das Opfer einer dieser Streiche war ein Junge, der vor etwas mehr als hundert Jahren in Prag geboren wurde, und es ist aufschlußreich zu sehen, was aus ihm wurde.

Der Vater des Jungen war Offizier in der Armee gewesen.[9] Er hatte fünfzehn Jahre zuvor eine Auszeichnung für die Teilnahme am österreichischen Feldzug gegen Italien erhalten, war aber wegen seiner schlechten Gesundheit gezwungen, seinen Posten aufzugeben. Verbittert und enttäuscht arbeitete er später als Eisenbahnbeamter. Er verachtete das zivile Leben und tröstete sich mit dem Gedanken, daß sein Sohn eines Tages die militärische Laufbahn einschlagen würde, die er selbst hatte aufgeben müssen. Der Vater, der als nervös und als ein Philister beschrieben wurde, war für seinen Sohn eine Quelle der Irritationen, aber auch der Sicherheit. Die Mutter des Jungen wird als phantasievoll und sehr vital beschrieben, aber auch als dumm, snobistisch und mit einer Tendenz zu einem reinen, fast kindischen Hedonismus. Im späteren Lebensalter ging ihre Unbeschwertheit verloren. »Nach Weiberart«, so beobachtete ein naher, aber sehr kritischer Kommentator, »plappert sie fortwährend geistloses Zeug vor sich hin«.[10] Was die persönlichen Beziehungen der Mutter anbetrafen, so ist es anscheinend niemals zu einem wirklichen Kontakt mit anderen Menschen gekommen, sie schien niemals ganz *da* zu sein. Als der Junge älter wurde, wurde die leere Überschwenglichkeit seiner Mutter mehr und mehr zu einem Charakterzug, den der Sohn zu verabscheuen begann.

Es gab noch eine ältere Schwester, aber sie starb bereits als kleines Mädchen. Die Mutter des Jungen tröstete sich, indem sie ihren Sohn so aufzog, als wäre er ebenfalls ein Mädchen. Vor einem Jahrhundert war es keinesfalls ungewöhnlich, kleinen Jungen Kleider anzuziehen und ihr Haar in Löckchen zu brennen. Die Mutter rief ihn auch bei einem Mädchennamen, und bis er fünf Jahre alt war, spielte er mit Puppen. Mit Jungen seines Alters hatte er nur an seinem Geburtstag Kontakt. Als er neun Jahre alt wurde, zerbrach die Ehe seiner Eltern, die nie glücklich gewesen war. Vater und Mutter trennten sich; die Mutter lebte fortan in Wien, und der Vater blieb in Prag. Vielleicht, weil sie es sich nicht leisten konnten, den Sohn in ein Gymnasium zu schicken, vielleicht, weil der Vater den eigenen militärischen Ehrgeiz stellvertretend durch seinen Sohn befriedigen wollte, wurde der kleine Junge fünf Jahre lang in das Internat einer Militärakademie geschickt, wo die Kosten der Ausbildung vom Staat gedeckt wurden. Dort lernte er nur wenig, freundete sich mit niemandem an und war äußerst unglücklich. Schließlich wurde er wegen seiner permanent schlechten Gesundheit von der Schule entfernt. Nachdem er ein weiteres Jahr im Internat einer Handelsakademie in Linz verbracht hatte, kehrte er mit etwa fünfzehn Jahren zu seinem Vater nach Prag zurück.

Was war das Ergebnis dieser widersprüchlichen und unabsichtlich grausamen Erziehung? Der kleine Junge wurde zu einem Mann, der sich der Schriftstellerei widmete. Er beschäftigte sich zwanghaft mit intimen Beziehungen, aber immer nur aus einem sicheren Abstand heraus, und er fühlte sich getrieben, diese Beziehungen in Sätze auf einer Seite zu verwandeln und diese Seiten zu einem Buch anwachsen zu lassen.

Trotz seines schwachen, zarten Körpers – fliehendes Kinn, dünner Hals, schmale, herabhängende Schultern – und trotz der Tatsache, daß er in den entscheidenden Jahren seiner Kindheit Kleidchen getragen und mit Puppen gespielt hatte, war seine Objektwahl heterosexuell. Er fühlte sich zu starken Frauen hingezogen und übte seinerseits eine starke Anziehung auf sie aus. Mit fünfundzwanzig heiratete er eine Bildhauerin, eine Schülerin des erotisch-lüsternen Rodin. Sie hatten eine gemeinsame Tochter, aber da sie beide arm und ehrgeizig waren, entschieden sie sich, getrennt zu leben und sich, wann immer sie konnten, zu treffen. Die Tochter wurde in der Obhut der Großeltern mütterlicherseits gelassen, und die Eltern entfernten sich nach und nach voneinander, pflegten aber weiterhin freundschaftlichen Kontakt.

Vor seiner Ehe hatte er an den Universitäten von München und Berlin studiert, und in Berlin hatte er sich mit einundzwanzig in eine ältere Frau verliebt, eine in jeder Hinsicht wirklich außergewöhnliche Persönlichkeit, deren androgynes Aussehen und Wesen zu seiner eigenen Erscheinung ein Gegengewicht bildete. Die Frau, in die er sich verliebte, die er umwarb und mit einer Flut von Briefen und Gedichten für sich einnahm, war Mitte Dreißig und verheiratet. Sie war das sechste Kind und die einzige Tochter eines früheren Generals in der Armee des russischen Zaren. Ihre zunächst leidenschaftliche Beziehung verwandelte sich in eine Freundschaft, die ein Leben lang hielt. Lange Zeit, bevor der junge Mann dieser Frau begegnete, hatte Friedrich Nietzsche sie geliebt, und viele Jahre später gehörte auch Freud zu den Männern, die von ihr fasziniert waren. Er hätte niemals einen begabteren oder verständnisvolleren Menschen gekannt, sagte Nietzsche von ihr, als sie gerade Anfang Zwanzig war. Sie war, so behauptete er, wie kein anderer auf jenen Teil seiner Philosophie vorbereitet, der noch kaum ausgesprochen worden war.[11] Viele Jahre später schenkte Freud ihr Rosen und begleitete sie nach Haus. Als sie zu einer seiner Vorlesungen nicht erschien, starrte er, wie er zugab, wie verhext auf den leeren Stuhl, der für sie reserviert worden war. Zwanzig Jahre später – sie war damals in ihren Siebzigern – sprach Freud von ihrer Überlegenheit über alle anderen. In seinem Nachruf beschrieb er sie als einen Menschen jenseits menschlicher Schwäche.[12]

Sie wurde als Romanschreiberin und Essayistin bekannt; in ihren reiferen Jahren war sie ein privilegiertes Mitglied von Freuds innerem Kreis und arbeitete als Psychoanalytikerin. Andererseits gab es in ihrem Wesen auch eine dunklere Seite. Ob Freud dieser Seite ausgesetzt war, ist unklar, aber andere waren dies ganz gewiß und mußten den Preis dafür zahlen. Sie war eine *femme fatale*, die trotz der faszinierenden Ausstrahlung, die sie auf intellektuelle Männer ausübte, in sexueller Hinsicht unter einem Defekt gelitten zu haben scheint. Möglicherweise war jedoch genau deshalb ihre Anziehungskraft so stark. Mit Mitte Zwanzig hatte sie einen sehr viel älteren Mann, einen Orientalisten geheiratet, aber die Ehe wurde nie vollzogen. Später behauptete sie, daß sie die Hingabe an nur einen einzigen Mann als körperlich widerwärtig, eine »geistige Sklaverei« ansah. Eine Frau habe keine andere Wahl, so schrieb sie, als untreu oder nur zur Hälfte sie selbst zu sein.[13] Sie war eine hingebungsvolle Geliebte, aber auch eine Frau, die die Männer zurückwies, und auf Grund dieser Tatsache hat man von ihr behauptet, daß sie zum Tod zweier bemerkenswerter Männer beigetragen habe: des Philosophen Paul Rée, der durch einen Bergsteigerunfall umkam, und des Psychoanalytikers Victor Tausk – »Brudertier«, so nannte sie ihn –, der Selbstmord beging.[14]

Diese beunruhigende Frau war Lou Andreas-Salomé, und unter den Männern, die von ihr fasziniert waren, war es unser junger Mann – der Dichter Rainer Maria Rilke –, der wohl der begabteste war. Gewiß war er es, der auf sie den tiefsten Eindruck machte. Als sie bereits weit über fünfzig war, schrieb sie: »Eines Tages stand Rainer in der Abenddämmerung am Gitter, und noch ohne daß wir sprachen, lagen unsere Hände ineinander. Die ganze Zeit, die er hier verbrachte, machte mich sehr froh! Nicht nur als ein Wiedersehn wie irgend ein sonstiges, sondern weil es so sehr ein Wiedersehn mit *ihm* war …«[15]

In seinem Leben ebenso wie in seiner Dichtung ging bei Rilke leidenschaftliche Anziehung mit einer bescheidenen Zurückhaltung Hand in Hand. Er werde, so behauptete er, von zwei verwandten, aber einander entgegengesetzten Phantasien getrieben: von der Idee eines perfekten Liebhabers, aber auch von der Idee der »früh Verstorbenen« – derer, die in der Kindheit sterben, noch ehe sie die Gelegenheit zum Lieben hatten. Beide Phantasien hatten ihren Ursprung, so sagte er, in der Einsamkeit, unter der als Kind gelitten hatte. In seinen reiferen Jahren erschütterte ihn die Nachricht vom Tode eines schönen jungen Mädchens, Wera Knoop, zutiefst; diese hatte ihn zu seinem Gedichtzyklus *Sonnette an Orpheus* inspiriert – sie war ein Mädchen, das er mehrere Jahre zuvor nur ein- oder zweimal per Zufall getroffen hatte. Auch der Tod seines Cousins Egon, der noch in der Kindheit starb, ging ihm nach; die Halskrause, die dieser trug, sein schmaler Hals und seine schönen braunen Augen, die durch ein Schielen entstellt waren, gingen ihm nicht aus dem Sinn. Lou sprach von der erstaunlich expansiven Art, mit der ihr Liebhaber sich innerlich den Dingen überlasse. Sie bemerkte auch, daß er zwar von zarter Konstitution war und sich rückhaltlos an andere Menschen verströmte, aber dennoch Zähigkeit bewies. Seine Kämpfe konzentrierten sich nicht auf sie oder auf irgendeine andere lebende Person, sondern auf seine Arbeit. (Wie sie leicht mißbilligend bemerkte, wurde Rilkes Vergnügen am Geschlechtsverkehr getrübt durch eine im wesentlichen ungesunde Feindseligkeit dem Körper gegenüber; das galt zweifellos für ihren genauso wie für seinen eigenen Körper.)[16]

Zu der Zeit war der Dichter im frühen mittleren Alter und litt unter einer Schreibhemmung. Es war anzunehmen, daß dieser Zustand andauern würde. Zwar waren ihm im Laufe seiner Dichterkarriere die Worte und Sätze zu Zeiten nur so zugeflogen, diese Perioden wurden jedoch immer seltener. Es ist klar, daß er häufig und anhaltend unter Depressionen litt. Als er reifer wurde, änderte sich auch der Charakter seines Werkes, es verlor zunehmend die Form des lyrischen Ausdrucks und war in stärkerem Maße fachmännisch »gemacht«, wobei die Resultate zunehmend dichter und komprimierter waren.[17] Lou befürchtete, daß die getrennten Elemente seiner Persönlichkeit sich fest miteinander verbinden könnten, aber auf eine Art und Weise, daß er letztlich überhaupt nicht mehr zu schreiben fähig wäre. Rilkes Lebensgeschichte zeigte, daß sie sowohl recht als auch unrecht hatte. Sie hatte sehr richtig gespürt, daß sich ein Konflikt anbahnte: Rilke blieb für fast ein weiteres Jahrzehnt blockiert. Aber als »die Äußerung und die Erlösung« schließlich kamen, kamen sie definitiv: in Form der umfangreichen *Duineser Elegien* und aller 55 *Sonnette an Orpheus*, mehr als 1200 Verse, die, weitgehend ohne Korrektur, in 18 Tagen niedergeschrieben wurden.[18]

Insoweit als seine Eltern die Prototypen der Männlichkeit und Weiblichkeit des 19. Jahrhunderts darstellten – der Vater ein verhinderter Mann der Tat, die Mutter ein Geschöpf überspannter Einfälle und Phrasen –, ist man versucht, Rilke als einen Mann zu betrachten, der sich von beiden Geschlechtern gleichermaßen zu entfernen versucht, und seine Kreativität als Ergebnis seiner Position in der Mitte zwischen beiden Geschlechtern zu erklären. Wir wissen, daß er androgyne, hermaphroditische Sehnsüchte hegte und diese auch in seinem Werk ausdrückte. Es liegt nahe, daraus einen simplen Schluß zu ziehen und alle Formen der Kreativität mit Androgynität gleichzusetzen. Ein Blick auf die Lebensläufe anderer Schriftsteller zeigt jedoch, daß das ein schwerer Fehler wäre. Es gibt große Schriftsteller – Marcel Proust z.B. – die irgendwo ruhelos in der Mitte zwischen beiden Geschlechtern wandelten[19], aber es gibt auch Dichter wie Ernest Hemingway, die nicht nur ausgesprochen maskulin waren, sondern deren Maskulinität derart stereotyp wirkte, daß sie wie eine Parodie erschien.[20] Hemingway war wohl, ebenso wie Rilke, ein Mensch, der hinsichtlich der Geschlechterrolle innerlich gespalten war, und es war vermutlich auch so, daß beide einen Weg suchten und fanden, ihre innere Zerrissenheit durch die Arbeit zu heilen. Aber es wäre ein Fehler, daraus unbedingt weitergehende Schlüsse ziehen zu wollen.

Kühlere Klimazonen

Wenn abwesende Väter und den Sohn verweiblichende Mütter dazu beitragen, die Wirkungen der Wunde zu mildern, dann würden wir auf der anderen Seite erwarten, daß mütterliche Kälte oder Abwesenheit diese noch vertiefen. Ein Teil des interessantesten Faktenmaterials zu dieser Problematik bezieht sich auf die persönlichen Beziehungen erfolgreicher Wissenschaftler. In Monographien, die bereits in den 50er Jahren veröffentlicht wurden, beschrieb die Psychologin Anne Roe ihre Untersuchungen über herausragende amerikanische Wissenschaftler. Es kommt unseren eigenen Zielsetzungen sehr zugute, daß sie in ihren Daten zwischen Physikern, Biologen und Humanwissenschaftlern – das heißt Psychologen und Anthropologen – unterschied.[21]

Bereits zu einem frühen Zeitpunkt ihres Lebens, so fand Roe heraus, verzichteten ihre Physiker und Biologen auf enge persönliche Beziehungen und lebten in vielerlei Hinsicht in weitgehender Isolation. Insgesamt entsteht ein Eindruck von Schüchternheit und Mangel an offenem Interesse am anderen Geschlecht. Als Erwachsene zeigten ihre Wissenschaftler ein erhebliches Maß an Unabhängigkeit von den Eltern, in den meisten Fällen ohne jedes Schuldgefühl – ein Verhaltensmuster, das auch bei erfolgreichen Managern zu beobachten ist. Ihr Faktenmaterial demonstriere, so behauptete Anne Roe beharrlich, daß man auch ohne jene Arten der Intimität, die Psychologen für essentiell wichtig halten, ein äußerst nützliches und zutiefst befriedigendes Leben führen könne. Viele ihrer Biologen und Physiker hatten nur wenig Interesse an persönlichen Beziehungen, und sie waren glücklich darüber. Bei den Psychologen und Anthropologen entdeckte sie auf der anderen Seite Anzeichen für einen andauernden Konflikt. Einige von ihnen waren zwar nach außen hin unabhängig, hatten aber dennoch ein Gefühl von Ressentiment und Rebellion gegenüber den Eltern, obwohl diese in einigen Fällen bereits seit langem tot waren. Wie Roe ausführte, könnte diese fast ausschließliche Konzentration auf persönliche Beziehungen, verbunden mit einem Gefühl von persönlicher Überlegenheit, wie es viele ihrer Psychologen und Anthropologen pflegten, sehr wohl einen Einfluß auf die vorherrschenden Theorien von der reifen Persönlichkeit gehabt haben. Im Lichte solcher Theorien mußten die Persönlichkeiten ihrer Physiker und Biologen zwangsläufig als »kompensatorisch« erscheinen. Aber es gab keine konkreten Hinweise darauf, daß das tatsächlich der Fall gewesen wäre, und, wie Roe mit großem Engagement betonte, ist es auch durchaus nicht selbstverständlich, daß kompensatorische Mechanismen als solche unerwünscht sein müssen.

Andere Untersuchungen erbrachten ähnliche Ergebnisse, besonders, was die Naturwissenschaftler anbetraf. Ein Jahrzehnt später faßte David McClelland eine Reihe dieser Untersuchungen zusammen und zog den Schluß, daß der erfolgreiche Naturwissenschaftler charakteristischerweise:

- männlichen Geschlechts ist,
- aus einer »radikal protestantischen« (d.h. puritanischen) Familie kommt, ohne selbst religiös zu sein,
- persönliche Beziehungen meidet,
- mit großer Zielstrebigkeit arbeitet,
- komplexe Emotionen meidet,
- Musik liebt, Malerei und Dichtung dagegen ablehnt,
- sich ausgeprägt männlich gibt,
- bereits zu einem frühen Zeitpunkt seines Lebens ein starkes Interesse am Analysieren entwickelt – häufig bereits im Alter von fünf Jahren und gewöhnlich nicht später als mit zehn.[22]

Seitdem Roe ihre exemplarischen Fälle darstellte und McClelland seine Übersicht veröffentlichte, hat sich die Stimmung in den Naturwissenschaften geändert; sie sind weltgewandter und phantasievoller geworden.[23] Es ist jedoch leicht, sich durch diesen Stimmungswandel in die Irre leiten zu lassen. Die »schulmeisterlichen« Wissenschaftler waren zu brillanten intuitiven Einfällen fähig, und das in einem, wie viele Psychologen es nennen würden, menschlichen Vakuum, und auch ihre Nachfolger halten das wärmend Intime immer noch in einer sicheren Distanz.

Die Flucht vor den Frauen

Eine Untersuchung wie die von Roe bietet keinen direkten Hinweis darauf, welche Art von mütterlicher Fürsorge abstrakten Denkern tatsächlich zuteil wird. Diese Frage wurde Mitte der 60er Jahre von Stern angeschnitten.[24] Er analysierte die Biographien von Descartes, Schopenhauer, Tolstoi, Kierkegaard, Goethe und Sartre und entdeckte bei allen sechs Männern Hinweise auf dieselbe Tendenz: einen Rückzug von menschlicher Intimität hin zu Formalität und Abstraktion. »Die sechs sind ein zusammengewürfelter Haufen«, räumt er ein, aber sie sind wie »eine Sträf-

lingskolonne, die sich an demselben Eisen wundreibt«. Bei jeder dieser
Persönlichkeiten entdeckt er denselben »manichäischen Zug«: ein Zu-
rückschrecken vor den Vergnügungen des Fleisches. Unter den Fällen, die
Stern anführt, sind am leichtesten nachprüfbar die der beiden großen Philosophen: René Descartes, der Franzose des 17. Jahrhunderts, und der
berühmte Deutsche des frühen 19. Jahrhunderts, Arthur Schopenhauer.

Descartes wurde in eine Familie der niederen französischen Aristokratie hineingeboren; sein Vater war ein einflußreicher Beamter und seine
Mutter die Tochter eines Rechtsanwalts. Sie starb im Kindbett, als René
kaum älter als ein Jahr war, und mit acht Jahren wurde er in die Obhut von
Jesuiten gegeben. Er war kränklich – als Kind und auch noch als Erwachsener – und hatte später platonische Beziehungen mit verschiedenen
eindrucksvollen Frauen seiner Zeit: der Herzogin von Aiguillon, Anne-
Marie de Schurmann, Prinzessin Elisabeth von Böhmen und Königin
Christine von Schweden. Angeblich bestand eine lebenslange Bindung zu
seiner Amme. Die einzige Frau, mit der er vermutlich eine Affäre hatte,
Helena Jans, war wahrscheinlich eine Hausangestellte.

Als Mathematiker und Wissenschaftler leistete Descartes einen funda-
mentalen Beitrag zur Geometrie und zur Erforschung der Optik. Als Philosoph entwickelte er die Theorie des Dualismus, in der eine absolute Trennung zwischen Geist und Materie vollzogen wird. Die natürliche Welt, so
behauptete er, und ganz besonders der menschliche Körper, seien wie ein
großes Uhrwerk: ein vollkommen determinierter Apparat. Das Leben des
Geistes verläuft parallel dazu, aber davon getrennt. Auf Grund dieser Behauptung wird Descartes seither als der Gründungsvater nicht nur der modernen Philosophie, sondern auch der wissenschaftlichen Methode gefei-
ert.[25]

Schopenhauers Kindheitserfahrungen waren vielleicht gleichermaßen
traumatisch, aber ganz unterschiedlich. Seine Vorfahren waren wohlha-
bende, einflußreiche hanseatische Händler. Als Peter der Große und die
Kaiserin Katharina einmal in seinem Haus wohnten, inspizierte Arthurs
Urgroßvater angeblich vor ihrer Ankunft ihr Gastzimmer und ordnete an,
daß der feuchte Boden mit Brandy begossen und angezündet werde. Der
Raum war danach von einem angenehmen Geruch erfüllt und der Boden
knochentrocken. Es wird auch erzählt, daß Friedrich der Große sich einmal zwei Stunden lang mit Arthurs Vater unterhielt und, allerdings ohne
Erfolg, versuchte, ihn dazu zu überreden, Danzig zu verlassen und sich in
Preußen niederzulassen.

Tatäschlich fielen, als Arthur fünf Jahre alt war, die Preußen in Danzig ein, und die Familie floh nach Hamburg. Ihr Vermögen blieb jedoch größtenteils erhalten, und es wurden weite Reisen unternommen. Dadurch wurde Arthur zum Weltbürger: er sprach ebenso fließend Englisch und Französisch wie Deutsch, und zwar auch zu Hause, und war englischen und französischen Kultureinflüssen ausgesetzt. Als er siebzehn war, trat ein für Schopenhauers Leben einschneidendes Ereignis ein: sein Vater starb, anscheinend durch einen Unfall, aber möglicherweise durch Selbstmord. Schopenhauer blieb die ihm wenig gemäße Karriere einer lebenslangen Arbeit im Familienunternehmen erspart, und er konnte sich seinen Studien widmen. Seine Mutter, Johanna, fast zwanzig Jahre jünger als ihr Mann, war jetzt ebenfalls frei. Sie wurde das deutsche Gegenstück zu Madame de Stael und George Sand, eine bedeutende Persönlichkeit des literarischen Lebens ihrer Zeit. Eines ihrer Gedichte wurde von Schubert vertont, und sie hatte internationalen Erfolg als Verfasserin romantischer Romane. Viele Jahre später, lange nachdem sein großartiges philosophisches Werk veröffentlicht worden war, wurde Schopenhauer zu seinem großen Kummer immer noch als »Johanna Schopenhauers Sohn« betrachtet.

Johannas Ruf ist der einer außerordentlich kaltherzigen, abweisenden Frau, obwohl man aus der Distanz heraus nicht sicher sein kann, ob diese Charakterisierung nicht im wesentlichen auf übler Nachrede beruhte. Ein Zeitgenosse beschrieb sie auf ganz gewiß wenig schmeichelhafte Weise als eine reiche Witwe, die sich berufen fühlte, gelehrt zu sein. Eine Schriftstellerin, die sehr viel und sehr gut spreche, vernünftig sei, aber ohne Herz und Seele. Sie sei selbstzufrieden und süchtig nach Applaus, blasiert.[26] Bryan Magee beschreibt sie als »eine jener spröden, an den Normen der Gesellschaft orientierten Persönlichkeiten, denen es fast völlig an wirklichem Gefühl mangelt«.[27]

Schopenhauer hatte seine Kindheit mit seiner Mutter auf dem abgelegenen Landsitz der Familie verbracht, ohne allerdings jemals ein harmonisches Verhältnis zu ihr zu entwickeln. Später sagte er, die glücklichsten Jahre seiner Kindheit seien die gewesen, die er von ihr entfernt verbracht habe. Nach dem Tode des Vaters wuchs die Antipathie zwischen Mutter und Sohn noch. Als es während seiner Studentenzeit einmal so aussah, als würde er nach Weimar kommen und bei ihr leben, da schrieb sie ihm, es sei für ihr Glück nötig, zu wissen, daß er glücklich sei, aber nicht, Zeugin dieses Glücks zu sein. Sie habe ihm immer gesagt, daß es schwierig sei, mit ihm zu leben, und je besser sie ihn kennenlerne, desto mehr spüre sie, daß diese Schwierigkeit sich noch vergrößere, zumindest für sie selbst. Sie wolle ihm nicht verhehlen: solange er sei, was er ist, würde sie eher jedes Opfer bringen, als sich einverstanden erklären, mit ihm zu leben.[28] Danach ließ sie sich auf eine intime Beziehung mit einem jungen Mann ein, der etwa in Arthurs Alter war. Sohn und Mutter entfremdeten sich bald völlig voneinander und trafen sich niemals wieder.

Eine Anekdote demonstriert Johannas Charakter – oder, genauer gesagt, sie zeigt, wie ihr Sohn ihn im Nachhinein darstellt. Als Arthur sein erstes philosophisches Werk zu Ende geschrieben hatte, schenkte er seiner Mutter ein Exemplar. Es nannte sich *Über die vierfüßige Wurzel des Prinzips des zureichenden Grundes.* Die Reaktion der Mutter war eine sarkastische Bemerkung über den Titel: Er klinge, so sagte sie, wie etwas, was für Pharmazeuten geschrieben worden sei. Er soll erwidert haben, daß dieses Buch noch immer erhältlich sein würde, wenn der Blödsinn, den sie verfasse, längst vergessen sei, und sie habe darauf angeblich mit süßlicher Stimme geantwortet, er habe ganz gewiß recht – die gesamte erste Auflage seines Buches würde noch immer erhältlich sein.

Magee beschreibt Schopenhauer als einen »erstaunlichen Gesprächspartner – schwungvoll, umfassend informiert und geistreich«. Er wußte sich auch auf dem Papier kraftvoll auszudrücken und wurde später als einer der großen Meister der modernen deutschen Prosa betrachtet; in seinem Stil sind »Hellsicht mit Musikalität, Präzision mit treffsicherer Metaphorik, sturzbachähnliche Energie mit logischer Strenge« kombiniert. »Vor allem spricht hier ein Mann: ein ganzer Mann, ein ganzes Leben, eine ganze Sichtweise der Welt ist vor uns auf jenen Seiten, in jenen Sätzen verkörpert. Kein Schriftsteller ist stärker ›bei Ihnen‹, fast fühlbar und hörbar präsent, wenn Sie ihn lesen.« Sein Stil drückt eine Lebensfreude aus, die »fast riesenhaft« ist. Sein ganzes Leben lang stand sein Stil jedoch im Widerspruch zu den Inhalten seines Werkes, die durchweg »ätzend, sarkastisch, verächtlich, pessimistisch, bisweilen fast verzweiflungsvoll waren«.[29]

Schopenhauer war ein »Ein-Buch-Philosoph«; sein Meisterwerk, *Die Welt als Wille und Vorstellung,* schrieb er in seinen Zwanzigern, und es wurde 1818, als er dreißig war, publiziert. Seine eigene Einschätzung des Werkes war keinesfalls bescheiden: Der Begrenzung des menschlichen Wissens unterworfen, so sagte er, sei seine Philosophie die wahre Lösung des Rätsels der Welt. Zum Zeitpunkt seiner ersten Veröffentlichung blieb sein Werk jedoch weitgehend unbemerkt, und zugleich feierten Rivalen wie Hegel, den Schopenhauer als Scharlatan und Opportunisten betrachtete, große Erfolge. Erst im Alter kam er zu Ruhm und Ansehen.

Wie die Philosophie Descartes' kann die Philosophie Schopenhauers als von der Idee eines einfachen Dualismus oder einer Dichotomie ausgehend beschrieben werden; aber während der Dualismus Descartes' vor allem einer der Methode war, würden wir den Dualismus Schopenhauers heute als psychologisch beschreiben. Die Welten, die Schopenhauer einander dialektisch gegenüberstellt, sind die der nackten Natur oder des »Willens« und die des reinen Denkens, der »Idee«. Anstatt zwar voneinander getrennt zu sein, aber sich in Harmonie miteinander zu befinden, so wie in der Philosophie Descartes', stehen Schopenhauers Zwillingswelten in einem Konflikt. Für ihn sind die Kräfte der Natur die lebensspendenden. Der Fortpflanzungs- und der Selbstschutztrieb haben im Rahmen dieser Philosophie denselben Wert wie die Schwerkraft, und die Geschlechtsorgane und die von ihnen ausgehenden Sexualakte sind der eigentliche Brennpunkt des Willens. Aber es ist das Leben des Geistes, das, vom Blickwinkel des menschlichen Beobachters aus gesehen, real ist. Deshalb entbrennt im Kopf jedes einzelnen Individuums ein Krieg zwischen dem Reich der blinden Impulse und dem der Ideen und Ideale. Wie in bestimmten östlichen Religionen, die Schopenhauer sehr gut kannte, muß der Wille bezwungen werden, damit der Idee zum Ausdruck verholfen werden kann – ein Kampf, auf den der Mensch sich nach Schopenhauers Meinung einlassen muß, obwohl er dazu verdammt ist, ihn zu verlieren.

Während Descartes als Begründer der modernen Philosphie und der wissenschaftlichen Methode betrachtet wird, wurde Schopenhauers Philosophie des Willens von einigen Denkern (beispielsweise von Bertrand Russell) als die giftige Saat beschrieben, die später als Faschismus aufgehen sollte. Dies ist doppelt unfair. Descartes könnte ebensogut für die geistlose Verbreitung der modernen Technologie verantwortlich gemacht werden und im speziellen dafür, die Entwicklung jener Bereiche der Medizin zu behindern, in denen es um die wechselseitige Einwirkung von Geist und Körper geht. Und Schopenhauer war ein Vorläufer der Form der Selbstreflexion, die das 20. Jahrhundert kennzeichnet: der Psychoanalyse. In Freuds theoretischer Trennung von »primären« und »sekundären« Prozessen – nach seiner eigenen, vielleicht irrtümlichen, Ansicht war dies der wichtigste gedankliche Beitrag, den er überhaupt leistete – wird Schopenhauers Unterscheidung zwischen Wille und Idee in anderer Form wieder aufgenommen. Auch Freuds Konzept der Sexualität als der treibenden Kraft der Psyche basiert auf den Schopenhauerschen Gedanken. Freud übernahm sogar von Schopenhauer dessen typischen Pessimismus im

Hinblick auf die Möglichkeit, daß das Instinktive und das Reflektive jemals eine zufriedenstellende Übereinstimmung erreichen könnten.[30]

Magee betont die Ähnlichkeit zwischen Schopenhauer und Beethoven:

»Jeder von beiden war knapp mittelgroß, stämmig, mit riesigem Kopf und kurzem Hals, der in bulligen Schultern steckte. Beide waren voller Tatendrang und Energie und erschreckend heftig, reizbar, gehässig, mißtrauisch. Beide zeichneten sich (abgesehen von ihrer Genialität) vor allem durch eine verwirrende Unabhängigkeit und Kraft der Persönlichkeit aus, die begleitet war von der Neigung, peinliche Wahrheiten rundheraus auszusprechen, ohne Rücksicht auf Umstände, Gebote des Takts oder Personen. Beide waren hochmusikalisch, aber seit ihrem frühen Mannesalter taub. (Schopenhauers Taubheit war weniger extrem als die von Beethoven, aber stets lästig.) Beide hatten einen starken heterosxuellen Trieb, heirateten aber nie: Sie lebten allein und hatten seichte und unregelmäßige Beziehungen, wobei sie sich in ihren jüngeren Jahren an Prostituierte hielten und später an Dienstmädchen. Beide sehnten sich nach Akzeptanz und Liebe und trieben dennoch jedermann wütend in die Flucht; sie lebten fortwährend in einer selbstgeschaffenen Isolation, die sie bitter beklagten und für die sie in misanthropischer Manier die Menschheit beschuldigten.«[31]

Es gab natürlich auch Eigenschaften, in denen sie sich unterschieden. Was die äußere Erscheinung anbetraf, so war Beethoven schlampig, Schopenhauer dagegen adrett und ordentlich; Beethoven war humorlos, Schopenhauer dagegen »sprühend amüsant«. Und während Beethovens politische Sympathien eher zum Radikalen tendierten, wurde Schopenhauer ein Gegenrevolutionär. Während eines Aufstands soll er angeblich Soldaten in sein Haus geholt haben, damit sie von seinem Fenster aus auf den Mob schießen konnten, und danach richtete er einen Fonds ein, um die Witwen der getöteten Soldaten zu unterstützen. Vor allem in seinen späteren Lebensjahren wurde Schopenhauer auf eine geradezu parodistisch übertriebene Weise zum Frauenhasser. Er beschreibt Frauen als kurzbeinige, mit einem langen Rumpf ausgestattete, schmalschultrige, breithüftige, mit Brüsten geschmückte Kreaturen. Nur der männliche Intellekt, welcher durch seinen sexuellen Trieb vernebelt sei, so behauptete er, könne sie als schön ansehen.[32]

Intimität und das Wachsen der Imagination

Eine Biographie zu schreiben ist bekanntermaßen ein gefährliches Unternehmen, da die Vergangenheit sich kontinuierlich im Lichte der gegenwärtigen Bedürfnisse neu darstellt.[33] In Lebensläufen wie denen von

Rilke, Schopenhauer und Descartes tauchen dennoch immer wieder bestimmte unveränderte Themen auf. Insbesondere scheint durch frühe Deprivationen und Verluste die imaginative Energie in extremem Maße in Richtung des Abstrakten gelenkt zu werden; diese Energie wird entsprechend vom Bereich des Sinnlich-Körperlichen abgezogen. Infolgedessen gründeten, wie Anthony Storr[34] ausführte, viele der großen Denker der Welt – nicht nur Descartes und Schopenhauer, sondern auch Locke, Newton, Pascal, Spinoza, Kant, Leibniz, Nietzsche, Kierkegaard und Wittgenstein – keine Familie und gingen auch keine engen persönlichen Bindungen ein. Einige hatten vorübergehende Affären mit anderen Männern oder Frauen, andere, wie Newton, lebten zölibatär. Keiner von ihnen heiratete, und die meisten lebten die längste Zeit ihres Lebens allein.

In dem Faktenmaterial, das wir in diesem Kapitel beschrieben haben, lassen sich gewisse Parallelen feststellen, und es läßt drei Verallgemeinerungen zu:

– Die Umstände des Heranwachsens und die Erziehung versetzen das Individuum in einem mehr oder weniger großen Maße in einen Zustand innerer Erschütterung oder Zerrissenheit;
– die daraus resultierenden Ambivalenzen und Dissonanzen können häufig durch die Verlagerung der imaginativen Energie auf eine symbolische Aktivität eingedämmt (und zeitweise aufgelöst) werden; und
– solche verlagerte Energie wird wahrscheinlich besonders dort eine leidenschaftliche Intensität gewinnen, wo die darunterliegende Erschütterung und Spaltung besonders tief ist.

Wie wir dargelegt haben, ist der Kontext, in dem die Imagination ursprünglich ihre Form gewinnt, das Persönliche: das Bild der Mutter und das Bild des Vaters, die vom Kleinkind jeweils sehr stark emotional befrachtet werden. Es ist, wie wir bereits gesagt haben, völlig unklar, in welchem Ausmaß formales Denken vollständig vom Persönlichen getrennt werden kann; selbst wenn das symbiotisch Intime nur in Träume und phantasierte Erinnerungen, nicht in die tägliche Realität, einzudringen droht, kann es für den abstrakten Denker zum entscheidenden Auslösemechanismus werden. Wie dem auch sei: es existiert ganz einfach ein Spektrum von imaginativen Unternehmungen, deren Brennpunkte vom ausschließlich Menschlichen bis zum ausschließlich Unpersönlichen reichen. Es gibt:

– Menschen, für die die Imagination ihren befriedigendsten Ausdruck in einer intimen (und, noch spezifischer, intim sexuellen) Beziehung findet. Wenn die Beziehung scheitert, dann wird sexuelle Intimität zu einem Schlachtfeld, zum Zentrum der Beziehung und zu einer Obsession. Wenn sie gelingt, ist solche Intimität eine Form der Selbstverwirklichung und wird zum *Selbstzweck*;

– Menschen, für die intime sexuelle Beziehungen von lebenswichtiger Bedeutung sind, aber als ein *Kontext* – in dem ihre Begabungen sich entfalten, ob nun als Architekt, Tänzer oder Unternehmer;

– Menschen – Rilke beispielsweise –, für die die Imagination ihren Ausdruck in der *Idee* sexueller Intimität findet, nicht in ihrer Realisierung, und für die diese Idee zur eigentlichen Motivationsquelle ihrer Arbeit wird;

– Menschen, bei denen wie bei Schopenhauer (und auch Freud) die in der Sexualität freigesetzten psychischen Energien in irgendeiner Weise verstanden und *unter intellektuelle Kontrolle gebracht* werden müssen; und

– Menschen wie Descartes, für welche die Imagination, während sie intuitiv und leidenschaftlich bleibt, sich nur in einem Rahmen entwickeln kann, der *abstrakt* ist.

Ein Dilemma

Wir nehmen an, daß bei den letzten drei dieser fruchtbaren Muster das Denken, das sich an die Allgemeinheit richtet, durch eine Verlagerung der Leidenschaft, die in ihrem Ursprung privat ist, gespeist wird. Dadurch soll in keiner Weise der Wert dieses Denkens in Zweifel gezogen werden, und es soll auch nicht angedeutet werden, daß es mit psychologischen Begriffen wegerklärt werden könnte. Im Gegenteil: Wir wollen nur erklären, warum solche Gedanken so sichtbar der Ausdruck einer inneren Getriebenheit sind. Unsere Formulierung bringt aber einige ernste Schwierigkeiten mit sich, und bevor wir fortfahren, müssen wir darauf eingehen. Denn wir haben in unserer Darlegung den Punkt erreicht, wo die Vorstellung von Kosten und Nutzen, die einander aufwiegen – und dies hat in uns bis jetzt den tröstlichen Eindruck eines Ausgleichs erweckt – in ihrer ganzen Schärfe deutlich wird. Das biographische Faktenmaterial deutet sehr stark darauf hin, daß der Einzelne umso mehr verlagerbare Leidenschaft zu seiner Verfügung haben wird, je weniger harmonisch die Umstände seines Heranwachsens und die entsprechenden psychischen Entwicklungen waren. Umgekehrt läßt sich schlußfolgern: *Je harmonischer die Erziehung des Einzelnen war, desto weniger Leidenschaft, die es zu verlagern gilt, wird vorhanden sein.* Wo also außergewöhnliche Verlagerungen der imaginativen Energie entstehen, tun sie das auf Grund von Umständen, die kein geistig gesunder Mensch gutheißen könnte. Das führt in ein Dilemma. Eltern und Lehrer möchten die kreativen Energien der Kinder fördern, können aber vernünftigerweise nicht die Formen des Zwangs auf sie ausüben, durch die ernstzunehmende kreative Leistungen tatsächlich entstehen.

Die relevante psychologische Literatur – über die »Kreativität« – war weitgehend ein Produkt der 60er Jahre, und im Rückblick erscheint sie seltsam kraftlos und oberflächlich. Häufig geht sie davon aus, daß Kreativität unser natürliches Erbe sei und daß wir alle gute geistige Gesundheit, harmonische persönliche Beziehungen und imaginative Vitalität durch ein einfaches Hilfsmittel erlangen können: die Beseitigung der Beschränkungen und Zwänge, die repressive Erziehung und Ausbildung mit sich bringen. Carl Rogers konnte behaupten, daß »der menschliche Organismus in seinem Innersten vertrauenswürdig ist, daß die eigentliche Natur des Menschen nicht etwas ist, was man fürchten müßte, sondern etwas, was man in verantwortlichem Selbstausdruck befreien sollte, daß kleine Gruppen (in der Therapie oder in Klassenzimmern) auf verantwortliche und vernünftige Weise konstruktive zwischenmenschliche Beziehungen aufbauen und kluge individuelle und Gruppen-Ziele auswählen können, daß all das eben Genannte erreicht werden wird, wenn eine geeignete Person dabei hilft, indem sie ein Klima von Echtheit, Verständnis und Fürsorge schafft«.[35]

Wir haben keine Spuren einer derartigen emotional gefärbten Verheißung in den Biographien von Männern und Frauen gefunden, die tatsächlich kreativ waren, und ganz gewiß auch keine in unserer eigenen unmittelbaren Begegnung mit kreativen Menschen. Das Adjektiv, das uns zur Charakterisierung der ungewöhnlich originellen Männer und Frauen, die wir in den letzten dreißig Jahren getroffen haben, spontan einfällt, ist *»getrieben«.* Nur vor dem Hintergrund ihrer ungeheuren Zielstrebigkeit ergeben die spielerischen oder abweichenden Elemente ihres Denkens einen Sinn.[36]

Kosten und Nutzen, die mit diesem Zustand der Getriebenheit einhergehen, zeigen sich im Leben des großen viktorianischen Kunstkritikers John Ruskin mit beängstigender Deutlichkeit. Ruskin, so erzählt uns sein Biograph Rosenberg, »verbrachte seine Kindheit in einer friedlichen, aber unerbittlichen Einsamkeit, die nur durch die genialen Einfälle seiner eigenen Beobachtungen einen gewissen Glanz bekam. Er betrachtete die Farbflecken auf dem Fußboden, zählte die Backsteine in den Wänden der Nachbarhäuser und beobachtete mit hingerissener und konzentrierter Aufmerksamkeit vom Fenster seines Kinderzimmers aus, wie die Wasserkarren aus einem tropfenden Eisenpfosten am Rande des Bürgersteigs gefüllt wurden«.[37] Ruskin war der einzige Sohn eines wohlhabenden Sherryimporteurs und seiner puritanischen schottischen Ehefrau. Ersten Unterricht erhielt er von seiner Mutter. Stoff und Basis dieses Unterrichts war wie bei vielen Kindern des viktorianischen Zeitalters die Bibel. Seine Erziehung mag in unseren Augen geradezu unmenschlich erscheinen; sie war jedoch vor allem das Ergebnis einer übertriebenen Bildungsbeflissenheit. Zwischen Ruskin und seinen Eltern entwickelte sich ein Verhältnis von so tiefem Respekt, daß er sie in der Folge bei jeder größeren Entscheidung seines Lebens konsultierte und, so lange sein Vater lebte, nichts veröffentlichte, was dieser nicht billigte.

Ruskin war als Heranwachsender und Erwachsener außerordentlich phantasievoll, aber die Intensität seiner Imagination weckte Zweifel an seiner geistigen Gesundheit. Rosenberg sagt von ihm, er sei »von visuellen Eindrücken« getrieben, »sogar photoerotisch« gewesen. Die sichtbare Welt wurde vor seinen Augen lebendig, und er hatte die Gabe, seine visuelle Erregung in Prosa zu übersetzen. Mit der »Akkuratesse eines einsamen Fanatikers« zeichnete er in seinen Tagebüchern jeden »Gedanken, jedes Bild und jedes Gefühl auf, von dem sein Bewußtsein berührt wurde«, und er benutzte dafür als Medium eine Prosa, die von der »spontanen Klarheit der ersten Einsicht gespeist war«. Es ist nicht Weitschweifigkeit, sondern ein »fast zügelloses Zusammentragen von Details«, das die brillanten Passagen in *Modern Painters* auszeichnet. Ruskin war ein Mann, der die materielle Welt mit »übernatürlicher Lebendigkeit und Hellsicht betrachtete und der glaubte, daß das, was er sah, göttlich sei«.[38] »Das Größte, was eine menschliche Seele jeweils auf dieser Welt tut«, so sagte er einmal, »ist, etwas zu *sehen* und auf schlichte Weise zu sagen, was sie *gesehen hat* ... Klar zu sehen ist Poesie, Prophezeiung und Religion – alles in einem«.[39] »Leben ohne Fleiß ist Sünde«, behauptete er auch, »und Fleiß ohne Kunst Rohheit«.[40]

Ruskin begann im Alter von sieben Jahren zu schreiben, und er veröffentlichte im Laufe seines Lebens mehr als vierzig Bücher und mehrere Hundert Vorträge und Artikel. Sein Einfluß war gewaltig. In Fragen der Malerei und Architektur formte er den Geschmack einer ganzen Generation, und er veränderte durch sein Schreiben das Leben von so unterschiedlichen Männern wie William Morris, Marcel Proust, Clement Attlee und Mahatma Gandhi. Sein Privatleben jedoch endete in Desillusionierung und geistigem Ruin. Seine Ehe mit Effie Gray wurde nicht vollzogen, und er verzehrte sich danach in unerwiderter Liebe zu einem jungen Mädchen, Rose La Touche. Von überwältigenden Schlangenphantasien terrorisiert beendete er sein Leben im Wahnsinn. In Ruskins geistigem Leben war der Nutzen wahrhaft großartig, aber die Kosten hätten kaum grausamer sein können.

Das Revier

Kapitel 5
Männliche Stärken

Freud bemerkte einmal, daß die eigentlichen Lebensziele des Menschen Lieben und Arbeiten seien.[1] Die Welt ist voller »Objekte«, so glaubte er, deren Besitz anzustreben der Mann (und, so sollte man annehmen, die Frau), der die polymorphe Perversität seines Unterbewußtseins überwunden hat, die Freiheit hat. Er gibt sich von ganzem Herzen dem Geschlechtsverkehr mit einer Partnerin hin, die er rückhaltlos begehrt, und seine Arbeit befriedigt ihn aus tiefster Seele. Diese Version entspricht in der Tat genau der freudianischen Vision von Genitalität.

Das Leben kann jedoch nicht derart einfach sein. Beim Eintritt in die Welten der Liebe und der Arbeit begibt sich der Mann, wie unter anderem auch Freuds eigene Biographie zeigt, in ein System, in dem Kosten und Nutzen Gegengewichte bilden und ein schwieriger Ausgleich zwischen ihnen hergestellt werden muß. Von dem Augenblick an, in dem die Wunde entstanden ist, werden alle Beziehungen, die ein Mann eingeht, ob zu Gedankensystemen oder zu anderen Menschen, durch diese grundlegend beeinflußt. Wenn sie seine Fähigkeit, sexuelle Intimität auf Dauer aufrecht zu erhalten, beschränkt und verzerrt, so stärkt sie ihn andererseits in seiner Arbeit. Und darüber hinaus gehören die Ziele, die er in seinem Arbeitsleben verfolgt, zu einer Kultur, die schon an sich nach den Bedingungen der Wunde strukturiert ist. Wie die Feministinnen bereits bemerkt haben, werden im Rahmen unserer Institutionen vor allem solche Leistungen für die Allgemeinheit – im Bereich der Naturwissenschaften z.B. – belohnt, durch welche die Bedürfnisse, die durch die Wunde geschaffen werden, befriedigt werden.

In diesem und im nächsten Kapitel wollen wir unser Augenmerk auf die großen Leistungen richten, die durch die Wunde zustande kommen. Zwar können die persönlichen Kosten sehr hoch sein, aber der intellektuelle Nutzen ist häufig entsprechend großartig. Denn die Wunde treibt den männlichen Verstand dazu, Unternehmungen in der unbelebten Welt mit intensiver – und an der Wurzel intensiv persönlicher – Leidenschaft zu verfolgen. Das bedeutet, daß die Welt der emotional stark befrachteten, aber abstrakten Symbole das natürliche Milieu des »männlichen« Mannes ist. Wissenschaft und Technik, weit entfernt davon, eine Erweiterung oder Verzerrung seiner imaginativen Prozesse zu erfordern, die im eigentlichen Sinne persönlich sind, bieten seiner »männlichen« Imagination Ausdrucksmöglichkeiten, innerhalb derer sie fließend und spontan angewandt werden kann. Und auch wenn, aus welchem Grund auch immer, ein »männlicher« Mann mit dem intim Persönlichen zurechtkommt, wie es bei einem Romanschriftsteller oder Psychologen sehr wohl der Fall sein mag, dann wird eine solche emotional befrachtete Abstraktion das Fundament dafür abgeben.

In diesem Kapitel beginnen wir mit einem Blick auf »das Revier« selbst: auf jene Bereiche, wo Männer (und besonders »männliche« Männer) – sowohl bei ihrer Arbeit als auch in ihrer Freizeit – zusammenkommen und wo männliche Begeisterung ihren spontanen Ausdruck findet. Dann betrachten wir die Arten und Wege, auf denen die von ihm geschaffenen Institutionen dem erwachsenen Mann als »Außenskelett« dienen können, als sichere Struktur, in der die irrationalen Elemente seines Denkens in Schach gehalten werden können. Wir schauen uns dann Wanderungen über die Grenzen hinweg an, von denen »männliche« Arbeitsbereiche umgeben sind. Schließlich betrachten wir – mit einem längeren Blick zur Seite – das bruchstückhafte, aber faszinierende Faktenmaterial, das zeigt, daß es nicht nur männliche, weibliche und androgyne Bewußtseinsformen gibt, sondern auch männliche, weibliche und androgyne Gehirne, und daß es sich entsprechend dieser These erweisen könnte, daß der intellektuelle Ausdruck von Männlichkeit letztlich eine biologische Wurzel hat.

Das akademische Spektrum

Während die numerische Gleichheit von Männern und Frauen in vielen Bereichen des öffentlichen Lebens zu einer realisierbaren Vision geworden ist, bleiben andere Bereiche aus nicht sehr offensichtlichen Gründen von Männern beherrscht: Ingenieurwissenschaften und Naturwissenschaften – und, im nicht-akademischen Bereich, die Welt der weit entwickelten Technik.

Grob geschätzt gibt es im wohlhabenden Westen wahrscheinlich ebenso viele erfolgreiche weibliche wie männliche Romanautoren. Aber trotz ernsthafter Rekrutierungsanstrengungen sind praktizierende weibliche Maschinenbau- oder Bauingenieure noch immer eine Rarität; ihr Verhältnis zu den männlichen Kollegen ist eins zu mehreren Hundert. Unter den britischen Architekten ist einer von vierzehn eine Frau, aber die meisten, die zu jener Minderheit gehören, schrecken vor dem ingenieurwissenschaftlichen Bereich und dem Bereich der Vermessungskunde in diesem Berufszweig zurück.[2] Eine Konferenz zu besuchen, die sich in der einen oder anderen Weise mit der Bauindustrie befaßt, heißt infolgedessen, daß man fast ausschließlich unter Männern ist. Beim ersten Meeting des Building Industry Council für Universitätsdozenten 1989 waren die Redner allesamt Männer, und die etwa 200 Zuhörer waren ebenfalls fast ausschließlich männlich, wobei die Mehrzahl der wenigen anwesenden Frauen organisatorische oder sonstwie unterstützende Funktionen ausübte. Einer der beiden Minister, die auf der Konferenz sprachen, machte auf die geringe weibliche Repräsentanz in den Berufen der Bauindustrie aufmerksam; eine ironische Tatsache angesichts einer Nation, die damals von einer als Naturwissenschaftlerin ausgebildeten Frau geführt wurde.[3]

Grob gesprochen gibt es ein Spektrum mit Mathematik, Physik und Technologie an dem einen Ende und den Künsten und Humanwissenschaften an dem anderen. Der eine Bereich wird zahlenmäßig von Männern beherrscht. In dem anderen sind beide Geschlechter zu etwa gleichen Anteilen vertreten, die Atmosphäre ist weitgehend geschlechtsneutral und unter den Studenten sind die Frauen häufig in der Mehrheit. Irgendwo in der Mitte gibt es Disziplinen wie die Psychologie, die bei näherer Betrachtung eine Struktur erkennen lassen, die sexualitäts- und geschlechtsbezogen ist, wobei die bewußt wissenschaftlichen Bereiche der Psychologie von »männlichen« Männern beherrscht werden, während die humanwissenschaftlichen Bereiche das Arbeitsgebiet von eher androgynen Männern und von Frauen sind.[4] Ebenfalls in der Mitte sind es die Berufe in den Feldern Recht und Medizin, wo Frauen in der letzten Zeit begonnen haben, traditionell männliche Gebiete zu erobern. Jedoch gibt es auch dort weiterhin Geschlechtsunterschiede. Weiterhin sind praktizierende weibliche Chirurgen fast ebenso selten wie praktizierende weibliche Ingenieure.[5] Zweifellos ist der Ursprung solcher Gegebenheiten häufig ein konventionelles Vorurteil, aber es wäre unvernünftig anzunehmen, daß dies immer der Fall sei. In Amerika wurden nach dem Zweiten Weltkrieg den jüdischen Wissenschaftlern massive institutionelle Hindernisse in den

Weg gestellt, aber dies hat eine bemerkenswerte Anzahl von ihnen nicht daran gehindert, einen Nobelpreis zu erringen.[6]

Nicht nur werden Wissenschaft und Technik numerisch von »männlichen« Männern beherrscht, sondern diese sind auch, so scheint es, in den meisten Fällen heterosexuell. Wie George Steiner bemerkte, haben »Homosexuelle einen großartigen Beitrag zu den Künsten, zur Literatur, zur Philosophie geleistet. Es gab Glanzzeiten in der Geschichte der Zivilisation, im Athen des Perikles, in den Stadtstaaten der italienischen Renaissance, im elisabethanischen England und im *fin-de-siecle*, in denen die Rolle und der Lebensstil des Homosexuellen fast alles zu beherrschen schien. Aber soweit uns Faktenmaterial zur Verfügung steht – und diese Einschränkung ist überaus wichtig – haben Homosexuelle, wenn überhaupt, nur eine sehr geringe Rolle in der Entwicklung der Naturwissenschaften und der exakten Wissenschaft gespielt«.[7] George Steiner schrieb dies im Kontext einer signifikanten Ausnahme zu dieser Regel, Alan Turing. Bereits im Alter von zweiundzwanzig ein Fellow des King's College, war Turing zunächst Ingenieur und beschäftigte sich danach mit mathematischer Logik. Er war wohl der erste, der sich den Computer als einen Apparat vorstellte, der nicht nur rechnen, sondern auch denken kann, nicht nur gehorchen, sondern auch lernen. Als solcher war er der geistige Vater der Netzwerke, die jetzt von theoretischen Biologen benutzt werden, um die Fähigkeiten des Denkens und Träumens zu erklären.[8]

Sollte es sich erweisen, daß es bei Männern eine Affinität zwischen einer homosexuellen Objektwahl und einer Karriere in den Künsten und Humanwissenschaften gibt und daß sich jene Objektwahl und eine Karriere im Bereich von Naturwissenschaften oder Technik nur schwer vereinbaren lassen, dann könnte dies, wie Steiner sagt, ein entscheidender Hinweis »auf die Dynamik der Wechselwirkungen zwischen Eros und Intellekt« sein.

Alte Kameras beispielsweise...

Geschlechtsunterschiede treten nicht nur im Arbeitsleben zutage, sondern auch in den spontanen Äußerungen von Neugierde und Bedürfnissen, die Erwachsene außerhalb der Arbeitswelt zeigen. Der Hi-Fi-Fan, der fasziniert ist von den technischen Raffinessen seiner Anlage, sie aber nur zum Abspielen von Schlagerplatten oder überhaupt nicht benutzt, ist fast immer männlich. Ebenso der Liebhaber von Sportwagen, Dampfwalzen und Modelleisenbahnen. 1839 wurde die Fotografie erfunden, und sogleich haben auch Frauen sich dafür interessiert. Zwar gibt es der Anzahl nach mehr männliche als weibliche Fotografen, aber sie sind nur knapp in der Mehrheit. Um die Jahrhundertwende, so hat man geschätzt, waren ein Drittel der professionellen Fotografen Frauen, viele von ihnen darauf spezialisiert, Studiobilder von Kindern aufzunehmen.[9] Heute gibt es in jedem einigermaßen wohlhabenden Haushalt eine Kamera. Es wird geschätzt, daß jedes Jahr 45 Milliarden Fotos aufgenommen werden, eine Zahl, die zu einem Vergleich mit anderen, stärker biologischen Rhythmen in unserem Leben herausfordert. (Unter den Bedingungen des ökonomischen Fortschritts betätigen Menschen möglicherweise den Auslöser einer Kamera häufiger, als sie Geschlechtsverkehr haben. Unter Umständen ziehen sie auch mehr Vergnügen aus der ersten Aktivität als aus der zweiten.) Die beiden Geschlechter sind jedoch in bestimmten Bereichen der Fotografie unterschiedlich stark vertreten, am alleroffensichtlichsten dort, wo es um die Leidenschaft für Kameras als Objekt der Faszination an sich geht – bei alten Kameras beispielsweise.[10]

Betritt man dieses Gebiet veralteten Geräts, dann stellen sich zunächst einmal Fragen der Strategie. Schließen Sie sich den Tausenden von Sammlern alter Leicas an, für die der untadelige Zustand ihres Sammelobjekts ebenso wichtig ist wie für den Briefmarkensammler und in deren Welt ein Fehldruck Tausende von Dollars, Pfund oder Yen mobilisiert? Oder schauen Sie sich nach einem besonderen Objekt um, mit dem Sie auch Fotos aufnehmen können? Wenn Sie sich für die zweite Möglichkeit entscheiden, dann könnten Sie die Zeiss Contarex wählen; sie war zu ihrer Zeit, vor fast dreißig Jahren, das feinste Einzellinsenreflexsystem der Welt. Die Qualität der schweren Glaslinsen, so lesen Sie, ist selten erreicht und niemals übertroffen worden. Die alten Zeiss-Kataloge sprechen von den 2450 Entwurfszeichnungen und den 25 000 Messungen, die für den Entwurf des Gehäuses der Kamera gemacht wurden, von den 1100 Einzelteilen und den 4000 Montageschritten, jeder auf den Tausendstel Millimeter genau. Jedesmal, wenn Sie Ihre Contarex benutzen, feiern Sie die glückliche Zeit der deutschen Nachkriegstechnik, als Qualität noch regierte und Kostenfragen sich irgendwie von selbst beantworteten. (Solche Kameras haben eine Persönlichkeit. Ein Spezialhändler hat kürzlich bemerkt, daß er immer dann, wenn er eine alte Leica verkaufte, auf die Sache keinen weiteren Gedanken verschwendete, daß ihm allerdings dann, wenn er eine Contarex verkaufte, der Verlust einige Tage lang nachging. Das Gefühl, so meinte er, ähnele dem, einen Spaziergang zu machen und seinen Hund daheim zurückzulassen.)

Es gibt noch Entdeckungen zu machen – eine 18-mm-Linse in einem abgelegenen Laden oder eine original Contarex-Tasche. Es gibt auch Abenteuer wie den Wechsel zu einem größeren Format oder nicht nur zu einer feineren Bildqualität, sondern seltsamerweise auch zu einer minderen. Für den Außenstehenden muß dies wie ein Schwelgen in Nostalgie erscheinen, aber der Liebhaber hat durch seine intime Beziehung zu diesen – gleichwohl unbelebten – Objekten an ihren magischen Eigenschaften und Kräften teil.

… oder Smaragde

Was dieses Zusammenspiel zwischen dem Technischen und dem Magischen bedeutet, zeigt sich am deutlichsten in einem anderen Bereich obsessiver Faszination: der Gemmologie. Man stellt sich diesen wissenschaftlichen Teilbereich der Geologie vielleicht als wenig phantasieanregend vor. Das Wissen, sagen wir einmal, daß Smaragde, wie Aquamarine, eine Form von Beryll sind und daß die chemische Zusammensetzung von beiden Aluminiumberylliumsilicat ist, kann keinesfalls eine Euphorie hervorrufen, genauso wenig wie die Information, daß das Grün des Smaragds aus dem Vorkommen von Chrom oder gelegentlich auch Vanadium im Beryll resultiert, das in seinem reinen Zustand farblos ist, wohingegen das Blau des Aquamarins auf das Vorhandensein von Eisen zurückzuführen ist. Oder daß die Absorptionsspektren der beiden Steine unterschiedlich sind. Wer allerdings das erste Mal durch die Lupe eines Juweliers einen Blick in das Innere eines Smaragds wirft, dem mag das Herz durchaus höher schlagen.

In der täglichen Praxis verfügt der erfahrene Gemmologe über Fachkenntnisse in zwei verschiedenen Bereichen. In technischer Hinsicht verfügt er über das Wissen, daß alle Smaragde kleine Fehler oder Einschlüsse, ihren *jardin* haben und daß die genaue Beschaffenheit dieser Einschlüsse hilft, die Herkunft eines Edelsteins etwa aus Kolumbien und nicht aus Tansania zu bestimmen. Und er kann möglicherweise weiterhin feststellen, daß der Stein aus der kolumbianischen Muza-Mine und nicht aus der Chivor-Mine stammt. Er weiß auch, daß Smaragde mit anderen, natürlich auftretenden Steinen verwechselt werden können: mit grünem Granat, Grossular und Demantoid, oder mit Diopsid, Dioptas, Hiddenit, Peridot und

Turmalin. Der Gemmologe ist selbstverständlich darüber informiert, daß minderwertige Smaragde häufig geölt werden, um ihre Farbe zeitweilig zu verbessern, und daß es sehr viele Fälschungen gibt, etwa aus zwei Schichten Beryll, die mit grün getöntem Araldit zusammengeklebt sind, oder smaragdähnliche Kristalle, die künstlich im Labor zum Wachsen gebracht werden. Für die notwendigen Klassifizierungen verfügen Experten über detaillierte Informationen über die Härte der fraglichen Steine, ihre Refraktionsindices, ihre Absorptionsspektren, ihr Aussehen unter ultraviolettem Licht und so fort. Aber sie wissen auch, daß solche Richtlinien nicht unbedingt zuverlässig sind und man sehr häufig herbe Überraschungen erlebt. Vor kurzem wurde entdeckt, daß die beiden größten Diamanten der Welt, der Cullinan 1 und der Cullinan 2, obwohl sie 1908 von Joseph Asscher aus einem einzigen rohen Stein herausgeschnitten wurden, unter ultraviolettem Licht unterschiedlich fluoreszieren.[11]

Hinter der Unterscheidungsfähigkeit des Experten steht ein Gefühl nicht nur für die kommerzielle Bedeutung des Smaragds, sondern auch für seine Geschichte. Wie ein Experte sagt: »Smaragde sind das magische Verbindungsglied zwischen dem Auge und den tiefsten Tiefen der Erde«.[12] Die feinsten wurden von den Inkas in Muzor und Chivor gefördert, von den Spaniern im 16. Jahrhundert erbeutet und an die Maharadschas verkauft. Von dort aus sind sie wieder, häufig durch unlautere Mittel, zu den westlichen Märkten zurückgekehrt, um neu geschnitten, neu eingesetzt und wieder verkauft zu werden. Für einen Experten bedeutet daher der Blick in einen Smaragd aus einer »alten Mine« nicht nur, eine wohl ausgewogene technische Fertigkeit anzuwenden, und auch nicht, bloße finanzielle Überlegungen anzustellen. Es bedeutet, Zugang zu einer Welt der Fabelwesen und des heftigsten Verlangens zu bekommen.

Durch diesen Zugang wird das vereint, was bisweilen als beunruhigend dissonant empfunden wird: Das Zusammengehen von Doppelzüngigkeit und Gier mit schönen Dingen, und die paradoxe Tatsache, daß die Suche nach diesen bemerkenswerten Steinen häufig darin gipfelt, daß sich Menschen mit ihnen schmücken, die sie eigentlich gar nicht schätzen können. Bedeutsam ist auch der Gedanke, daß Objekte, die eine so intensive emotionale Bedeutung tragen, mit Hilfe von Pickel und Schaufel aus den Gedärmen der Erde herausgeholt werden, nur um – bei besonders erlesenen Stücken – in unterirdische Safes zurückgegeben zu werden. Es ist dieser Widerhall von Geschichte und Mythos, der den anscheinend rein technischen Überlegungen des Gemmologen eine besondere Pikanterie verleiht.

Wenn, wie wir behauptet haben, die Wirkung der Wunde darin besteht, ein dauerndes Gefühl der Entwurzelung zu schaffen, dann muß daraus folgen, daß Männer, und speziell »männliche« Männer, von ihrer Arbeit als einer Quelle existentieller Sicherheit und Bestätigung abhängig sind. Wenn die individuelle Handlungsfähigkeit des erwachsenen Mannes ihren Ursprung darin hat, daß das männliche Kind die innige Tröstung und den symbiotischen Schutz durch die Mutter zurückweist, dann wird ein Akt des Handelns für ihn sowohl zu einem Akt der Aggression als auch zu einem Akt der symbolischen Wieder-Inbesitznahme. Da die individuelle Handlungsfähigkeit in der Intimität der Mutter-Sohn-Beziehung ihren Ursprung hat, kann man erwarten, daß solche Taten die Last anscheinend nicht logisch begründbarer Angst mitschleppen – einer Angst, die irgendwie in Schach gehalten werden muß. Institutionen sind dafür in idealer Weise geeignet, zum einen, weil sie ein Gefühl von Sicherheit vermitteln und zum anderen besonders deshalb, weil sie den Menschen, die ihnen angehören, die Freiheit geben, nicht als sie selbst, sondern als Träger einer Rolle zu agieren. Dem »männlichen« Mann werden seine Karriere und die Institutionen, die er durchläuft, als Außenskelett dienen, mit dessen Hilfe er seine individuelle Handlungsfähigkeit ausagieren kann.[13]

Männer wie Thomas Sprat, die Mitte des 17. Jahrhunderts die englische Royal Society ins Leben riefen, taten das lange bevor die wissenschaftliche Forschung institutionalisiert wurde, und sie waren sich bewußt, daß sie für sich selbst einen Zufluchtsort schufen. Während »uns die Betrachtung der *Menschen und ihrer Angelegenheiten* möglicherweise tausenderlei Anlaß zur Beunruhigung gibt«, so schrieb Spratt 1667 in *The History of the Royal Society of London,* »war es die Natur allein«, die »uns erlaubte, gegensätzliche Vermutungen anzustellen, ohne gleich einen *Bürgerkrieg* heraufzubeschwören«.

Bezeichnenderweise gaben diese Männer, wie ihre Kollegen in Frankreich und Deutschland, sich auch alle Mühe, Frauen auszuschließen. Obwohl durch das Statut nicht ausdrücklich verbannt, wurden Frauen erst 1945 zu Vollmitgliedern der Royal Society gewählt. Gegen Ende des 17. Jahrhunderts, so zeigt Schiebinger, war ein Siebtel der deutschen Astronomen Frauen, die innerhalb der Handelsgilden mit handwerklichen Tätigkeiten beschäftigt waren.[14] Solche Frauen wurden, ebenso wie die Frauen der Aristokratie, nicht zu den professionellen Institutionen der Wissenschaft zugelassen, die sich damals bildeten. Es scheint, daß Männer dazu neigen, Frauen von ihren Aktivitäten auszuschließen, wenn eine neue konzeptionelle Herausforderung in der Luft liegt. Es ist, als hätten im 17., 18. und 19. Jahrhundert Männer ihre Imagination nur mit Hilfe einer kollektiven Repression des »Weiblichen« in sich und in ihrer Umgebung auf die unpersönlichen Herausforderungen der Wissenschaft und Technik richten können – ein Manöver, dessen natürliche Zielscheibe begabte Frauen sind. Wenn Frauen jetzt als gleichwertige Partner zu den Wissenschaften zugelassen werden, dann vermutlich deshalb, weil deren Unpersönlichkeit jetzt außer Zweifel steht.

Nicht nur bieten Institutionen wie die der modernen Naturwissenschaften eine Struktur und einen Zufluchtsort, sie machen es ihren Mitgliedern auch möglich, zu wissen, wo sie stehen. Wissenschaftler können ihre Leistungen gegenseitig eichen, beispielsweise durch die Wahl in die Royal Society, und verfügen dadurch über Möglichkeiten, zu denen es im Bereich der Künste keine Parallele gibt. Daß solche Ehren von Urteilsprozessen abhängen, bei denen Konformität, Vetternwirtschaft und intellektueller Snobismus eine signifikante Rolle spielen, ist in weiten Kreisen bekannt. Aber solche Eingeständnisse tragen wenig dazu bei, das Gefühl zu dämpfen, daß die männlichen (und die selteneren weiblichen) Mitglieder der Royal Society ein Gütesiegel unpersönlicher Autorität für ihre Leistungen verliehen bekommen haben.

Die Beziehung des »männlichen« Mannes zu diesen Institutionen ist noch durch zwei weniger offensichtliche Eigenschaften charakterisiert. Die erste betrifft das Gefühl für »die wichtigen Dinge« – das Potential für wissenschaftliche Durchbrüche, die Ausübung von Macht innerhalb einer Bürokratie – und wo diese verhandelt werden.

Das Wissen, daß in ihren Institutionen Wichtiges passiert, empfinden die meisten Männer als belebend. Zugleich aber ist das wirkliche Ausmaß an Aktivität schwer faßbar. Vom Standpunkt des Einzelnen aus gesehen, finden entscheidende Ereignisse meist in weiter Entfernung statt. Zu einem bestimmten Zeitpunkt gibt es, so scheint es, in einem bestimmten Zweig der Wissenschaft nur einige wenige Schauplätze, wo wirklich »die Musik spielt«. Man spürt dort sogar als Besucher eine gewisse Erregung, während die Erfahrung für die Insider eher einem freien Schweben ähnelt. Unter ihnen breitet sich auf intuitive, fast osmotische Weise ein Gefühl dafür aus, wo der Schatz liegt: ein Gefühl nicht nur für die richtige Frage und den richtigen Augenblick, sondern auch für die verborgenen Rhythmen erfolgreichen Forschens.[15] Damit geht jedoch einher, daß *die Erfahrung, wissenschaftliche Leistungen zu erbringen, nur wenigen vorbehal-*

ten ist. Die meisten Wissenschaftler scheitern daran, einen Zugang zu finden, oder sie werden von den lukrativeren Belohnungen, die ihre Disziplin verspricht, aktiv ausgeschlossen. Ein wirklicher Zugang, so behauptet unsere Theorie, wird in jedem Fall als psychologisch gefährlich wahrgenommen. Sogar in der Physik und in der Mathematik impliziert die Aussicht einer Entdeckung ein Einbrechen der Grenzen und, verbunden mit jenem Einbrechen, entfernte Erinnerungen an verschlingende Intimität. Daraus scheint zu folgen, daß die meisten Wissenschaftler in ihrem Ausschluß von den wichtigen Dingen zusammenwirken, und daß sie sich, während sie das tun, mit der Vorstellung, an einer wertvollen Unternehmung teilzuhaben, trösten. Sie meinen, sie praktizierten das, was inzwischen »normale Wissenschaft« genannt wird (das routinemäßige Ausbeuten einer Idee, für die jemand anders bereits die Lorbeeren eingeheimst hat), und predigen die Kardinaltugend der »wissenschaftlichen Respektabilität«.[16]

Der zweite signifikante Aspekt des institutionellen Lebens ergänzt den ersten. Indem sie uns ermutigen, nicht als verantwortliche Individuen zu agieren, sondern als Träger von Rollen, sanktionieren Institutionen bestimmte Verhaltensformen – Täuschung beispielsweise und Rachsucht –, die ansonsten unakzeptabel sind. Wie Alexander Mitscherlich schrieb, schlägt mit dem Sieg der Versuchung, Rollen zum Vorwand (für Aggression, Destruktivitäten etc.) zu benutzen, »*das Privileg in seine Pathologie um*«. Und weiter: »Die Fragilität des sozialen Sinnes einer Rolle ist ungleich größer, als wir es uns eingestehen. *Denn die präverbale Brutalität findet eben in den institutionalisierten Rollen ihr Sprachorgan.*«[17] Mitscherlich hatte bei dieser Aussage den Antisemitismus deutscher Beamter im Sinn, aber was er sagt, bezieht sich gleichermaßen auf alle Formen des institutionellen Lebens. Ein Wissenschaftler, der sich in seinem Werk der absoluten Wahrheitstreue verpflichtet hat, hat möglicherweise keine Hemmungen, beim Kampf um Fonds auf Tricks und Betrügereien zurückzugreifen und in seiner Rolle als Verwalter Gegner skrupellos anzulügen. Erfolgreiche Verwalter führen sich wie erfolgreiche Wissenschaftler häufig als Räuberbarone auf – »Plünderer«, wie Alistar Mant sie nennt – und sie tun das, indem sie den erklärten Werten und Prozeduren der Institutionen, durch die sie aufsteigen, direkt zuwiderhandeln.[18]

Eine Konsequenz dessen ist eine deutliche Diskrepanz zwischen den Werten, die die Nahtstelle zwischen einer Institution und ihrer Öffentlichkeit regieren, und jenen Werten, die das Leben im Kernbereich derselben Institution bestimmen, zwischen dem, was in Dokumenten und Reden, und dem, was hinter vorgehaltener Hand gesagt wird. Die Freiheiten, die der Insider genießt, bleiben dem Outsider verborgen, und häufig sind es solche, die er, wenn er von ihnen wüßte, als empörend empfinden würde. Es besteht also *eine formale Äquivalenz (oder ein Isomorphismus) zwischen der Struktur der männlichen Psyche und der der Institutionen, in denen der »männliche« Mann sich zu Hause fühlt.* Auf der äußeren Oberfläche beider sieht man den Schein und häufig auch die Substanz der Vernunft, im inneren Bereich die Verhaltensweisen und Gefühle des Catch-as-catch-can. Die Institution dient, mit anderen Worten, als gigantischer Reflektor für das unterdrückte (und häufig turbulente) Seelenleben jener, die sie bevölkern und zum Funktionieren bringen. Manchmal sind die Emotionen, die dieser Reflektor ausdrückt, die Lebensäußerungen bestimmter Individuen, aber mit großer Wahrscheinlichkeit sind sie auch Ausdruck eines kollektiven Empfindens: der Frustrationen, die untrennbar sind von Projekten – wie der Machtausübung, der Wahrheitssuche –, deren Belohnungen im Erleben fast aller Beteiligten immer jemand anderem zufallen.[19]

Wanderungen der Geschlechter

Die »Männlichkeit«, die Arbeitsbereichen wie den Naturwissenschaften und der Verwaltung zugeschrieben wird, kann sich auch verändern, und zwar durch die Anzahl femininer Frauen und androgyner Männer, die sich in diese Bereiche hinein – oder aus ihnen hinausbewegen. Veränderungen in der Rekrutierungspraxis können wiederum die typischen Formen des Denkens verändern, die in solchen Arbeitsbereichen entwickelt worden sind. Ein Eindringen vieler begabter Frauen in die verschiedenen Experimentalwissenschaften könnte sehr gut die dort herrschende Arbeitsatmosphäre menschlicher und kooperativer gestalten und die pathologische Härte mildern, die so häufig in deren institutionellem Leben zutage tritt. Auf dieselbe Weise könnten Frauen und androgyne Männer sich in beachtlicher Anzahl über andere Grenzen hinwegbewegen, über jene beispielsweise, welche die Architektur vom Bauingenieurwesen und vom Bereich des Messens und Zählens trennt. Das gleiche Phänomen ist in der Musikwelt zu beobachten. In der Vergangenheit haben Frauen häufig als Musikerinnen ganz Außerordentliches geleistet, aber hervorragende weibliche Komponisten waren so rar wie ausgezeichnete weibliche Bauingenieure.[20] Tatsächlich findet jetzt eine signifikante Wanderbewegung von

Frauen über diese Grenze hinweg statt, und die anscheinend untrennbare Verbindung zwischen Männlichkeit und Komposition könnte sich auflösen.

Alle derartigen Wanderungen der Geschlechter sind jedoch Experimente, und ihre Ergebnisse sind schwer vorherzusagen. Wenn erst einmal die anfänglichen Vorurteile überwunden sind, dann entdecken Frauen vielleicht, daß nichts an sich »Männliches« an beispielsweise der Arbeit eines Bauingenieurs ist, nichts, was Frauen in Nachteil setzt oder was ihnen zuwider wäre. Die Arbeit weiblicher Architekten und Ingenieure kann sich in ihrem Charakter und ihrer Qualität den Leistungen ihrer männlichen Rivalen sehr schnell angleichen. Zugleich können Frauen einen Beitrag leisten, der einen eigenen Charakter hat. Die Gebäude, die von weiblichen Architekten und Ingenieuren entworfen werden, erweisen sich möglicherweise als nachweisbar »feminin« z.B. in dem Sinne, daß sie die Bedürfnisse der Menschen, die in ihnen leben werden, in Betracht ziehen. Alternativ könnte der charakteristische Beitrag, der von Frauen geleistet wird, sich als ein Beitrag auf der Ebene eher des Prozesses als des Produkts erweisen. Weibliche Architekten und Ingenieure werden ihre Entscheidungen möglicherweise stärker auf der Basis von Zusammenarbeit und Konsens treffen, und sie werden Kunden und Benutzern erlauben, ihre eigenen Bedürfnisse zu artikulieren. Die Wanderbewegung könnte sich aber auch allmählich im Sande verlaufen. Frauen könnten zu dem Schluß kommen, daß es Aspekte der Bauindustrie gibt, die sie letztlich als fremd empfinden. Möglicherweise muß man bei dem Unternehmen, Häuser zu errichten, notwendigerweise extreme Mittel einsetzen, die die Frauen als nicht ihrer Natur gemäß empfinden, oder es werden Formen eines professionellen Engagements erwartet, die sie in immer geringerem Maße zu zeigen gewillt sind.

Die einzelnen Disziplinen entwickeln sich jedenfalls nach ihren eigenen Gesetzen. Die Anforderungen in der Bauindustrie oder der Musik, der Malerei oder der Astronomie können sich im Laufe der nächsten fünfundzwanzig Jahre, sogar im Laufe der nächsten fünf Jahre radikal verändern. Solche Veränderungen sind ganz besonders im Bereich der Technologie offensichtlich; sie zeigen sich beispielsweise im Zusammenbruch der deutschen Fotoindustrie in den 60er Jahren. Firmen wie Zeiss und Leitz waren führend in der Glas- und Metalltechnik, kamen aber mit der Nutzung der Elektronik, die im modernen Kamerabau eine so große Rolle spielt, nicht zurecht. Den Japanern dagegen gelang dies mit einer, wie es dem Außenstehenden schien, anstrengungslosen Leichtigkeit. In der westlichen Welt ist nicht nur die Industrie durch und durch maskulin, sondern technologischer Fortschritt wird als ein Ergebnis der Ausübung konventionell maskuliner Tugenden betrachtet: Wettbewerbsbereitschaft, Einsatz, Mut, Zähigkeit – kurz gesagt, kontrollierter Kraft. Es sieht so aus, als würden diese Tugenden in Firmen wie Nikon und Canon keine vergleichbare Rolle spielen.[21]

Solche Argumente sind natürlich gleichermaßen auf Wanderungen anwendbar, bei denen es nicht um das biologische Geschlecht oder die Geschlechtsidentität, sondern um die Objektwahl geht, und bei denen die fraglichen Gruppen männliche Homosexuelle im Gegensatz zu männlichen Heterosexuellen sind. Wenn homosexuelle Männer bisher relativ wenig Einfluß auf Wissenschaft und Technik hatten, so kann dieser Einfluß andernorts doch bemerkenswert sein, wie die Reaktion auf die AIDS-Epidemie zeigt. Diese hat zu Ansammlungen von homosexuellen männlichen Ärzten, Pflegern, Beratern und Helfern in AIDS-Krankenhäusern und Sterbekliniken geführt. Diese Männer engagieren sich nicht nur dafür, den Aidskranken zu helfen, ihre Symptome zu bekämpfen, sondern sie hinterfragen auch die orthodoxen medizinischen Annahmen über den Umgang mit Infektionskrankheiten und dem Tod. Es wird jede denkbare Anstrengung unternommen, um aus AIDS keine Krankheit werden zu lassen, unter der die Patienten leiden müssen, und man beharrt darauf, daß sie keinesfalls notwendigerweise tödlich verlaufe.[22] In bestimmten AIDS-Krankenstationen tut darüber hinaus das Personal sein Bestes, um die Atmosphäre eines sozialen Beisammenseins zu schaffen: Alkohol und weiche Drogen sind erlaubt, Freunde und Geliebte kommen zu Besuch, und man schafft eine gewisse Privatsphäre, in der sexuelle Beziehungen möglich sind. Diese Bemühungen bedeuten eine Herausforderung für medizinische Konventionen und Traditionen, und die Atmosphäre ist weit entfernt von der Strenge der traditionellen Krebsstation und der Schäbigkeit einer Klinik für Geschlechtskrankheiten.[23]

Ohne daß wir das Ausmaß solcher Wanderungen der Geschlechter oder auch die Vorteile, die daraus erwachsen können, herunterspielen wollten, sind wir überzeugt, daß Unterschiede von biologischem Geschlecht, Geschlechtsidentität, Objektwahl und Selbstdarstellung auch weiterhin Aspekte des Arbeitslebens bleiben werden. Viele bestehende Neigungen sind Ausdruck von Vorurteilen und eigensüchtigem politischen Interessse, aber einige sind ein Vermächtnis der Wunde.[24] Wir würden beispielsweise erwarten, daß auch in nächster Zukunft instrumentale Bereiche der Technik wie der Bau von Brücken und das Entwerfen von

Raketen von »männlichen« Männern beherrscht werden. Wenn das Faktenmaterial zeigen sollte, daß der Anteil von »männlichen«, geschlechtsneutralen und eher femininen Männern bei den Bauingenieuren genau derselbe ist wie bei den Innenarchitekten, dann würden wir die Geschichte, die wir über die Wunde und ihre Folgen erzählt haben, als fragwürdig betrachten. Wir würden sie auch als fragwürdig betrachten, wenn die Arbeit, die von »männlichen« oder von eher femininen Ingenieuren geleistet wird (oder von »männlichen« oder von eher femininen Innenarchitekten), sich auch bei genauerer Überprüfung als ununterscheidbar erwiese. Wir würden unsere These auch als unhaltbar ansehen, wenn wir herausfänden, daß Ingenieure außerordentlich »männlich« sind, daß sie sich aber erst im Laufe ihrer Ausbildung so entwickelt haben oder daß zukünftige Bauingenieure vor ihrer Ausbildung im Hinblick auf ihre Geschlechtsidentität, ihre Objektwahl und ihre Selbstdarstellung nicht von zukünftigen Innenarchitekten zu unterscheiden wären. Mit solchem Faktenmaterial konfrontiert, würden wir dann einräumen müssen, daß wir uns unter falschen Voraussetzungen festgelegt hätten – daß wir irgendeinen wesentlichen Punkt übersehen hätten.

Männliche und weibliche Gehirne

Unsere Sichtweise der männlichen Wunde und ihrer Konsequenzen ist, wie wir betont haben, keinesfalls auf die Biologie reduzierbar. Wir sehen die einmal entstandene Wunde als einen sich selbst erhaltenden und sich selbst genügenden Aspekt des Innenlebens des Mannes. Die Wunde hängt nicht davon ab, daß es beträchtliche Unterschiede der Anatomie oder Funktion zwischen männlichen und weiblichen Gehirnen gibt oder zwischen den Gehirnen von Männern, die »männlich«, und von Männern, die stärker androgyn sind. Die Wunde, so vermuten wir, wird Unterschiede der Art, wie wir sie bisher beschrieben haben, entstehen lassen, selbst wenn die Unterschiede zwischen dem männlichen und dem weiblichen Gehirn auf die in der Hypothalamus-Drüse beschränkt wären. Wir behaupten keinesfalls, daß »männliche« Männer stärker (oder geringer) begabt als Frauen oder androgyne Männer seien. Vielmehr behaupten wir, daß der »männliche« Mann zu bestimmten, imaginativ befrachteten Extremen des Denkens und Handelns getrieben wird, und zwar auf eine Weise, wie es bei den meisten Frauen und androgynen Männern nicht der Fall ist. Es geht hier nicht um die Fähigkeit oder Begabung als solche, sondern um solche Leistungen, die nur ein durch innere Getriebenheit genährtes Bedürfnis hervorbringen kann.

Jedoch bekäme unser Denkmodell noch eine zusätzliche interessante Dimension, wenn Unterschiede zwischen verschiedenen Gehirnen sich als geschlechtsbezogen erweisen würden. Der Grund ist einfach. *Je mehr separate, aber verwandte Quellen der Verschiedenheit ein adaptives System enthält, desto feiner differenzieren sich seine Wirkungen aus.* Ein System, das geschlechtsbezogene Unterschiede auf voneinander unterschiedenen, aber zusammenhängenden Ebenen umfaßt (jener der Gehirnstruktur und -funktion, der psychologischen Entwicklung, der stereotypen Perzeption und der sozialen Institutionen), könnte derart feine Anpassungen hervorbringen, wie es ein System mit einer einzelnen Quelle der Verschiedenheit nicht kann.

Die Vorstellung von festen Tendenzen der Anpassung sollte niemanden schockieren. Es sollte auch nicht verblüffen, daß solche Vorteile und Nachteile mit bestimmten identifizierbaren sozialen Gruppen in Zusammenhang stehen. Zwillinge haben im Durchschnitt einen etwas niedrigeren IQ als andere Kinder.[25] In ähnlicher Weise haben erstgeborene und einzige Söhne die Tendenz, im akademischen Bereich Hervorragendes zu leisten[26], und Mädchen neigen dazu, schneller als Jungen lesen zu lernen, aber beim räumlichen Vorstellungsvermögen schlechter abzuschneiden.[27] Ein geistig gesunder Mensch würde dieses Faktenmaterial keinesfalls zum Anlaß nehmen, Zwillinge oder nachgeborene Söhne, Jungen oder Mädchen zu diskriminieren. Niemand kann mit Sicherheit sagen, in welchem Ausmaß solche Unterschiede ursprünglich in der Motivation begründet sind und inwieweit sie mit wirklicher Begabung zu tun haben. Niemand weiß, in welchem Ausmaß diese Unterschiede erebt oder erworben sind. Die Erkenntnisse, die man über Schlaganfall-Patienten gewonnen hat, deuten jedoch darauf hin, daß Schlaganfälle eine identifizierbare Basis in der Gehirnstruktur und -funktion haben. Während beispielsweise eine Schädigung der entsprechenden Teile der linken Gehirnhälfte bei Männern gewöhnlich die sprachliche Kapazität zerstört, ist diese Schädigung bei Frauen weniger schwer und leichter reversibel.[28] Mit Maßstäben gemessen, die ein entsprechend skeptischer Forscher als gesichert betrachten würde, ist das Studium von Geschlechtsunterschieden in der Gehirnorganisation für den Augenblick noch eine sehr vage Angelegenheit. Dennoch häufen sich aufschlußreiche Fakten, und die Überzeugungskraft des Beweismaterials kann sich sehr wohl noch verbessern. Ein Großteil dieses Faktenmaterials betrifft die Beziehung zwischen den beiden Gehirnhälften, und dies hat nicht nur eine Bewandtnis für Männer und Frauen, sondern auch für die Links- und Rechtshändigen beider Geschlechter. Links- und Rechtshändigkeit sind in unserem Fall besonders aufschlußreich.

Links und rechts

In den letzten zwanzig Jahren mußten engstirnige Vorstellungen über eine mögliche Lokalisierung von Funktionen im Gehirn aufgegeben werden. Die Vorstellung, daß die linke Gehirnhälfte der Sitz der Vernunft und die rechte der Bereich der Phantasie sei, ist ein Mythos. Dennoch scheinen einige Formen des Denkens eine spezielle Beziehung zu der einen Hälfte zu haben, andere zu der anderen. Nicht nur die rechte Seite des Körpers, sondern bestimmte entscheidende Elemente der Sprachfähigkeit sind gewöhnlich unter der Kontrolle der linken Gehirnhälfte, während andere Fähigkeiten – beispielsweise die des räumlichen Denkens und die musikalischen – von der rechten abzuhängen scheinen. Der Komponist Maurice Ravel wurde im Alter von 75 Jahren und auf der Höhe seiner musikalischen Schöpferkraft bei einem Verkehrsunfall am Kopf verletzt. Die linke Gehirnhälfte war betroffen. Er war zwar nicht gelähmt, verlor aber die Fähigkeit, schriftlich oder mündlich zu kommunizieren. Jedoch scheinen sein musikalisches Erinnerungsvermögen und seine musikalische Urteilskraft weitgehend unbeeinträchtigt geblieben zu sein. Er erkannte Melodien sofort und entdeckte bei der Darbietung seiner Werke den kleinsten Fehler. Es war nicht die Kraft des musikalischen Denkens, die er verloren hatte, sondern die Fähigkeit, dieses auf ein Notenblatt zu übertragen.[29]

Bei den Linkshändern könnte man eine genau umgekehrte Lokalisierung wie bei den Rechtshändern erwarten, aber bei vielen Linkshändern ist es immer noch die linke Gehirnhälfte, die für das Sprechvermögen die beherrschende Rolle spielt. Nur bei einer Minderheit ist die rechte Hälfte dominant, oder die Dominanz ist unklar. Augenblicklich geht die Annahme dahin, daß etwa bei 70% der Linkshänder die linke Gehirnhälfte für die Sprache dominant ist, bei 15% die rechte, und daß bei 15% die Sprachfähigkeit in beiden Hälften gleichermaßen angesiedelt ist. Infolgedessen können die Linkshänder eine Sprachunfähigkeit durch einen Schaden in jeder der beiden Gehirnhälften erleiden, aber sie können sich davon besser als die Rechtshänder erholen. Hinsichtlich ihrer Gehirnorganisation unterscheiden sich Linkshänder nicht nur von Rechtshändern, sondern auch untereinander, so daß es nicht nur eine einzige, sondern mehrere Formen der Linkshändigkeit gibt. Wie man es bereits vermutet haben mag, steht Linkshändigkeit mit einer Reihe von unterschiedlichen und zuweilen anscheinend widersprüchlichen Mustern von Unvermögen und Geschick in Zusammenhang. Gemessen an den Rechtshändern sind einige Gruppen von Linkshändern verbal behindert, während andere verbal besonders begabt sind.[30] Gelegentlich ist Linkshändigkeit mit einer Schwäche des räumlichen Vorstellungsvermögens verbunden, manchmal aber auch mit einer speziellen Begabung in diesem Bereich. Da wir sehr viel mit Malern, Kunsthandwerkern, Designern und Architekten gearbeitet haben, haben wir den Eindruck gewonnen, daß eine extreme visuelle Sensibilität häufig sowohl mit Linkshändigkeit als auch mit einer Legasthenie verbunden ist.[31]

Man ist sich heute einig, daß Linkshändigkeit in bestimmten Familien verbreitet ist, daß die Disposition dazu wahrscheinlich genetisch übertragen wird und daß sie auf komplexe Weise mit der Gehirnstruktur, der Gehirnfunktion, mit spezifischen kognitiven Fähigkeiten und Mängeln und sogar mit bestimmten persönlichen Eigenschaften verbunden ist.[32] Infolgedessen sind Linkshänder wahrscheinlich in Klassen von schwachen Leseschülern sehr stark repräsentiert, aber möglicherweise auch auf dem Tenniscourt, wie die Vielzahl von linkshändigen Tennischampions zeigt. Der rechtshändige Adressat von John McEnroes Aufschlägen und Zornesausbrüchen steht möglicherweise einem Gegner gegenüber, dessen spezielle Stärken und Schwächen aus einem spezifischen Muster der nervlichen Übertragung resultieren, das von seinem eigenen verschieden ist.

Genau wie Fragen der Gehirnorganisation möglicherweise dabei helfen, Unterschiede zwischen Links- und Rechtshändern zu erklären, so könnten sie dabei helfen, Unterschiede zwischen Männern und Frauen zu erhellen.[33] Bei den mathematisch Begabten sind beispielsweise ausgesprochene Geschlechtsunterschiede zu erkennen. Camilla Benbow beschreibt Forschungsergebnisse, die in sehr großen repräsentativen Gruppen von begabten 12- und 13-jährigen Jungen und Mädchen gewonnen wurden, und sie beobachtete diese repräsentativen Gruppen noch bis in die Collegezeit und darüber hinaus.[34] Benbows Daten sind auch über einen bestimmten Zeitraum, in dem die Haltung zu Frauen und zur Erziehung von Mädchen sich radikal verändert hat, konstant geblieben, und sie waren desto stärker ausgeprägt, je weiter die mathematische Begabung entwickelt war.[35] Benbow erörtert eine Anzahl von Erklärungen, die auf Umwelteinflüsse abzielen, findet sie aber letztlich unbefriedigend und wendet sich statt dessen der Biologie zu. Sie entdeckt bei Jungen eine Beziehung zwischen außergewöhnlichen mathematischen Fähigkeiten und Linkshändigkeit, Allergien und Kurzsichtigkeit und schlußfolgert, daß diese Art der Begabung möglicherweise mit einer bilateralen Repräsentation der relevanten Denkprozesse im Gehirn verbunden sein könnte und daß dieses Muster der Gehirnorganisation durch außerordentlich große Mengen von Testosteron, die in der Gebärmutter empfangen wurden, entstanden sein könnte.

Es ist jedoch, selbst wenn Benbow auf der richtigen Spur ist, klar, daß die Zusammenhänge sehr komplex sind. Die Forschungen zum räumlichen Vorstellungsvermögen zeigen dies. Räumliches Vorstellungsvermögen wird gewöhnlich, aber keinesfalls immer, als die Fähigkeit verstanden, zwei- oder dreidimensionale Gebilde in der Vorstellung hin- und herzubewegen, und es ist charakteristischerweise bei erwachsenen Männern stärker ausgeprägt als bei erwachsenen Frauen.[36] Aber dieses Defizit auf Seiten der Frauen wird, so scheint es, erst nach Beginn der Pubertät offensichtlich, und es ist ganz besonders markant bei denen, die sehr früh in die Pubertät kommen.[37] Es gibt auch Anzeichen dafür, daß das räumliche Vorstellungsvermögen bei der erwachsenen Frau entsprechend dem Menstruationszyklus schwankt. Das Faktenmaterial birgt noch eine weitere Überraschung, denn bei beiden Geschlechtern steht das räumliche Vorstellungsvermögen mit Androgynität in Zusammenhang, so daß sowohl »männliche« Frauen als auch »weibliche« Männer tendenziell ein besseres räumliches Vorstellungsvermögen haben als ihre Geschlechtsgenossen. Vielleicht aus diesem Grund sind Fähigkeiten wie die eines Innenarchitekten bei maskulinen Frauen und bei weiblichen Männern so stark ausgeprägt.

Der augenblickliche Stand ist der, daß Psychologen Geschlechtsunterschiede entdecken können, indem sie Tests mit Zeichnungen einsetzen, daß Physiologen Geschlechtsunterschiede körperlicher Natur entdecken können und daß man bei beiden eine geringe Korrelation mit Geschlechtsunterschieden zeigen kann, die in der Welt im allgemeinen zu beobachten sind. Es verbleiben dennoch deutliche Unterschiede. Wo man auf Grund von psychologischen Tests an Studenten Geschlechtsunterschiede von, sagen wir, zwei oder drei zu eins bei Gruppen von begabten Mathematikern oder Bauingenieuren erwarten könnte, finden wir diese vielmehr in einer Relation von 100 oder 1000 zu 1. Solche Diskrepanzen deuten darauf hin, daß die wahren Ursachen wahrscheinlich nicht allein im Bereich der Begabungen, ob angeboren oder nicht, zu suchen sind, sondern im Zusammenspiel zwischen Begabung und Motivation. Worum es geht, sind nicht die verschiedenen Formen von verbaler, numerischer und räumlicher Intelligenz *per se*, sondern der leidenschaftliche Eifer, diese für bestimmte Zwecke zu nutzen, und die hochspezifischen Fähigkeiten des intuitiven Unterscheidungsvermögens und der Urteilsfähigkeit, die daraus resultieren.

Dieses wird in einer Untersuchung über Schachspieler deutlich. In seiner höchstentwickelten Form ist Schach in einem überwältigenden Ausmaß eine Aktivität, die von Männern beherrscht wird. Schachspieler gelangen, so scheint es, zur Meisterschaft, nicht weil sie ganz besonders außergewöhnliche Fähigkeiten des räumlichen Vorstellungsvermögens hätten, sondern weil sie die Fähigkeiten, die sie in der Tat besitzen, außerordentlich gut nutzen. Schachmeister und vergleichsweise schwächere Spieler sind unter zwei verschiedenen Versuchsanordnungen verglichen worden. In einem der Versuche wurde jedem Spieler ein paar Sekunden lang eine Schachposition gezeigt, und er wurde dann aufgefordert, diese aus dem Gedächtnis zu rekonstruieren. In diesem Fall übertrafen die Meister ganz deutlich die schwächeren Spieler. Als aber das Experiment mit einer zufälligen Plazierung der Figuren wiederholt wurde, da war keine Überlegenheit der Meister mehr erkennbar. Die Schachmeister brillieren also nicht in bezug auf ihr räumliches Vorstellungsvermögen, sondern in bezug auf ihre Fähigkeit, vertraute Konstellationen von Schachfiguren zu identifizieren und zu rekonstruieren, und dabei von ihrem Verständnis der taktischen Bedeutung solcher Konstellationen zu profitieren.[38]

Kapitel 6
Leidenschaftliche Abstraktion

Die Verkörperung der männlichen Imagination, wie wir sie bisher beschrieben haben, ist Isaac Newton – nach den Worten von Wordsworths Inschrift auf Newtons Denkmal im Trinity College: »Das marmorne Zeichen eines Geistes, welcher für alle Zeiten allein fremde Gewässer des Denkens durchmißt.« Wie es aussieht, erinnert man sich an Newton auf Grund der unerreichten Leistungen seiner Jugend: des Gesetzes der Schwerkraft, der drei Gesetze der Bewegung, der Theorie vom aus Korpuskeln zusammengesetzten Licht und der Entwicklung der Differentialrechnung. All das hatte er, zumindest tendenziell, bereits im Alter von Mitte Zwanzig konzipiert. Was Newtons Persönlichkeit anbetraf, so war es Maynard Keynes' Urteil zufolge seine Intuition, die »äußerst ungewöhnlich« war und die mit einer übernatürlichen Konzentrationsfähigkeit einherging. Newton war »der letzte der Zauberer, der letzte der Babylonier und Sumerer«. Seine tiefsten Instinkte waren »okkult, esoterisch, deutend – und sie gingen Hand in Hand mit einem scheuen Zurückweichen vor der Welt, einer lähmenden Furcht, seine Gedanken, seinen Glauben, seine Entdeckungen in aller Nacktheit dem Blick und der Kritik der Welt offenzulegen«. Er hatte zu Frauen »eine kompromißlose Distanz« und publizierte nichts, es sei denn, er war von anderen dazu gedrängt worden. »Bis zur zweiten Phase seines Lebens war er ein in Gedanken versunkener, ganz und gar seinen Studien hingegebener Einzelgänger, der mittels intensiver Introspektion seinen Forschungen mit einer geistigen Ausdauer nachging, die vielleicht niemals ihresgleichen fand.«[1]

Newtons Kindheit und Jugend standen ebenfalls im Schatten von Entbehrung und Verlust der Mutter. Newtons Vater, ein analphabetischer Bauer, starb, noch bevor sein Sohn geboren worden war, und Newton genoß in seinen ersten Lebensjahren die ungeteilte Aufmerksamkeit seiner Mutter. Aber kurz nach seinem dritten Geburtstag heiratete sie ein zweites Mal. Sie zog um und ließ ihren Sohn bei seiner Großmutter mütterlicherseits zurück – ein Akt des Verlassens, der in Newton Groll und das Gefühl, verraten worden zu sein, hervorrief.[2] Von dem Zeitpunkt an, als Newton mit 19 Jahren nach Cambridge ging, bis zu seinem Umzug 35 Jahre später nach London, lebte er das Leben eines Einsiedlers. Im Alter von 50 Jahren scheint er »vorübergehend psychotisch« geworden zu sein. Was auch immer der auslösende Faktor gewesen sein mag, Newton litt unter Depressionen, Schlaflosigkeit und Verfolgungswahn. Er brach mit Pepys, beschuldigte den Philosophen Locke, ihn in Frauengeschichten hineinziehen zu wollen und konnte sich nie mehr so gut konzentrieren, wie das früher der Fall gewesen war. Aus dieser Phase der Depression ging er – nach Keynes' Worten – »leicht bekloppt« hervor, um »der Weise und der königliche Herrscher des Zeitalters der Vernunft« zu werden.

Diagnostische Aspekte

In dem Maße wie Forschungsarbeiten wie die von Newton von der Energie der imaginativen Wunde ins Leben gerufen und getragen werden, würden wir erwarten, daß sie – in welcher Form auch immer – ihre Geschichte erkennen lassen. Das heißt, es sollten an ihnen bestimmte diagnostische Aspekte sichtbar werden. In diesem Kapitel geben wir Beispiele für fünf derartige Aspekte:

– ein Streben nach *Kontrolle* – gewöhnlich symbolisch, aber bisweilen im wörtlichen Sinn;
– den Einsatz anscheinend abstrakter und sachlicher Ideen als ein Mittel, um *primitive psychologische* Manöver durchzuführen;
– eine Vorliebe für formale Modelle, Hobbies und *fixe Ideen*, die bisweilen mit einer Leidenschaft verfolgt werden, die kaum als geistig gesund betrachtet werden kann;
– einen Hang zur *Gewalt* – wiederum gewöhnlich im symbolischen, aber bisweilen im wörtlichen Sinne; und
– die Verunreinigung, durch die ein fein austariertes Gedankengebäude anscheinend zwangsläufig immer umgeben ist von persönlichen Fehden, taktischer Unaufrichtigkeit, Einschüchterung und Mißbrauch.

Im Werk eines einzelnen Mannes sind durchaus nicht immer alle fünf Aspekte erkennbar. Der jeweilige Schwerpunkt variiert von Individuum zu Individuum und von Disziplin zu Disziplin.[3] In unserer Analyse dieser Aspekte verwenden wir vor allem Beispiele aus der Naturwissenschaft, beginnen aber mit der Psychologie und beziehen auch die Philosophie, die Mathematik und die Technik ein. Bei einigen Beispielen gibt es unmißverständliche Hinweise auf die binäre Struktur des männlichen Geistes: auf dessen Tendenz, sich der Welt mittels Theorien zu nähern, durch welche Risse gekittet und dialektische Gegensätze gelöst werden. Im vierten und fünften Beispiel manifestiert sich der strukturelle Isomorphismus des männlichen Geistes und der männlichen Institutionen in Form häßlicher Metaphern und brutaler Kämpfe. Zwar sollte man annehmen, daß solche Ausbrüche mit Frustration und beruflichem Scheitern zu tun haben, aber sie sind auch mit einigen der auffälligsten Triumphe in Wissenschaft und Technik verbunden.

Kontrolle

Niemand, der auch nur oberflächlich an dem Weg interessiert ist, den die Psychologie im Laufe der letzten 50 Jahre beschritten hat, kann die Augen vor dem Einfluß von Burrhus Frederic Skinner verschließen. Es war Skinner, der Methoden entwickelte, um das Verhalten eines Organismus zu beeinflussen – *jedes* Organismus, sei er nun menschlich oder nicht –, indem er dessen Belohnungsmechanismen manipulierte. Er erdachte auch eine utopische Gemeinschaft, entwarf ein Geschoß, das durch die hackenden Schnäbel von Tauben, die darin festgebunden waren, gesteuert wurde, und er ließ seine kleine Tochter in einem Kasten aufwachsen.

J. B. Watson war der erste, der die Idee des Behaviorismus popularisierte, aber es war Skinner, der ihr intellektuelle Überzeugungskraft verlieh. Es ist überraschend zu erfahren, daß Skinner sich der Welt zunächst nicht als Wissenschaftler oder Ingenieur, sondern als Schriftsteller präsentierte. In seiner Autobiographie spricht Skinner davon, daß er als *freshman* des Hamilton College Gedichte an literarische Zeitschriften sandte und »einen plötzlichen Anfall von Dramaturgie« erlitt: Er verfaßte ein Theaterstück, in einer Art Mischung aus Ibsen und Shaw.[4] Er belegte Kurse in Dramaturgie, Schauspielkunst und kreativem Schreiben und entschloß sich, nachdem er das Hamilton College verlassen hatte, ein Jahr freizunehmen und einen Roman zu schreiben. Der Dichter Robert Frost unterstützte ihn in seinen Bestrebungen. Frost hatte drei von Skinners Kurzgeschichten gelesen, und sein Lob muß wahrhaft berauschend gewesen sein: »Ich muß sagen, Sie haben eine künstlerische Begabung. Die Arbeit ist eindrucksvoll. Sie sind doppelt soviel wert wie sonst irgend jemand, dessen Prosa ich in diesem Jahr gesehen habe.« Skinner baute sich auf dem Dachboden des Hauses seiner Eltern in Scranton ein Arbeitszimmer aus, aber »die Wahrheit war, daß ich keinen Grund hatte, irgend etwas zu schreiben. Ich hatte nichts zu sagen ...«[5]

»In stürmischer See treibend« versuchte er sich zu retten, indem er Modellschiffe bastelte, Pastellzeichnungen anfertigte, Mozartsonaten auf dem Klavier spielte, das Bühnenbild für das örtliche Theater entwarf und beim Marionettenspiel half. Die Rettung kam in Form einiger populärer Artikel von Bertrand Russell. Später las Skinner voller Vergnügen, wie Russell in seiner *Philosophy* den deutschen Idealismus einfach vom Tisch fegte und eine Lanze für Watsons Behaviorismus brach, für die Philosophie also, die »behauptet, daß alles, was man über den Menschen wissen kann, durch die Methode der Beobachtung herauszufinden sei.« Obwohl er nicht völlig damit einverstanden war, betrachtete Russell die Methode der Behavioristen als erstrebenswert und als eine, die bis zu ihren äußersten Grenzen entwickelt werden sollte. In Skinners Augen war »das Erfrischende«, wie schnell Russell »zu den Fakten vorstieß«.[6]

Skinner bewarb sich an der Harvard-Universität und schrieb sich 1928 als Student der Psychologie ein. Damit begann seine Karriere als Experimentalpsychologe und Visionär. Intellektuell sollte seine Karriere eine besessene Beschäftigung mit der Idee der Kontrolle zum Ausdruck bringen – eine Kontrolle, die, so glaubte er, ausschließlich dadurch ausgeübt werden muß, daß man Reiz und Reaktion in Verbindung bringt. Sich in Diskussionen darüber zu verlieren, was auf geistiger Ebene vor sich ging, war für ihn eine Verletzung der Regeln der Rationalität. Skinners Einstellung wies daneben noch andere deutlich erkennbare Grundzüge auf. Zusammengenommen bildeten sie ein Muster, das den Instituten für Experimentalpsychologie auf beiden Seiten des Atlantiks sehr bald vertraut werden sollte: ein leidenschaftliches Interesse an Fakten, Nüchternheit, eine feindselige Einstellung gegenüber Introspektion, eine Verachtung der Theorie, ein quasi-religiöses Engagement für die Idee des Fortschritts und eine Begeisterung für experimentelle Spielzeuge, die in seinem Fall meist nicht richtig funktionierten (eine Ausnahme war die Skinner-Box, ein Apparat, der dazu dienen sollte, Ratten bestimmte Fähigkeiten beizubringen, und der seitdem eine ehrenwerte Karriere als ein wichtiges Laborgerät gemacht hat).

Skinners Offenheit ist verblüffend, wobei einer der merkwürdigeren Aspekte seiner Autobiographie eine Beschreibung seiner eigenen sexuellen Abenteuer ist. Er schreibt ohne irgendwelche Zurückhaltung, so, als spreche er über die sexuelle Performanz einer Taube. In dieser Hinsicht zeigt er eine Geisteshaltung, die an die von Alfred Kinsey erinnert. Zudem hatte er seine Marotten, und es ist die Baby-Box oder das »Luft-Kinderbettchen«, an dem sich diese Eigenschaft am deutlichsten zeigt. Als junger Vater mit den beschmutzten Windeln seiner kleinen Tochter konfrontiert, erfand Skinner einen Apparat, der ihn in den Augen vieler wie ein Monster erscheinen läßt. Um warm zu bleiben, so überlegte er, muß die Kleine gewindelt werden, aber da sie sich dauernd naßmacht, fühlt sie sich notwendigerweise permanent unwohl. Sie und ihre Eltern werden unter diesem mißlichen Zustand leiden. Warum sollte man die Kleine daher nicht in einen klimatisierten Kasten stecken, dessen Boden mit Papiertüchern bedeckt ist, die, wann immer sie beschmutzt werden, erneuert werden können? Sie kann dann bequem liegen und zum Spielen wie gewöhnlich herausgenommen werden.

Das Skinner-Baby lächelt uns auf der Zeichnung, die der Vater von ihm gemacht hat, durch das bruchsichere Glas seines Kastens selig an. Der Schock, den wir in Anbetracht dieser Idee verspüren, wird nur wenig durch das abgemildert, was Skinner in der Folge über andere Eltern, die das »Luft-Kinderbettchen« benutzt haben, berichtete. Bei einer Umfrage beschrieben bis auf drei alle 73 befragten Elternpaare, die den Kasten benutzt hatten, um 130 Babies großzuziehen, das Gerät als »wunderbar«. Die Temperatur, so entdeckte Skinner, die seiner Tochter am besten bekam, als sie aus dem Krankenhaus kam, war 86 Grad Fahrenheit. Als sie älter wurde, konnte die Temperatur langsam gesenkt werden, so daß sie sich im Alter von elf Monaten bei 78 Grad Fahrenheit – und bei einer Feuchtigkeit von 50 Prozent – am wohlsten fühlte. »Die Entdeckung, die uns am meisten gefallen hat«, so schreibt er, »war, daß Schreien und Unzufriedenheit immer beendet werden konnten, indem man die Temperatur leicht senkte ... In den letzten sechs Monaten hat sie überhaupt nicht geweint, außer ein oder zwei Mal, als sie verletzt oder sehr bekümmert war – beispielsweise beim Impfen«. Statt dessen kräftigte sie ihre Lungen auf gesunde Weise durch »Schreie und Gurgellaute«. Das Bedürfnis, sich rational zu verhalten, steht hier, so scheint es wohl den meisten von uns, in deutlicher Diskrepanz zur Menschlichkeit und Vernunft.[7]

Aus Skinners Autobiographie wird ersichtlich, daß seine Herkunft einen starken Einfluß auf die Gestalt hatte, die seine Vorstellungskraft annahm: Seine Mutter und sein Vater hatten ganz gewiß einen starken Einfluß, aber auch der Wohlstand, der in den frühen Jahren dieses Jahrhunderts in seiner Heimatstadt Susquehanna herrschte, prägte sein Denken. Seine Mutter spielte in der Familie die dominierende Rolle. »Sie hatte *eingewilligt*, meinen Vater zu heiraten, und in dem Verhalten, das sie ihm gegenüber zeigte, lag sein ganzes Leben lang ein Element von Einwilligung.«[8] Die Mutter machte auch verächtliche Bemerkungen über die Leistungen ihres Mannes, der bei einer Überschwemmung zwei Mädchen gerettet und eine unveröffentlichte Geschichte geschrieben hatte, in der es im wesentlichen um ein Gewehr ging, das um die Ecke schießen konnte. Ein alter Freund der Familie sagte einmal: »Grace machte schon einen Mann aus Will Skinner.« »Es war eine Leistung«, so bemerkt ihr Sohn, »derer meine Mutter sich durchaus bewußt war.«

Skinners Vater war der Arbeit in der Maschinenbauabteilung einer Eisenbahngesellschaft entronnen, indem er seinen Abschluß als Rechtsanwalt machte, aber weder seine Anwaltskanzlei noch seine Ambitionen als Politiker der Republikanischen Partei waren von Erfolg gekrönt. Er war ein sehr häufig leidender Mann, der sich nach einer herzlichen Beziehung zu seinem Sohn sehnte, aber nicht wußte, wie er sie herstellen sollte, und seine Reaktion auf jegliches Unglück war »der Verzweiflung näher als dem Zorn«. Man fürchtete, daß er sich umbringen könnte, aber damit hätte er sein Scheitern zugegeben. »Andere Männer«, so charakterisierte ihn sein Sohn, »hätten weniger an den Fortschritt geglaubt.«[9]

Angesichts all dieser Fährnisse blieb Skinners Mutter die engste Vertraute ihres Ehemannes, aber sie verhielt sich, so scheint es, ihm gegenüber auch auf subtile Weise illoyal. »Als ich ein Kind war, hat meine Mutter mir gelegentlich über den Kopf gestrichen, und sie tat das auch später von Zeit zu Zeit immer noch … Dies war möglicherweise eine Art der Zuwendung, die sie meinem Vater nicht länger zuteil werden ließ; tatsächlich hat sie sie ihm vielleicht niemals zukommen lassen, weil sie möglicherweise in eine Richtung geführt hätte, die sie als unangenehm empfand. Einmal, als wir allein waren und sie über meinen Kopf strich, sagte sie, mein Vater sei bestimmt eifersüchtig, und sie kicherte, aber es war durchaus nichts zu kichern daran.«[10] Sie war, so vermutet ihr Sohn, frigide, und schenkte ihrem Mann wenig sexuelle Befriedigung. Sie tat, was sie tun mußte, aber sie tat es »im Geiste des Märtyrertums«. »Will Skinner«, so stellte der erwähnte Freund der Familie fest, »wäre ein besserer Mann, wenn er ab und zu zu den leichten Mädchen ginge«, aber sein Sohn war sicher, daß er das niemals tat.[11]

Die Schilderung der ungelösten häuslichen Spannungen stehen in Skinners Autobiographie neben den verzückten Beschreibungen der Umgebung, in der sich dies alles abspielte: »Ich wuchs in einer Welt der Fülle auf, in der man um viele wunderbare Dinge nur zu bitten brauchte. In unserem Hintergarten gab es Sauerkirschen, Süßkirschen (die wir mit den Rotkehlchen teilten), blaue Pflaumen, gelbe Pflaumen, Concord-Weintrauben, Johannisbeeren, Himbeeren, Rhabarber, Meerrettich und Senf. Um keine dieser Pflanzen brauchte man sich besonders zu kümmern, sie reiften einfach, der Jahreszeit entsprechend, heran … Susquehanna war eine schmutzige, ungepflegte Stadt, aber der große Bogen des Flußtales war wunderbar … Im Frühling wußten wir, wo wir das zarte Trillium, den Erdbeerbaum und den gezackten Enzian finden konnten, und wir brauchten nicht einmal zu suchen, um Geißblatt, Akelei und Hartriegel zu entdecken.«[12]

In Skinners Welt gab es auch viele Tiere. Er fing gestreifte Eichhörnchen und versuchte ohne Erfolg, sie zu dressieren, tötete Schlangen, einschließlich gelegentlich vorkommender Klapperschlangen, fing Glühwürmchen unter Trinkgläsern und beobachtete, wie sie glühten, fing Bienen in den Blütenblättern von Stockrosen und baute Leitern und Wippen, auf denen gefangene Schildkröten ihre Fähigkeiten beweisen mußten.

Offensichtlich identifizierte sich der junge Skinner mit seinem Vater und übernahm als Erwachsener einige der väterlichen Charakterzüge: das feurige Engagement für den Gedanken des Fortschritts, die seltsame Befangenheit im Umgang mit anderen Menschen und die merkwürdige Offenheit – sein Vater hatte keine Geheimnisse vor seiner Frau und vertraute sich später auch seinem Sohn an. Der stärkste Eindruck jedoch, den Skinner im engen Zusammenleben mit seinem Vater gewann, war der von Verzweiflung bei einem Mann der Prinzipien, ein schmerzhaftes Trauma, das er später mit Visionen einer Utopie, in der jedes Elend durch die Anwendung von Wissenschaft abgeschafft wird, von sich fernhalten konnte. Skinner schrieb *Walden Two* in den Jahren unmittelbar nach dem Zweiten Weltkrieg und kurz vor dem Scheitern seines ORCON-Projekts, dem von Tauben gelenkten Geschoß.[13] In seinem Buch versuchte er zu demonstrieren, daß Männer und Frauen in Frieden zusammenleben könnten, wenn ihre Gesellschaft entsprechend den richtigen behavioristischen Grundsätzen strukturiert wäre. Es ist eine Vision, die dem Leser inzwischen als völlig reizlos und unattraktiv erscheint. Skinners Erfindungsgaben scheinen ihn im Stich gelassen zu haben, und er produzierte schließlich ein Machwerk, das politisch wenig plausibel und von blutarmer Anständigkeit ist.

Ähnlich wie das Denken von Descartes basiert der intellektuelle Standpunkt der Behavioristen auf der philosophischen Unterscheidung zwischen Geist und Körper. Die behavioristische Lösung dieses alten Rätsels ist, sich für alle praktischen Zwecke auf den Körper zu konzentrieren – auf das, was man am lebenden Organismus beobachten kann – und den Geist völlig zu ignorieren. Ein solches Manöver kann als eine Frage der Methode verkleidet werden, als ein Mittel effektiver wissenschaftlicher Forschung. Wir behaupten dagegen, daß dies ein Manöver ist, mit dem auch Bedürfnisse, die auf intime Weise mit der Wunde in Zusammenhang stehen, befriedigt werden.[14]

Die Verbindung zwischen dieser binären Tendenz und Kontrollvisionen wird deutlich, wenn die männliche Imagination von ihrer sicheren Basis in der Wissenschaft oder Technik zu einem Material zurückkehrt, das offenkundig menschlich ist. Ludwig Wittgenstein war Ingenieur, bevor er Philosoph wurde, und Edmund Leach war Ingenieur, bevor er Anthropologe wurde. Wie Skinner – und wie Freud – machten diese beiden außerordentlich originellen Männer den Eindruck, mit den feineren Schattierungen der menschlichen Intimität nicht zurechtzukommen, ja, ihnen gegenüber sogar unempfindlich zu sein. Alle vier packten menschliche Phänomene auf eine Weise an, die letztlich binär oder dialektisch war.

Die beiden bemerkenswerten philosophischen Werke Wittgensteins – der *Tractatus Logico-Philosophicus* und die *Philosophischen Untersuchungen* – widersprechen einander, wobei der *Tractatus* in extremer Form die Ansicht ausdrückt, daß man alles, was man wissen kann, klar wissen kann, während die flüchtigen, aphoristischen Untersuchungen bestimmten Wegen nachspüren, durch die die gewöhnliche Sprache mit einsehbarer Bedeutung ausgestattet wird. Es ist, als ob in Wittgensteins Vorstellungswelt die Geheimnisse des Geistes durch das Mittel eines binären Denksystems in Schach gehalten werden könnten, bei dem jeder Teilbereich in Stil und Inhalt dem anderen widerspricht, aber zugleich vom anderen als von dem Kontext abhängig ist, von dem seine Bedeutung herrührt.[15]

Bei Leach war die Auffassung einer solchen binären Qualität des Geistes sogar noch stärker ausgeprägt. Stephen Hugh-Jones beginnt seinen kürzlich verfaßten Nachruf auf Leach, indem er ihn als einen Mann der Paradoxe beschreibt:

»Es gab immer zwei Seiten seines Charakters und dessen, was er sagte und tat, und diese standen in unbequemer, aber kreativer Spannung nebeneinander. Sie machten ihn unberechenbar und außerordentlich originell, schwierig zu verstehen, aber belebend und anregend im Umgang … Die Geschichte eines solchen Mannes zu erzählen ist, als würde man einen Spiegelsaal betreten – nur um zu entdecken, daß er schon vor uns dort gewesen ist, um uns vor den Verzerrungen, mit denen wir konfrontiert sein werden, zu warnen.«[16]

Leach fühlte sich zu Lévi-Strauss' Version des Strukturalismus hingezogen, in dem Mythos und Ritual dialektisch behandelt werden, als eine auf der symbolischen Ebene gefundene Lösung der ansonsten unaufhebbaren Konflikte einer Kultur. Nach High-Jones' Ansicht war es nicht so, daß Leach über seinen Ingenieurhintergrund hinauswuchs, indem er sich der Analyse primitiver Völker wie den Kachin zuwandte; die Ingenieurwissenschaften waren vielmehr die Basis, auf die er sein theoretisches Werk als Anthropologe in der Folge aufbaute. Leach analysierte in seinem ersten größeren Werk, *Political Systems of Highland Burma*, eine menschliche Gemeinschaft, die dem konventionellen Ethnographen wahrscheinlich als eine formlose Ansammlung separater Stämme erschienen wäre. Er behauptete, daß jeder dieser Stämme eine unterschiedliche Facette eines größeren sozialen Systems in einem Zustand instabilen Gleichgewichts repräsentiere. Innerhalb dieses Systems könnten die Individuen um Macht und Einfluß kämpfen und ihre Positionen rechtfertigen, indem sie einen Mythos heraufbeschwören und Rituale anwenden, die jeweils schon an sich mehrdeutig sind.

Als er älter wurde, konzentrierte Leach seine analytische Begabung immer stärker auf die Angelegenheiten, die ihm am nächsten lagen: seine familiäre Herkunft vom Rand der reichen anglo-argentinischen Gemeinde und, obwohl er nicht gläubig war, die Bibel. An alles, was ihn interessierte, ging er, so schien es, mit einer oppositionellen Haltung heran. In den späten 60er Jahren wurde er (noch vor seiner Zeit als Rektor) vom King's College eingeladen, einen Beitrag zum Entwurf eines Eingangsexamens zu leisten. Dieses war darauf angelegt, Studenten zu identifizieren, von denen man eine originelle akademische Leistung erwartete. Was er schließlich entwarf, war unsystematisch und ungewöhnlich. Jeder Kandidat wurde mit Material ausgestattet, mit Hilfe dessen er eine Reise um die halbe Welt planen sollte, aber das ihn praktisch zwang, zwischen zwei verschiedenen Lösungen zu wählen: einer, die von Flugplänen abhing, und einer anderen, die auf den Erzählungen von Reisenden über menschliche Entbehrungen und Opfer aufbaute.[17]

Ohne irgendein schlimmeres Symptom als gelegentliche Wutausbrüche mußte Leach in der Folge die Turbulenzen seiner eigenen Amtszeit als Leiter eines Colleges, das sich ebenfalls in einem Zustand instabilen Gleichgewichts befand, überleben. In den späten 60er Jahren bewegte das King's College sich bereits von einer Position aristokratischer Privilegiertheit in Richtung auf mehr Demokratie. Es war auch eine Bewegung von einem ausgesprochenen Engagement für die Humanwissenschaften in Richtung auf die exakten Wissenschaften und von der Würdigung homosexueller und bisexueller Werte und Lebensmöglichkeiten hin zur sozialen Norm. Leach schaffte es, diese Veränderungen in die Wege zu leiten, und das mit einer charakteristischen Zweideutigkeit. In seiner Zeit wurde der Speisesaal vollkommen verändert, Selbstbedienung wurde eingeführt, der Tisch der Professoren wurde niedriger gesetzt, und Englisch wurde statt Latein die Sprache in der Andacht. Und, was sehr viel bedeutsamer war: Unter seinem Rektorat entschied sich das King's College, nach Jahren der Diskussion und des Streits, Frauen als *undergraduates* und *fellows* zuzulassen.[18] Es ist charakteristisch, daß Leach während der heftigen Debatten und Streitereien im *college council* eine offene Feindseligkeit gegenüber dessen dissidenten Mitgliedern an den Tag legte; dies waren vor allem junge Leute ohne Amt und Würden, die auf die Veränderungen drängten, die er in der Tiefe seines Herzens wahrscheinlich billigte.

Geschickte Manöver und primitive psychologische Bedürfnisse

Am Wendepunkt seines Lebens verzichtete Freud, wie wir bereits gesehen haben, auf den Geschlechtsverkehr mit seiner Frau – und zwar im wesentlichen aus ästhetischen Gründen. Es kann kaum ein Zufall sein, daß das zentrale Thema der Theorie, die er in der Folgezeit so enthusiastisch propagierte, der Sexualtrieb war; es kann ebenfalls nicht zufällig sein, daß seine Forschungen eine spezifisch autobiographische Wendung nahmen.

Unter anderem verwandten Freud und Fliess eine beträchtliche arithmetische Geschicklichkeit auf die genauen Geburtsdaten von Freuds Kindern: Mathilde, Martin, Oliver, Ernst, Sophie und Anna.[19] Mathilde und Martin, so errechneten sie, wurden in einem Abstand von 783 Tagen geboren, ein Intervall, das sie arithmetisch mit jenen zwischen den Geburten der verbleibenden Kinder in Zusammenhang bringen konnten, und zwar durch Fliess' magische Zahlen 23 und 28, den männlichen und weiblichen Biorhythmen. Freud und Fliess analysierten auch die Geburtsdaten der Kinder von Freuds Schwester Marie. Mit Hilfe einiger Manipulationen konnte man in ähnlicher Weise bei allen dreien zeigen, daß sie jeweils zu einem Zeitpunkt geboren worden waren, der auf die Zyklen von 23 und 28 Tagen zurückzuführen war. Das Manöver sollte offenkundig darauf hinauslaufen, daß man die unordentlichen Prozesse von Empfängnis und Geburt ein wenig ordnen konnte, indem man sie in die reinen Sphären der Arithmetik übertrug.

Weit entfernt davon, eine isolierte Verrücktheit auf Seiten Freuds – oder Skinners – zu sein, hat dieser Drang, die unberechenbare und potentiell abstoßende menschliche Natur in eine Ordnung zu zwingen, einen vornehmen philosophischen Stammbaum. In *The Unconscious Origin of Berkeley's Philosophy* zeigt John Oulton Wisdom, daß Berkeleys Imagination von zwei Ideen beherrscht wurde, die sich in der jeweils anderen widerspiegeln.[20] Berkeley glaubte an die Unkörperlichkeit der materiellen Welt: daß der Stuhl, auf man sitzt, und der Tisch, an dem man arbeitet, nur im Geist der Menschen existierten, die sie wahrnehmen. Technisch gesprochen war das, was Berkeley vertrat, »theozentrischer Phänomenalismus« – eine Lösung für die lästige Kernproblematik der philosophischen Tradition, die dem Sichtbaren eine zentrale Bedeutung für unseren Glauben an die äußere Welt zumißt. Die Behauptung geht dahin, daß wir uns ursprünglich auf die Beweiskraft unserer Sinne, unserer »Sinnesdaten«, verlassen, und daß Stuhl und Tisch auch dann, wenn niemand da ist, um sie wahrzunehmen, weiterhin existieren, weil sie von Gott wahrgenommen werden.

Tatäschlich, so argumentiert Wisdom, war Berkeley dringend daran gelegen, den Körper der Philosophie von der Idee der Materie zu befreien. Es war, als wäre Materie kompromittierend, schmutzig und der Gedanke an sich sauber. »Schlechtes« Denken wurde von Berkeley mit Exkrementen gleichgesetzt.[21] Zu einem späteren Zeitpunkt seines Lebens war er auch bis zum Fanatismus überzeugt von den Wirkungen des Teerwassers, eines Brechmittels, das den Körper von Kot reinigt und das – wenn man die Idee weiterverfolgt – als Allheilmittel dienen und alle körperlichen Leiden beseitigen kann. Er habe, so behauptete er, Teerwasser mit Erfolg eingesetzt, um Windpocken, Ausschlag, Darmgeschwüre, Staupe, schwindsüchtigen Husten, Rippenfellentzündung, Wundrose, Verdauungsstörungen, Harngries, Wassersucht und Asthma zu behandeln. In seinem Buch *Siris: A Chain of Philosophical Reflexions and Inquiries Concerning the Virtues of Tar Water,* das 1744, als er fast sechzig war, veröffentlicht wurde, lobte er die Heilkraft des Brechmittels und brachte diese mit der Natur des göttlichen Wesens in Zusammenhang. Das Buch wurde im ersten Jahr sechsmal aufgelegt, ins Französische, Deutsche und Holländische übersetzt und bewirkte eine starke Nachfrage nach der medizinischen Nutzung von Teerwasser. Ebenso wie Skinner mit seinem Luft-Kinderbettchen scheint

Berkeley sich von einer steigenden Flut von Exkrementen bedroht gefühlt zu haben. Es ist seiner Ansicht nach die Aufgabe disziplinierten Denkens, uns auf magische Weise von ihnen zu befreien.

Zwar kann man seine Philosophie als einen Irrtum ansehen und sein fanatisches Engagement für Teerwasser als den Fall eines brillanten Mannes, der sich in verrückte Ideen einspinnt, dennoch wäre es unfair, Berkeley ganz und gar abzutun. Die phänomenalistische Schule ist sehr einflußreich und bis zu diesem Tag fruchtbar, besonders in den Sozialwissenschaften. Berkeleys Begeisterung für Teerwasser war nicht weiter hergeholt als andere zwanghafte Ideen bestimmter großer Geister seiner eigenen oder einer anderen Zeit. Zwar kam das in seinem Fall auf außerordentlich prosaische Weise zum Ausdruck, jedoch drückt Berkeleys Feindseligkeit gegenüber der Materie eine Tendenz aus, die allem Denken, das durch die Vision reiner Vernunft inspiriert ist, anhaftet.

Fixe Ideen

Wissenschaftler haben eine seltsame charakteristische Eigenschaft, für die sowohl Skinner als auch Freud beredte Beispiele sind: ihre Tendenz, sich mit gewissen fixen Ideen oder Gedankenformeln wie besessen zu beschäftigen. Ein Beispiel dafür ist das Konzept des »g«, des grundlegenden Faktors der Intelligenz. Wenn man auf konventionelle Weise einen Intelligenztest aus verschiedenen Teiltests aufbaut, dann zeigt sich die Tendenz, daß die Testpersonen, die in *einem* Teiltest gut abschneiden, in allen Teiltests gut abschneiden und daß die, die in einem schlecht abschneiden, in allen anderen ebenfalls schlecht abschneiden. Man kann eine solche Intelligenzleistung auch tendenziell bei allen Mitgliedern einer Familie nachweisen, und es gibt auch – zugegebenermaßen unzureichende – Hinweise darauf, daß Intelligenz in einem beachtlichen Ausmaß ererbt sein könnte.[22] Wenn man diese Korrelationen einer bestimmten Form statistischer Analyse unterwirft, dann kann man daraus einen allgemeinen Faktor gewinnen. Dieser wird gewöhnlich »Allgemeinintelligenz« oder »g« genannt, und man nimmt an, daß er eine Eigenschaft ist, die alle Teiltests mehr oder weniger widerspiegeln. Wenn man seine Resultate aber einer anderen, ähnlichen Form der Analyse unterwirft, dann verteilt man diese statistische Übereinstimmung auf verschiedene Faktoren, die spezifischer sind, und diese kann man, wenn man will, »verbale Fähigkeit«, »numerische Fähigkeit«, »räumliche Fähigkeit« und so weiter nennen. An sich ist die Vorgehensweise kaum von Bedeutung und weitgehend eine Angelegenheit des persönlichen Geschmacks. Britische Psychologen haben gewöhnlich die erste vorgezogen, amerikanische die zweite.[23]

In den Köpfen einiger Psychologen entwickelte sich »g« jedoch von einem rein deskriptiven Aspekt komplexer Testresultate zu einem Träger moralischer und mystischer Bedeutungen. Cyril Burt beschäftigte sich sein ganzes Arbeitsleben lang mit der Struktur der Intelligenz, und seine Leidenschaft kulminierte in einer immer dogmatischeren Erforschung des »g« als der realen Basis seiner Vision von einer natürlichen Aristokratie. In seinem eigenen und dem Bewußtsein anderer wurde »g« zu einem Bollwerk. Es sei, so erklärte er, »von zentraler Bedeutung für alles« und es sei »angeboren«. »Weder Wissen noch Übung, weder Interesse noch Fleiß können helfen, diesen Faktor zu steigern.« Ein begeisterter amerikanischer Anhänger verglich »g« sogar mit dem Felsen von Gibraltar.[24] Bis man lernte, ein wenig vorsichtiger zu werden, schien »g« auch eine weniger anspruchsvolle Erziehung für schwarze Kinder zu rechtfertigen.[25] Daß Charakter und Begabungen erblich seien schien erwiesen; die Anhänger der »g«-These vertraten insofern die Gegenposition zur These von der Prägung durch die Umwelt, sie unterstützten die Biologie gegen die Sozialwissenschaften, den Elitismus gegen den Egalitarismus und, in politischer Hinsicht, die Rechte gegen die Linke. Bei bestimmten kämpferischen Geistern stand das Postulat der angeborenen Intelligenz auch für Vernunft gegen Unvernunft und bei noch kämpferischeren Naturen für soziale Anständigkeit gegen verrückte Haarschnitte, sexuelle Permissivität und häusliches Chaos: von daher kam Burts Eingebung, »Mensa«, die Gesellschaft für Menschen mit besonders hohem IQ, zu gründen, deren Zusammenkünfte nach dem Modell der Legende König Arthurs gestaltet waren.[26]

Einem Experten in einem derart technisch bestimmten Bereich wie dem des Messens mentaler Fähigkeiten entgegenzutreten, erscheint vielleicht als unkomplizierte Angelegenheit, aber das ist durchaus nicht der Fall. In der Praxis wird ein solcher Versuch fast immer als ideologisch motiviert und bedrohlich wahrgenommen, als handele es sich um eine militärische Auseinandersetzung. Der Experte wird sich vielleicht dazu herablassen, die Herausforderung nach ihrem faktischen Gehalt zu beurteilen, aber in der Realität wird er jemandem, dem er nicht ausdrücklich vertraut, nur unter außergewöhnlichen Umständen Zugeständnisse machen.[27] Visionen wie die von Burt haben nicht nur eine faszinierende Wirkung auf die Vorstellungskraft, sie werden zu Prinzipien, in deren Diensten es als angemessen erscheint, Ungereimtheiten der eigenen Daten zu übersehen oder diese gar zu fälschen.[28] Im hohen Alter erfand Burt zwei Mitarbeiterinnen, »Miss Howard« und »Miss Conway«, und begann, seine Daten über identische Zwillinge zu frisieren. Er versuchte, sich dadurch Umwege zu ersparen, aber er tat das in der fast vollkommenen Gewißheit, im Dienste einer höheren Wahrheit zu handeln. Dahinter steht eine lange Tradition. Es scheint, daß auch Galilei Beobachtungen anführte, die er in Wirklichkeit nicht gemacht hatte, und Newton brachte in seinen *Principia* »Ordnung« in bestimmte Messungen, als er sich gerade in einer heftigen Auseinandersetzung mit seinem Rivalen Leibniz befand, und versuchte so, Theorie und Daten zu harmonisieren.[29]

Die Rolle, die fixe Ideen bei Erkenntnisprozessen spielen, ist jedoch keinesfalls durchwegs zerstörerisch, wie die Entdeckungen des Astronomen Kepler zeigen. In seinem Roman *Die Nachtwandler* erzählt uns Arthur Koestler, daß Johannes Kepler, Keppler, Khepler, Khepler oder Keplerus am 16. Mai 1571 n. Chr. um 4 Uhr 37 empfangen und daß er am 27. Dezember um 14 Uhr 30, nach einer Schwangerschaft, die 224 Tage, 9 Stunden und 53 Minuten gedauert hatte, geboren wurde. Die fünf unterschiedlichen Schreibweisen seines Namens entstammten, sagt Koestler, alle Keplers eigener Feder, ebenso wie die Daten von Empfängnis, Schwangerschaft und Geburt in einem Horoskop, das Kepler für sich selbst ausarbeitete, festgehalten wurden. Der Kontrast zwischen der Nachlässigkeit bei der Schreibung seines Namens und der extremen Präzision hinsichtlich der Daten zeigt von Anfang an einen Geist, für den »alle letzte Realität, die Essenz von Religion, von Wahrheit und von Schönheit in der Sprache der Zahlen enthalten war.«[30]

Kepler wurde in Weil, einer Stadt im Südwesten Deutschlands, geboren. Seine Vorfahren waren, in Koestlers Worten, »Versager und Psychopathen«, seine Kindheit war »abscheulich«.[31] Sein Vater war ein unruhiger Geist, der seine Familie verließ, um als Söldner in den Krieg zu ziehen, und der nur sehr knapp dem Schicksal entging, gehängt zu werden; seine Mutter war die Tochter eines Kneipenbesitzers, aufgezogen von einer Tante, die als Hexe verbrannt wurde. Ihr selbst warf man im Alter vor, mit dem Teufel im Bund zu sein, und sie entkam nur knapp dem Scheiterhaufen. Johannes war ihr erstes Kind; er war mager, hatte ein großes, bläßliches Gesicht und kränkelte fortwährend. Als seine Mutter seinem Vater in den Krieg folgte, war er vier, als sie zurückkamen und begannen, ruhelos durch die Lande zu ziehen, fünf Jahre alt. Er besuchte die Schule nur unregelmäßig, im Alter von neun bis zwölf Jahren überhaupt nicht. Kepler selbst sagt über seine Gesundheit, er wäre fast an den Pocken gestorben, seine Hände seien ganz kraftlos gewesen und er habe fortwährend unter Hautkrankheiten und dem Schorf chronisch faulender Wunden an den Füßen gelitten. Am Mittelfinger seiner rechten Hand hatte sich ein Wurm eingenistet, an der linken Hand war ein großes Geschwür. Im frühen Erwachsenenalter litt er unter Kopfschmerzen und unter mangelnder Koordinationsfähigkeit der Gliedmaßen, auch unter Räude. Als sich ihm als jungem Mann die Möglichkeit einer Vereinigung mit einer Jungfrau bot, gelang ihm der Akt nur unter größten Schwierigkeiten, wobei er unter fürchterlichen Schmerzen der Blase litt.[32]

Es gibt zwei Kindheitserinnerungen, die zu dem schrecklichen Eindruck von Schmutz und Hypochondrie ein schwaches Gegengewicht bilden. Im Alter von sechs Jahren nahm Keplers Mutter den kleinen Johannes mit hinaus, damit er sich einen Kometen ansehe, und im Alter von neun riefen seine Eltern ihn nach draußen, um ihm eine Mondfinsternis zu zeigen.

Kepler hatte gehofft, Geistlicher zu werden. Nur durch Zufall kam er dazu, Mathematik zu unterrichten; in einer entfernt gelegenen Stadt war eine Stelle freigeworden. Ein Jahr, nachdem er seinen Dienst angetreten hatte, zeichnete er eines Tages für seine Schüler eine Figur an die Tafel, als ihn plötzlich eine Idee mit solcher Macht überfiel, daß er glaubte, er halte den Schlüssel zu den Geheimnissen der Schöpfung in der Hand. Diese plötzliche Einsicht sollte während der gesamten Zeit seines Arbeitslebens seine treibende Kraft und Inspiration werden. »Die hohe Freude, die ich über meine Entdeckung empfand«, so ruft er aus, »werde ich niemals in Worte fassen können.«[33]

Seine Erkenntnis war einfach, und er veröffentlichte sie im Alter von 25 Jahren in seinem Buch *Mysterium Cosmographicum*. Warum gab es nur sechs Planeten? Und warum nur fünf regelmäßige Körper – also fünf dreidimensionale Figuren, die identische Seiten haben und die genau in eine Kugel oder außen um sie herum passen: die dreiseitige Pyramide, den Würfel, den Oktaeder (bestehend aus acht gleichseitigen Dreiecken), den Pentagondodekaeder (aus zwölf Fünfecken) und den Ikosaeder (aus zwanzig gleichseitigen Dreiecken)? Die Wahrheit wurde ihm nach und nach klar. Die Kreisbahnen der sechs Planeten müssen so angeordnet sein, daß die fünf regelmäßigen Körper dazwischenpassen und so das unsichtbare Skelett des Planetensystems bilden. Der Oktaeder paßt zwischen Merkur und Venus, der Ikosaeder zwischen Venus und Erde, der Pentagondodekaeder zwischen Erde und Mars, die Pyramide zwischen Mars und Jupiter, der

Würfel zwischen Jupiter und Saturn. QED. Geometrie und Astronomie sind in Einklang und die Rätsel des Universums gelöst.

Es ist völlig normal für einen Wissenschaftler, von einer Idee gepackt zu sein, die ihm als unangreifbar erscheint. Sie kommt wie ein Blitz aus heiterem Himmel, der so dramatisch erscheint, daß er wie eine Erleuchtung wirkt, und es ist auch normal, daß ein Lebenswerk um eine so verblüffende Einsicht herumgebaut wird. Es ist natürlich auch üblich, daß solche Einsichten falsch sind – so, wie es bei Kepler der Fall war. Bemerkenswert an Keplers Entdeckung war nicht, daß sie unangreifbar und falsch zugleich war, sondern daß sie ihn trotz ihrer Falschheit zur Entdeckung der drei Gesetze führte, für die er zu Recht berühmt geworden ist, und zur endgültigen Überwindung der präkopernikanischen Ansicht, daß das Planetensystem um die Erde zentriert sei. Er kam zu den richtigen, oder fast richtigen Antworten, weil er von einer völlig irrigen Vision gepackt war.

Selbst unter den am stärksten Getriebenen gibt es noch Unterschiede: zwischen denen, die alles Faktenmaterial ihrer übergeordneten Vision anpassen, und denen, die wie Kepler schließlich das Faktenmaterial zu seinem Recht kommen lassen. »Wozu soll ich herumreden?« fragt er. »Die Wahrheit der Natur, die ich verschmäht und fortgejagt hatte, kehrte verstohlen durch die Hintertür zurück, in einer Vermummung, um sich Eintritt zu verschaffen.« Er hatte seine ursprüngliche Gleichung für die Kreisbahn des Mars verworfen und sich einer neuen zugewandt, wobei er nicht erkannte, daß beide dieselbe Bahn, eine Ellipse, beschrieben. Aber am Ende dämmerte ihm tatsächlich die Wahrheit. »Ich dachte und suchte, bis ich beinahe verrückt wurde«, schrieb er. »Ah, was für ein lächerlicher Vogel bin ich doch gewesen.«[34]

In einer Weise wie es dem Nicht-Naturwissenschaftler nicht unmittelbar einleuchten mag, weisen Keplers Ausrufe auf einen Bereich hin, der selbst für den gewissenhaftesten Naturwissenschaftler große Versuchungen birgt. Offensichtliche Täuschungen sind in der Wissenschaft ganz eindeutig die Ausnahme.[35] Die eigenmächtige Verschiebung der Grenze zwischen Erscheinung und Realität ist auf der anderen Seite ein alltägliches Vorkommnis in der Arbeit im Labor. Wenn seine Daten nicht recht passen wollen, dann wird der Wissenschaftler in Versuchung geraten, sie zu manipulieren; dafür gibt es Dutzende von Möglichkeiten, die noch lange nicht unter die Kategorie vorsätzlicher Falschdarstellung fallen. Die Gründe, die ihn dazu bewegen, sind mindestens so vielfältig wie die Möglichkeiten, die die Grauzone bietet: die Abhängigkeit seines Instituts von einem Forschungsvertrag, die Kränkung, die zwangsläufig damit verbunden ist, einen wissenschaftlichen Streit zu verlieren, seine Abhängigkeit von der Illusion intellektueller Kontrolle. Die Versuchungen sind natürlich betörend. Er weiß, daß ein gewisser Prozentsatz an Ungereimtheiten in den Daten jeden Wissenschaftlers sich als trivial erweisen wird und daß viele dieser Ungereimtheiten sich am Ende von selbst aufklären. Er weiß aber auch, daß die Aussicht auf eine bessere Erklärung in der Konfrontation mit dem eigentlich anomalen Faktenmaterial liegt. Solchen Anomalien ins Auge zu schauen verlangt eine Form von Mut, die nur wenige der Kritiker der Wissenschaft ihrerseits an den Tag gelegt haben.[36]

Gewalt, symbolisch und real

Die Psychologen sind sich nicht einig darüber, in welchem Ausmaß wissenschaftliche Forschung durch Feindseligkeit motiviert und genährt wird.[37] Es ist auf jeden Fall richtig, daß in dem psychischen Raum, den die Wunde schafft, aggressive Impulse auf leichte und fließende Weise ausagiert werden können. Indem er seine individuelle Handlungsfreiheit kämpferisch auslebt, feiert ein »männlicher« Mann seine Freiheit und bestraft die Welt für ihre Forderung, daß er vor allem frei (und unsicher) sein solle. Wissenschaft, Philosophie und Technik werden, mit anderen Worten, ideale Kanäle für die psychischen Manöver der Rache, und Gewalt ist häufig ein deutlich wahrnehmbarer Aspekt der Sprache und der Interessengebiete der Wissenschaft.

Zusammen mit seinem Mentor Roger Guillemin gewann Robert Schally 1977 den Nobelpreis für die Entdeckung des TRF (Thyrotropin Releasing Faktor); in der Welt der Endokrinologie ein ganz außerordentlicher Erfolg. Schallys wissenschaftliche Laufbahn war die eines Außenseiters.[38] Er wurde in Polen geboren, wuchs aber in Schottland auf. Er zog nach London, um als Laborassistent zu arbeiten, dann nach Kanada und schließlich nach Amerika, wo er die amerikanische Staatsbürgerschaft annahm. Sein erstes Universitätsexamen legte er erst mit 29 ab. Was seinen Status als Flüchtling und die harte Konkurrenzsituation anbetrifft, in der er sich befand, so sagt Schally mit aller Deutlichkeit: »Guillemin und ich, wir sind Immigranten, obskure kleine Doktoren, wir haben uns den Weg an die Spitze erkämpft, das ist es, was ich an Guillemin mag; zumindest haben wir gekämpft, und jetzt haben wir mehr Preise als alle anderen.«[39]

Die Suche nach dem TRF war im wörtlichen Sinn ein gewaltsames Unterfangen, insofern, als es nur in ganz geringen Mengen gewonnen werden konnte, ein Milligramm jeweils aus mehreren Tonnen Hypothalami, die aus dem Schlachthaus geliefert wurden. Es war auch ein Eroberungsfeldzug insofern, als Guillemin und Schally versuchten, den TRF den Händen der Physiologen zu entwinden, die die Substanz bereits in ihrer nicht-analysierten Form verwendeten, und sie für die Biochemie zu nutzen – eine Leistung, die nur mit massiven Zuwendungen an Forschungsgeldern und auf Grund der mühseligen Arbeit chemischer Verfeinerung und Analyse Erfolg haben konnte. Wie Schally sagt: »Niemals zuvor hat irgend jemand Millionen von Hypothalami verarbeiten müssen … Der Schlüsselfaktor ist nicht das Geld, es ist der Wille … der brutale Kraftakt, ein Jahr lang 60 Stunden in der Woche zu investieren.« Und: »Es ist, als würde man Hitler bekämpfen. Sie müssen ihn zu Boden zwingen.«[40]

Feindselige Impulse haben bezeichnenderweise auch die Vorstellungswelt des Mannes genährt, der den Preis aussetzte, den Schally und Guillemin gewannen: Alfred Nobel. Er wurde 1833 in Stockholm geboren. Mit acht Jahren zog er mit seiner Familie nach St. Petersburg um, weil sein Vater dort ein Torpedowerk errichten wollte. Mit 17 lebte er für kurze Zeit in Amerika, kehrte dann aber nach Rußland zurück und ging von dort nach Schweden. Danach mußte er wieder und wieder umziehen. Anthony Sampson sagt über ihn, er »schien in kein Land oder an keinen Ort zu gehören.«[41]

Bevor er 30 Jahre alt war, hatte Nobel es geschafft, Nitroglycerin zur Explosion zu bringen, und schon bald baute er mit seinem Bruder Emil eine kleine Sprengstoffabrik. Eines Tages kam es per Zufall zu einer Explosion, bei der fünf Männer, darunter auch Emil, getötet wurden. Alfred wurde für alle Zeit von der Erinnerung an dieses schwere Unglück verfolgt, und auch sein Vater erholte sich nie davon, aber sein leidenschaftliches Interesse an Sprengstoff blieb bestehen. Innerhalb von fünf Jahren hatte Nobel einen Weg entdeckt, um Nitroglycerin, eine tödlich instabile Substanz, mit einer Art Ton zu mischen und dadurch einen sicheren Umgang damit zu ermöglichen. Diese neue Mischung wurde unter dem Namen Dynamit bekannt, eine Erfindung, die sehr viel Geld einbrachte. Später entdeckte er eine Form von Kordit, und im Alter von 60 Jahren kaufte er eine schwedische Waffenfirma, Bofors, auf. Jedoch war sein Interesse an Explosionen, wie er gern ausführte, im wesentlichen unpersönlich: »Es sind ziemlich höllische Dinge, an denen wir arbeiten, aber sie sind als rein theoretische Probleme so interessant, so vollständig technisch, und so bar aller finanzieller und kommerzieller Erwägungen, daß sie doppelt faszinierend sind.«[42]

Als Geschäftsmann erwies sich Nobel als erbittert streitsüchtiger Mann; er reiste durch die Welt, um seine Patente zu verteidigen, und erreichte eine Monopolstellung, vergleichbar der von John D. Rockefellers Standard Oil. Trotz der Energie, die er als Erfinder und Industrieller bewies, hatte er ein melancholisches Temperament. Er litt unter Migräne und betrachtete Frauen mit Mißtrauen (das »schöne, aber gewöhnlich abstoßende Geschlecht«); Hunde waren ihm lieber. Als Person wirkte er verwirrend, er bewegte sich unkoordiniert mit winzigen Schritten und seine Gesprächsführung war unzusammenhängend und häufig makaber: »Ohne Ruder oder Kompaß«, so sagte er einmal von sich selbst, »ein Wrack auf dem Meer des Lebens«. Trotz seines ein Leben lang anhaltenden intensiven Interesses am Sprengstoff, war Nobel ein Verfechter des Pazifismus und sah sich selbst als politischen Reformer, sogar als Bolschewisten. Er schrieb auch Gedichte im Stile Shelleys. In seinen späteren Jahren, so behauptet Sampson, war das »Selbstmordinstitut« einer seiner Lieblingspläne: ein Anwesen an der Riviera mit einer wunderschönen Aussicht und einem erstklassigen Orchester, wo zukünftige Selbstmörder ihr Leben in Würde und Stil beenden könnten (eine Erfindung, die auf ihre Art so technisch war wie die Experimente mit Nitroglycerin).

Reinheit und Verunreinigung

Man könnte annehmen, daß dann, wenn Wissenschaftler ihre allerpersönlichsten Gefühle auf ihre Arbeit richten, sich folgende Tendenz abzeichnet: Je weiter man sich im akademischen Spektrum von den Künsten hin zur reinen Wissenschaft bewegt, desto gelassener wird das nach außen gezeigte Verhalten der entsprechenden Personen sein. Tatsächlich ist es jedoch so, daß einige der bittersten – und *persönlichsten* – Fehden, deren Zeuge die akademische Welt geworden ist, unter den Reinsten der Reinen ausgetragen wurden: unter theoretischen Naturwissenschaftlern und Mathematikern.

In einem berühmten Streit, der die akademische Arbeit des *Princeton Institute for Advanced Study* in den 70er Jahren schwer beeinträchtigte, kämpften berühmte Mathematiker wie Andre Weil, Bruder der französischen Mystikerin Simone Weil, gegen den Institutsdirektor Carl Kaysen, einen Wirtschaftswissenschaftler. Es ging um Kaysens Entschluß, die Arbeit des Instituts im Bereich der Sozialwissenschaften besonders zu intensivieren und, mit diesem Ziel im Auge, einen Soziologen aus Kalifornien, Robert Bellah, als Mitglied des Lehrkörpers anzuwerben. So wie es bei den etwa gleichzeitig stattfindenden Streitereien um die psychologischen Erkenntnisse über Rasse und IQ der Fall war, trug diese außergewöhnlich bittere Auseinandersetzung alle äußeren Anzeichen eines politischen Streits: Orthodoxe Gelehrte unterliefen die Bemühungen eines brillanten und weltklugen, aber schroffen und abweisenden neuen Direktors, der darauf aus war, sich durchzusetzen – ihr Schlachtfeld war die Legitimität der modernen, »sanften« Soziologie.[43]

Aber schon von Anfang an war für das Institut ein ungewöhnliches Maß persönlicher Feindseligkeit und politischen Streits charakteristisch gewesen. Entstanden in den frühen 30er Jahren, war es ursprünglich dem Streben nach wissenschaftlicher Objektivität geweiht worden. Nach den Worten seines dritten Direktors, Robert Oppenheimer, war das Institut ein »intellektuelles Hotel, der Wahrung des Guten gewidmet, von dem die Menschen leben«, und es wurde zur Heimat für einige der größten theoretischen Naturwissenschaftler, Mathematiker und Logiker der Welt, unter ihnen Einstein, von Neumann und Gödel. Einige, wie Gödel, lebten in einer Welt, in der Logik und Mystizismus miteinander verschmolzen; Gödel hatte die besondere Fähigkeit, Unlogik in Argumenten zu entdecken, von denen bislang jedermann angenommen hatte, daß sie hieb- und stichfest seien. Als junger Mann hatte er demonstriert, daß die Mathematik, im Gegensatz zu den Ansichten, die von Russell und Whitehead in *Principia Mathematica* geäußert worden waren, nicht von einer Handvoll Axiomen abgeleitet werden kann, deren Wahrheit auf der Hand liegt. Diese Einsicht stellte die mechanistische Sichtweise der Mathematik auf den Kopf und implizit dann auch alle anderen Aspekte der Funktionsweise des Geistes. Mitte der 70er Jahre, kurz vor seiner Pensionierung, wurde Gödel am Institut von Besuchern als eine Art Gott verehrt; als ein Mann, der Zugang zu Bereichen des Wissens hatte, die niederen Sterblichen verwehrt blieben. Mit ihm gesprochen zu haben – und sei es nur über Leibniz – bedeutete eine Art übernatürliches Erlebnis. (Als Person war Gödel hypochondrisch, weltscheu, depressiv. Verblüffenderweise hatte er in seinen frühen Dreißigern eine Nachtclubtänzerin geheiratet. Obwohl die Ehe kinderlos blieb, sollte sie bis zu seinem Tod vierzig Jahre später halten. Als er älter wurde, entwickelte er immer stärker die fixe Idee, daß sein Essen vergiftet sei, und als seine Frau sich einer Operation unterziehen und eine Zeitlang in einem Sanatorium bleiben mußte, hungerte er sich allmählich zu Tode.)[44]

Während das Institut brillante Theoretiker wie Gödel für sich gewann, war die Rekrutierung von Repräsentanten unordentlicherer Disziplinen wie der Wirtschaftswissenschaften, der Politologie und der Humanwissenschaften schwieriger. Die ersten beiden Direktoren des Instituts, Abraham Flexner und Frank Aydelotte, mußten erfahren, daß Mathematiker und theoretische Naturwissenschaftler nicht gewillt waren, Vertreter dieser akademischen Disziplinen als Kollegen zu akzeptieren. Der dritte Direktor, Oppenheimer, Vater der Atombombe und Direktor des Atomforschungslaboratoriums von Los Alamos, war eine sehr viel imposantere Persönlichkeit, aber auch er erntete bei Neueinstellungen extreme und prinzipiellen Widerspruch von Seiten von Neumanns und anderer Mathematiker, die ihn beschuldigten, das Institut mit imponierenden, aber unproduktiven Generalisten bevölkern zu wollen.

Kaysen wurde der Nachfolger Oppenheimers, ein Mann von Mitte Vierzig, auf der Höhe seiner Macht, einer der Harvard-Absolventen, die der Kennedy-Administration ihren Glanz von Intellektualität verliehen hatten. Während andere Regierungsmitglieder mit der Kubakrise beschäftigt waren, war Kaysen eine Weile lang »Vizepräsident für den Rest der Welt«. Als er von Washington nach Harvard zurückkehrte, wurde Kaysen Professor der politischen Ökonomie. Er betrieb angewandte Forschungen, z.B. über die Anti-Trust-Politik, was im Institut gegen ihn verwandt wurde. Auf der anderen Seite hat John Galbraith, sein Kollege in der wirtschaftswissenschaftlichen Fakultät, Kaysen angeblich als »den bestinformiertesten Mann, den ich jemals kennengelernt habe«[45], charakterisiert.

Trotz seines politischen Scharfsinns geriet sich Kaysen mit den akademischen Angestellten des Instituts in die Haare und nahm seinen Abschied. Man könnte zur Erklärung für diese raschen Wechsel anführen, daß Flexner als der Gründer und erste Direktor zwangsläufig in Schwierigkeiten geraten würde, daß Oppenheimer seine beste Zeit schon hinter sich hatte und daß Kaysen jämmerlich schlecht beraten war, seinen widerstrebenden Kollegen ausgerechnet Bellah als Sozialwissenschaftler zu präsentieren, dessen Arbeit nicht nur die Mathematiker des Instituts, sondern auch die Historiker vor den Kopf stieß. Es ist auch wahr, daß die Treuhänder des Instituts zwei Direktoren, nämlich Oppenheimer und Kaysen, ernannt hatten, deren hervorragende Leistungen in der Anwendung von Wissen im Widerspruch zu den erklärten Zielen des Instituts stand. Und auf der anderen Seite ist es wahr, daß die permanente Belegschaft des Instituts, vom Standpunkt eines Direktors aus, eine Gruppe war, mit der kein vernünftiger Umgang möglich war. Vielen war, auf Grund bemerkenswerter Leistungen, eine lebenslange Anstellung gewährt worden, aber sie befanden sich jetzt, da ihre beste Arbeit getan war, in einem Wellental der Erschöpfung.

Vor dem Hintergrund dieser Vorbehalte heißt das zugleich, daß niemand das Institut in seinen Aufbaujahren hätte leiten können, oder deutlicher gesagt niemand, der nicht willig gewesen wäre, sich der Feindseligkeit hervorragender Mathematiker und theoretischer Naturwissenschaftler gegenüber Gelehrten zu beugen, deren Arbeit weniger rein war als ihre eigene. In seinem eigenen Bereich hatte John von Neumann den ersten elektronischen Digitalcomputer entwickelt, eine Leistung, in Anbetracht derer das Institut sich bis zum heutigen Tag in sehr bezeichnender Weise unbehaglich fühlt. Dieses Unbehagen ist wohl der ersten Anwendung des Computers zuzuschreiben: der Berechnung der thermonuklearen Folgen der ersten H-Bomben-Explosion, zu jener Zeit die umfangreichste Berechnung, die jemals gemacht worden war. Alles deutet jedoch darauf hin, daß die wirkliche Quelle des Mißbehagens symbolischer Natur ist. Von Neumann und seine Mannschaft hatten die Reinheit des Instituts mit einer *Maschine* aus Schrauben und Muttern, aus Winkeleisen und Metallblech verunreinigt, die »oben einen Stapelspeicher (hatte), einen Rauchkanal und einen Auspuff, in den die Hitze all der glühenden Fasern und Vakuumröhren in ihrem Innern entweichen kann«.[46] Der Ort, an dem diese bemerkenswerte Leistung vollbracht wurde, wird bis heute in keiner Weise in Ehren gehalten, er wird vielmehr als Büromateriallager benutzt.

Die Wunde nährt nicht nur die männliche Imagination, so zeigen diese Kämpfe, sondern sie engt sie auch ein. Denn obwohl die Formen des wissenschaftlichen und philosophischen Denkens oberflächlich verschieden sind, sind die dahinterstehenden Interessen und Themen ähnlich. Der »männliche« Mann fühlt sich offensichtlich zu den Dramen der Reinheit und der Reinigung, der Kraft und der Durchdringung der Mysterien hingezogen. Dabei ergibt sich unweigerlich eine Beschäftigung mit der Idee der Ordnung, der Strukturen und Grenzen, die definieren und beschränken. Im speziellen scheinen, besonders dann, wenn der Mensch das eigentliche Thema ist, die Prozesse der männlichen Imagination immer wieder auf Dualitäten und Spaltungen zu beruhen und auf der Aufgabe, diese durch die Macht des Verstandes zu überbrücken.

Kapitel 7
Männliche Laster

Wir wenden uns jetzt von den Verhaltensmustern ab, die Männer in der Öffentlichkeit an den Tag legen, und richten unsere Aufmerksamkeit auf den dunkleren Bereich des Privatlebens. Es bleibt auch dort derselbe Eindruck von kontrollierten Handlungen und Getrieben-Sein. Wenn unsere Annahme über die Wunde korrekt ist, dann *muß* der erwachsene heterosexuelle Mann das intim Persönliche – und noch spezifischer das intim Sexuelle – mit gemischten Gefühlen betrachten. Auf der einen Seite bietet ihm dieser Bereich die Möglichkeit, auf magische Weise die intim symbiotische Tröstung wiederzuerlangen, auf der anderen Seite steht er für eine Rückkehr in einen Zustand der Verwundbarkeit. Entweder hält der Mann sich von intimer Erfahrung fern und behandelt die Menschen, die er begehrt, als Objekte, oder er überläßt sich dieser Erfahrung und setzt sich dabei Angst und sogar psychischer Vernichtung aus. Im ersten Fall ist er kein vollständiger Mensch, mehr ein Apparat zum Zwecke der Kopulation. Im zweiten ist er, wie ein Gehirn ohne schützenden Schädel, unerträglichen Extremen psychischer Lust und psychischen Schmerzes ausgesetzt. Im ersten Fall behält er sein Gefühl der individuellen Handlungsfreiheit und sieht sich als Instrument, wobei er intensive, aber begrenzbare Entladungen seiner Lust sucht. Im zweiten Fall wird er einen Zusammenbruch der individuellen Handlungsfreiheit erfahren und das Bedürfnis verspüren, das Ganze hinterher wieder in Ordnung zu bringen, sich selbst wieder zu reorganisieren als jemanden, der Grenzen aufrechtzuerhalten hat und der ein Leben voller Bedrohungen und Herausforderungen ertragen muß.[1]

Der Mann, von seiner Quelle primitiver Tröstung getrennt, zum Handeln bereit und mit großer Imaginationskraft ausgestattet, wird auch auf Wegen, die für die Frau kaum von Bedeutung sind, nach Weiterentwicklungen und Verlagerungen des sexuellen Appetits suchen. Bei ihm ist es eher als bei ihr wahrscheinlich, daß er seine Sehnsucht nach einer Person auf einen Teil jener Person oder auf ein Objekt verlagert; er wird solche Sehnsüchte wahrscheinlich tatsächlich ausagieren, anstatt nur in Phantasien darüber zu schwelgen. Insofern als der Mann feststellt, daß eine von ihm gewählte Form sexueller Unternehmungen ihn zunehmend von primitiver Tröstung abschneidet, wird er wahrscheinlich in sein Verhalten auch frauenfeindliche Ressentiments oder Haß einfließen lassen. Vielleicht wird er gewalttätig oder promiskuitiv. Möglicherweise wird er auch pervers.

Die Wunde führt uns, mit anderen Worten, dahin, eine funktionale Entsprechung zwischen bestimmten Akten willkürlicher Gewalt, sexueller Promiskuität und der Perversion zu erwarten. Alle drei sind Ausdruck derselben Neigung: der Tendenz des Mannes, sich, wenn er von starken Gefühlen ergriffen ist, Menschen als emotional aufgeladene Phantasieprodukte zu denken. Wir werden hier deshalb auf die Verbindungen zwischen Männlichkeit und solchen Formen des sexuellen Verhaltens schauen, die auf verschiedene Weisen anomal sind. So werden wir (in Form eines Diagramms) das Fundament der Brücke legen, die uns im nächsten Kapitel in den Bereich der Kunst hinübertragen wird.

Sexuelles Verbrechen

Was kriminelles Verhalten anbetrifft, so werden unsere Voraussagen vom Faktenmaterial bestätigt. Die Zahl von Männern, die an englischen Gerichtshöfen wegen sexueller Delikte verurteilt wurden, ist 30 bis 40 mal höher als die von Frauen.[2] Der Mann wird mit sehr viel höherer Wahrscheinlichkeit als die Frau sexuell anomales Verhalten an den Tag legen, insbesondere solches, das einen Rechtsbruch bedeutet: Vergewaltigung, Belästigung von Kindern in Bussen, obszöne Telefonanrufe, exhibitionistische Akte, Brandstiftung, um sich Orgasmen zu verschaffen, Geschlechtsverkehr mit Leichen und so fort. An Hand der relevanten Literatur hat Bancroft gezeigt, daß in fast allen Fällen von Vergewaltigung und sexueller Gewalt der Täter ein Mann ist; nur 0,2% der sexuellen Angriffe auf Frauen in Großbritannien haben homosexuellen Charakter, d.h. die Angreifer waren andere Frauen.[3] Aus anatomischen Gründen ist es für eine Frau nicht möglich, mit einem Mann Geschlechtsverkehr zu haben, der dazu nicht bereit ist. Aber wenn man einmal voraussetzt, daß einige Frauen körperlich stärker sind als viele Männer und daß Gruppen solcher

147

Frauen einen Mann sehr leicht überwältigen und entführen könnten, dann sollte man doch eine beträchtliche Anzahl sexueller Überfälle von Frauen auf Männer erwarten können. Ob sie nun allerdings als Einzelpersonen oder in Gruppen agieren: Frauen greifen Männer sexuell nur in sehr seltenen Fällen an. Bancroft führt einen amerikanischen Prozeß an, in dem ein homosexueller Mann angeklagt war, eine Frau getötet zu haben, die, so behauptete er, ihn vergewaltigt hatte. Dies mag jedoch sehr wohl ein Beispiel für einen erzwungenen Geschlechtsverkehr zwischen einer heterosexuellen Frau und einem Mann, der im Grunde bisexuell war, gewesen sein – ein Akt, mit dem der Mann zu dem betreffenden Zeitpunkt insgeheim einverstanden war. Auf jeden Fall gehören solche Fälle zu dem bizarren Randbereich der amerikanischen Rechtsprechung.

Bancroft bemerkt auch, daß in Fällen von Inzest gewöhnlich die Männer die Schuldigen sind. In den zwölf Monaten der Erhebung waren die meisten der Männer, die an britischen Gerichtshöfen verurteilt wurden, Väter (und Stiefväter), die sexuelle Beziehungen zu ihren Töchtern hatten (72%), oder Brüder, die sexuelle Beziehungen zu ihren Schwestern hatten (24%). Was den Rest anbetraf, so waren 3% Fälle von sexuellen Beziehungen zwischen Müttern und ihren erwachsenen Söhnen, 1% von sexuellen Beziehungen zwischen Großvater und Enkeltochter. Insgesamt wurden 124 Männer wegen Inzest verurteilt und nur 5 Frauen. In keinem Fall wurde eine Mutter wegen sexueller Beziehungen mit ihrem minderjährigen Sohn verurteilt. Zwar ist die Einstellung einiger Mütter zu ihren Söhnen gewiß außerordentlich erotisch gefärbt, aber es sind dennoch typischerweise Männer, nicht Frauen, die Inzesttabus durchbrechen.

Die Familie ist der Schauplatz nicht nur für Inzest, sondern auch für einen beträchtlichen Prozentsatz tödlicher Gewalt. Vor kurzem haben Black und Kaplan auf die hohe Zahl von Morden hingewiesen, die Männer an ihren gegenwärtigen oder früheren Ehefrauen oder Geliebten begangen haben.[4] Die Statistiken zeigen, daß von den 234 weiblichen Mordopfern in England und Wales im Jahre 1989 48% von ihrem Ehemann oder Liebhaber getötet wurden. Weitere 17% der Morde fanden innerhalb der Familie statt, und noch weitere 16% wurden von Menschen begangen, die dem Opfer bekannt waren.[5] Mit anderen Worten tritt in vier von fünf Fällen – und die Statistiker räumen ein, daß dies noch zu gering geschätzt sein könnte –, in denen eine Frau ermordet wird, das Ereignis nicht aus heiterem Himmel ein, sondern es findet innerhalb eines Gewebes persönlicher Beziehungen statt.

Intime Gewalt

Die Statistiken machen deutlich, daß die Ursprünge solcher Gewalt im Persönlichen liegen, aber sie können nicht die Dynamik des Übergangs von einem Bereich des leidenschaftlichen Engagements zum anderen erhellen. Zu diesem Zweck sind Fallgeschichten oder detaillierte Rekonstruktionen des Lebens von Kriminellen unerläßlich. Nur an Hand präziser Details kann man einigermaßen erfassen, wie die entsprechenden Verlagerungen eintreten.

In *Gnadenlos* erzählt Norman Mailer das Leben des Mörders Gary Gilmore nach und beschreibt dabei detailliert die Schritte, die dahin führten, daß dessen Gewalttätigkeit zum Ausbruch kam.[6] Gilmore wird häufig als Psychopath abgetan, und die beiden Morde, die er begangen hat, werden als völlig sinnlos dargestellt. Aber Gilmore allein in diesem Licht zu betrachten, bedeutet, die Beziehung von Leidenschaft und Gewalt und die Umstände, die zu einem emotionalen Übergang führen, zu übersehen. Während die beiden Killer in Capotes *Kaltblütig*[7], Dick Hickock und Perry Smith, als Untermenschen erscheinen, macht Gilmore in Mailers Buch den Eindruck eines völlig menschlichen, aber in irgendeiner Hinsicht geschädigten Wesens. Die widersprüchlichen Facetten seines Charakters schienen im Rahmen der Norm zu liegen, aber die Dämpfer, die in der Charakterstruktur eines normalen Mannes für den Ausgleich sorgen, waren bei Gilmore schwach oder sie fehlten ganz. Er war zudem außerordentlich intelligent.[8]

Als Gilmore 1976 aus dem Gefängnis entlassen wurde, war er ein kleiner Gauner in den frühen Dreißigern, der gerade eine zwölfeinhalbjährige Strafe für bewaffneten Raub abgesessen hatte. Er war der Sohn eines Betrügers, der unter verschiedenen Namen reiste und enge Verbindungen zum Showbusiness unterhielt. Gilmore hatte einen beträchtlichen Teil seines Lebens hinter Gittern verbracht. Mit Hilfe von Verwandten fand der frisch Entlassene einen anspruchslosen Job, aber sehr bald ergriffen ihn zwei Leidenschaften. Eine galt einem weißen Lastwagen: Er war frisch gestrichen, hatte 100 000 Meilen auf dem Tachometer und kostete 1700 Dollar, eine Summe, die Gilmore nicht hatte und nur stehlen konnte, da er zu jener Zeit einen Anstreicher-Job hatte. Zum zweiten war er leidenschaftlich verliebt in sein »Elflein«, Nicole Baker, eine junge Frau, die am Rande der Gesellschaft lebte, hoffnungslos promiskuitiv war, aber auf ihre Weise ein Mensch mit Prinzipien. Sie erwiderte seine Liebe, aber die beiden waren fortwährend in üble Streitereien verwickelt, und sie entzog sich ihm, weil sie Angst hatte vor der Gewalt, zu der er, wie sie spürte, fähig war.

An einem drückend heißen Hochsommertag bekam Gilmore den weißen Lastwagen schließlich doch; man gab ihm 48 Stunden, um die erste Ratenzahlung von 400 Dollar aufzutreiben. Mit Nicoles geistesgestörter jüngerer Schwester April als Beifahrerin machte Gilmore sich auf, um nach Nicole und nach 400 Dollar Ausschau zu halten. Anscheinend aufs Geratewohl betrat er sodann eine Tankstelle, bedrohte den Tankwart mit einer Pistole, zwang ihn, sich auf den Boden der Toilette zu legen und schoß ihm zweimal aus der Nähe in den Kopf. Die Hostentaschen voller Dollarnoten und ein wenig Wechselgeld in der Hand schlenderte er dann zum Lastwagen, stieg ein und brauste davon.

Am nächsten Tag hatte Gilmore einen Termin für die wöchentliche Sitzung mit seinem Bewährungshelfer. Zum ersten Mal schien er sich zu öffnen: Er wolle das Trinken aufgeben, weil das helfen könnte, Nicole zurückzugewinnen, und er habe Schwierigkeiten in der Liebe. Endlich, so meinte sein Bewährungshelfer zu spüren, waren Fortschritte erkennbar. An jenem Abend ließ Gilmore seinen Lastwagen in einer Werkstatt am Ort zurück, beklagte sich über Schwierigkeiten beim Starten des Fahrzeugs, begab sich ins City Center Motel, erschoß den Manager und machte sich, die Pistole in einer, die Bargeld-Kasse in der anderen Hand, davon. Als die Polizei ihn eingeholt hatte, hatte er schon fast Nicoles Elternhaus erreicht, wo seine Geliebte mit ihren beiden Kindern die Nacht verbrachte. Als man ihn sehr viel später befragte, machte er den Eindruck, die Wahrheit zu sprechen. »Ich tötete Jenkins und Bushnell«, sagte er, »weil ich Nicole nicht umbringen wollte.«[9]

Ein Teil der Schwierigkeiten zwischen Gilmore und Nicole Baker lag im sexuellen Bereich. In körperlicher Hinsicht war ihre Beziehung kein Erfolg. Was noch bedeutsamer war: Nicole war promiskuitiv, Gilmore war es nicht. Mailers Erzählung macht deutlich, daß die Gründe nicht in übermäßiger sexueller Energie ihrerseits und einer Schwäche seinerseits lagen (während er im Gefängnis saß, masturbierte Gilmore unablässig). Was Nicole vielmehr bei anderen Männern, wie flüchtig auch immer, suchte, war Sicherheit, körperliche Intimität. Was Gilmore auf der anderen Seite bei Nicole suchte, war erotisierter Besitz, ein leidenschaftliches Bedürfnis das ihn, wenn es frustriert wurde, zu ungezielten Ausbrüchen von Gewalt trieb. Während der Zeit der Untersuchungshaft, des Prozesses und der bizarren Folge von Ereignissen, die in seiner Hinrichtung durch Erschießen ihren Höhepunkt fanden, hielt Nicole unerschütterlich zu Gilmore. Eine Flut von Liebesbriefen strömte zwischen ihnen hin und her, sehr viel drastischer formuliert von seiner Seite, offensichtlich sehr viel stärker von Herzen empfunden von ihrer. Im Laufe dieser Korrespondenz wurde die Frage ihrer Untreue ausdrücklich angeschnitten. Einmal schrieb sie an Gilmore: »Es ist eine so häßliche Sache. Ich habe soviel Zeit damit verbracht, mich entweder zu betrinken oder mich ficken zu lassen.« In seinem Antwortbrief springt dem Leser die Gewalttätigkeit geradezu ins Gesicht:

»Baby, der Aufseher hat mir gerade Deinen Brief gebracht. Du schreibst mir immer wieder davon, daß Du's immer wieder treibst und treibst und treibst. Jeder fickt Nicole. Jeder. Jeder nimmt sie per Anhalter mit oder kommt drei- bis viermal pro Woche zu ihr, nur weil sie so schön ist, nur weil er ein Freund ist, nur weil sie Gesellschaft braucht, er muß sie nicht einmal kennen, er sitzt einfach da und hört zu, wie sie davon redet, wie sehr sie Hans liebt, dann fickt er sie. Gottverdammter Sohn einer verdammten Hündin ... Wenn Du so gottverdammt viel Mitleid mit jemandem hast, daß Du's mit ihm treibst, dann wirst Du's mit ihm treiben – Christus, verdammte, gottverdammte Scheiße. Baby Jesus Christus, hilf mir zu verstehen ...«[10]

Vier Tage später ist er ruhiger, aber durchaus nicht in einer Stimmung, die Vertrauen erweckt. Noch später wird er ekstatisch, aber dies wirkt ebenfalls wenig vertrauenerweckend. Wie Mailer schreibt, fleht Gilmore in seinem Brief »Elflein, wie kannst du mir das antun?« Aber dann, zu Anfang der nächsten Seite, »stand dort in riesigen Blockbuchstaben«, als hätte ihn gerade »eine schreckliche Wut gepackt: ARSCH und SCHEISSE und PISSE«.[11] Ein Hauch von Berechnung klingt in diesen Briefen an Nicole durch, genau wie bei so vielem anderen, was Gilmore sagte und schrieb. Er ist zweifellos leidenschaftlich verliebt, aber zugleich intelligent und wachsam, und er versucht, seine Geliebte gnadenlos und unablässig zu manipulieren.

Eine dieser Manipulationen war ein Selbstmordpakt mit ihr. Sie versuchte, ihren Teil des Vertrags zu erfüllen, indem sie eine Überdosis Seconal schluckte und sich ins Bett legte, um mit einem Bild von Gilmore unter dem Kopfkissen zu sterben. Er allerdings hielt sein Versprechen nicht. Während Nicole in einer Stimmung des erschöpften Sich-Aufgebens dem Tod ins Auge gesehen hatte, blieb für Gilmore die Beziehung zum Tod und zur »anderen Seite« eine des Willens: »Wie bei allem anderen im Leben mußt *Du* die Kontrolle behalten«.[12]

Promiskuität

Männer machen nirgends mehr als in ihrer Promiskuität andere Menschen zum Objekt. Vor 40 Jahren bemerkte Kinsey, daß selbst die promiskuitivsten Frauen nur selten so viele Sexualpartner hatten wie einige Männer. Er bemerkte auch, daß die Promiskuität der Männer bei Homosexuellen ganz besonders ausgeprägt war. Von seinen homosexuellen Männern berichteten 8%, daß sie mehr als 100 Sexualpartner gehabt hätten, eine Zahl, die nur wenige seiner heterosexuellen Männer und keine seiner weiblichen Homosexuellen erreichte.[13] Wie Roger Brown ausführte, ist der Vergleich zwischen männlichen und weiblichen Homosexuellen in dieser Hinsicht ganz besonders erhellend, weil Heterosexuelle beiderlei Geschlechts möglicherweise ihre eigenen Wünsche auf die Bedürfnisse der Menschen, die sie begehren, einstellen.[14]

Die Untersuchung von Bell und Weinberg über männliche und weibliche Homosexuelle, die etwa 25 Jahre später ebenfalls vom Institute of Sex Research veröffentlicht wurde, deutete auf eine massive Zunahme der Promiskuität unter Männern hin, wobei diese Veränderungen möglicherweise ein Teilaspekt einer größeren Verschiebung hin zu sexueller Permissivität waren, die Homosexuelle und Heterosexuelle gleichermaßen beeinflußte.[15] Bell und Weinberg berichten, daß von 574 weißen homosexuellen Männern aus dem Bereich von San Franciso 15% behauptet hätten, zwischen 500 und 999 Sexualpartner gehabt zu haben. 28% nannten eine Zahl von 1000 oder mehr Partnern. Nur 1% erklärte, vier oder noch weniger Partner gehabt zu haben, drei Viertel nannten eine Zahl von mindestens 100 Partnern. Die Zahlen bei den Frauen sehen völlig anders aus. Nur 2% von 227 weißen weiblichen Homosexuellen berichteten, mindestens 100 Partnerinnen gehabt zu haben. Während die übliche Antwort von Männern meist lautete »1000 oder mehr«, war die übliche Antwort von Frauen »zwischen fünf und neun«.[16]

Wir müssen in Anbetracht dieser Zahlen sehr klar differenzieren. Zunächst einmal ist zwischen Promiskuität und Satyriasis – zwischen dem Bedürfnis, möglichst viele sexuelle Beziehungen mit Fremden einzugehen, und einem sehr großen sexuellen Appetit – zu unterscheiden. Von Bells und Weinbergs weißen männlichen Homosexuellen berichteten nur 4% von mindestens einem sexuellen Kontakt pro Tag. Vier von fünf erzählten aber, daß zumindest die Hälfte ihrer Partner Fremde gewesen seien, und sieben von zehn sagten, daß sie mit mehr als der Hälfte ihrer Partner nur ein einziges Mal sexuellen Kontakt gehabt hatten. Nur 1% berichtete, nie-

152

mals einen Fremden als Partner gehabt zu haben, und ebenso berichtete nur 1%, niemals mit einem Partner nur einen einzigen sexuellen Kontakt gehabt zu haben. Die Zahlen für weiße weibliche Homosexuelle waren 62% bzw. 38%. In der Psychologie sind solche markanten Unterschiede durchaus nicht häufig, und ihre Signifikanz ist klar. Bei den Männern (aber nicht bei den Frauen), die Bell und Weinberg in ihrer Studie untersuchten, war es nicht die sexuelle Energie *per se*, die als treibende Kraft wirkte, sondern eine erotische Idee: Die Vorstellung von Sex in Verbindung mit dem Nicht-Vertrauten.

Ebenfalls damit in Zusammenhang steht die Unterscheidung zwischen Promiskuität und Anonymität – dem Bedürfnis, nicht zu wissen, wer der jeweilige Sexualpartner ist. Bell und Weinberg sammelten ethnographisches Material ebenso wie Statistiken. Sowohl Promiskuität als auch Anonymität, darauf weist ihr Material hin, wurden durch die Sitten der Bay Area in den 70er Jahren erleichtert. Ein Ethnograph berichtet: »Als ich die Herrentoilette des X-Theaters betrat, sah ich fünf Männer mittleren Alters im Gang stehen. Ein Mann hatte seine Hosen heruntergelassen, während ein anderer an ihm Fellatio betrieb und ein dritter anal in ihn eindrang. Zwei Männer lehnten gegen die Wand und masturbierten. Man sagte mir, ich solle mich anstellen.«[17] Bell und Weinberg erwähnen auch, ebenso wie Bancroft, Löcher, die in die Zwischenwände von Toilettenzellen gebohrt werden und es ermöglichen, daß der Penis des einen Mannes vom Mann auf der anderen Seite völlig anonym in den Mund genommen wird. »*Glory holes*« nennen Bell und Weinberg diese Löcher, und sie berichten, daß sie in Marmor, Plastik, Metall und Milchglas geschnitten wurden. In einigen Fällen mußte diese Arbeit Wochen in Anspruch genommen haben.

Eine solche Trennung des Sexuellen vom Persönlichen ist bei allen Männern, homosexuellen ebenso wie heterosexuellen, ein Bedürfnis, das durch die Wunde verursacht wird. Möglicherweise haben solche Praktiken, obwohl sie schmutzig sein mögen, eine prophylaktische Funktion; es werden dadurch Spannungen abgebaut, die andernfalls zerstörerisch wirken würden. Dadurch kann der Einzelne seine imaginativen Energien in andere Richtungen lenken – der Romancier Georges Simenon ist dafür ein berühmtes Beispiel.

Insgesamt schrieb Simenon zwischen 400 und 500 Romane, in der Mehrzahl psychologische Thriller, in denen die dunkleren Bereiche der menschlichen Natur ausgelotet werden. Simenon schrieb jedes seiner Bücher in einer anhaltenden Periode kreativer Anstrengung, die zwischen einer und zwei Wochen dauerte. »Gnadenzustände« nannte er diese Zeiten; es waren Phasen nervöser Anspannung, die so intensiv waren, daß er sich häufig erbrechen mußte und gewöhnlich beträchtlich an Gewicht verlor.[18] Nach allem, was man über ihn weiß, war Simenon ein sehr unruhiger Mann, ein Phantast und ein Schürzenjäger; im sexuellen Bereich, so behauptete er, seien seine Bedürfnisse einfach zwingend.[19] In seinen reiferen Jahren sagte er in einer Diskussion mit dem italienischen Regisseur Federico Fellini, er habe sexuelle Beziehungen zu »10 000 Frauen« gehabt, eine Zahl, die er später auf »Zehntausende« erhöhte. Simenons außerordentliche Leistungen als Schriftsteller können also sehr gut mit der Stärke seiner psychologischen Abwehrmechanismen zu tun gehabt haben, durch die das sexuelle Begehren vom Rest seiner Erfahrung abgespalten und nur auf sehr willkürliche Weise ausgedrückt wurde. Es liegt auf der Hand, daß die Darstellungen seiner eigenen Potenz, entsprechend dem von Mailer geprägten Begriff, »Faktoiden« waren, Erfindungen, die dazu gedacht waren, die Gefühle einer nicht sichtbaren Zuhörerschaft zu manipulieren.[20] Simenons Berichte über seine sexuelle Energie sind durchaus nicht von seiner Karriere als Verfasser überzeugend lebensnaher Erzählungen zu trennen, sondern sie sind ein integraler Bestandteil jener Karriere. Selbst wenn seine »Faktoiden« nur entfernt den Tatsachen entsprechen, dient Simenon noch immer als ein Beispiel – allerdings als ein sehr düsteres – für die häufig in den schönen Künsten ebenso wie in der Wissenschaft zu beobachtende Diskrepanz zwischen der Gewähltheit des Ausdrucks innerhalb des Mediums und einer außerordentlich kruden Verhaltensweise außerhalb dieses Bereichs.

Zwar hat der Gedanke, daß sexuelle Promiskuität und Anonymität eine ausgleichende Funktion haben können, an sich nichts Schändliches, dennoch bleibt das deutliche Gefühl, daß irgend etwas fehlt, daß etwas verkehrt ist mit einem Mann, der es nötig hat, von einem Fremden, den er nicht sieht, auf der anderen Seite eines jener *»glory holes«* befriedigt zu werden. Die imaginativen Energien, die ein solches Unternehmen vorantreiben, scheinen aktiv – man möchte fast sagen kreativ – verkrüppelt oder verzerrt. Diesen interpretativen Schritt zu machen, bedeutet jedoch, sich in den Kernbereich einer der umkämpftesten Zonen der Psychologie zu begeben. In diesem Bereich sind bestimmte Fakten bekannt und meistenteils unumstritten. Strittig ist ihre Bedeutung.

Die Liste sexueller Perversionen ist lang und betrüblich. Zumindest im öffentlichen Bereich wird auch sie von Männern dominiert. Unter den Pädophilen sind die Übeltäter immer oder fast immer Männer; ebenso verhält es sich mit den Exhibitionisten und Spannern – Vergehen in diesem Bereich sind bei Frauen so selten, daß Bancroft es in seiner Übersicht versäumt, sie ausdrücklich zu erwähnen. Im Fall der Exhibitionisten vertritt Rosen eine unzweideutige Ansicht: »Die Perversion des genitalen Exhibitionismus«, so behauptet er, »tritt bei Frauen nicht auf«.[21] Ähnlich wie bei sexuellen Angriffen gibt es keinen physiologischen Grund, warum Frauen nicht Kinder belästigen sollten, warum sie ihre Genitalien nicht ahnungslosen Mitmenschen zeigen oder in Schlafzimmerfenster hineinspähen sollten. Die Statistiken machen jedoch deutlich, daß es zwar durchaus Orte geben mag, an denen Frauen solche Bedürfnisse in einer sozial akzeptierten Weise befriedigen können, daß das Ausleben dieser Bedürfnisse in krimineller Form jedoch völlig oder fast völlig den Männern vorbehalten ist. Ein von Bancroft zitiertes Detail aus einem anderen sexuellen Randbereich macht die Qualität des Unterschieds deutlich. Sowohl Männer als auch Frauen ziehen die Kleidung des jeweils anderen Geschlechts an. In milder und eingeschränkter Form ist das Tragen der Kleidung des anderen Geschlechts ein Faktor der subtilen Erregung, die durch die Haute Couture hervorgerufen wird. Eine klare Tendenz zur Kleidung des anderen Geschlechts kann sowohl eine komplexe geschlechtliche Identität als auch eine homosexuelle Objektwahl ausdrücken. Das Tragen solcher Kleidung kann aber auch eine Tendenz zum Fetischismus ausdrücken. In Anbetracht des gegenwärtig vorliegenden Faktenmaterials schlußfolgert Bancroft, daß dieser fetischistische Aspekt des *cross-dressing* ausschließlich bei Männern anzutreffen ist.[22]

Niemand weiß, warum einige Menschen zur Perversion neigen und andere nicht. Und ebenso weiß niemand, warum perverse Bedürfnisse genau die Form annehmen, die sie eben annehmen: warum ein Mann von Pelzmänteln fasziniert ist, während ein anderer ausgepeitscht werden will. Man ist sich auch nicht darüber einig, wo die entsprechenden Grenzlinien gezogen werden müssen. In einem Fall, der sich in der jüngsten Vergangenheit ereignete und in der Presse sehr starke Aufmerksamkeit gefunden hat, ist die englische Polizei den Morden an mehreren Jungen nachgegangen, die angeblich für pornographische Videofilme verübt wurden: Es waren Filme, die für die private Zirkulation unter Pädophilen gedacht waren und in denen Jungen vergewaltigt und dann vor laufender Kamera umgebracht wurden. Was auch immer die Tatsachen sein mögen: Die große Mehrheit der Menschen würde darin übereinstimmen, daß dies ein abwegiges und wahrhaft bösartiges Unternehmen ist. Einige würden aber leugnen, daß Pädophilie schon an sich eine Perversion sei. Ähnlich wie Homosexualität, so würden sie behaupten, sei es nur eine »Orientierung«. Dieser Argumentation folgend haben die amerikanischen Psychiater sich in jüngster Vergangenheit darüber geeinigt, Homosexualität aus dem *Diagnostic and Statistical Manual of Psychiatry (DSM III)*, der Liste krankhafter Zustände zu entfernen; bei der Pädophilie wurde jedoch eine deutliche Trennungslinie gezogen.

Zwar sind solche Einstellungsänderungen soziologisch äußerst interessant, sie lassen jedoch das Problem des theoretischen Prinzips ungelöst. In Großbritannien bleibt die Meinung der Psychiater und Psychoanalytiker geteilt. Einige, wie Comfort, drängen uns, bei bestimmten sexuellen Praktiken nicht zu fragen »Ist dies normal?«, sondern »Ist dies eine mögliche Kraftquelle oder eine Beeinträchtigung?« und »Ist es sozial annehmbar?«[23]

Andere bleiben davon überzeugt, daß die Bedürfnisse sowohl von Homosexuellen als auch von Pädophilen in ihrem Kern pervers seien, und daß das der Fall wäre, gleichgültig, ob sie nun sozial annehmbar sind oder nicht und ob sie eine Beeinträchtigung oder eine Kraftquelle sind.

Wie man sich denken kann, ist die psychoanalytische Definition der Perversion mühsam. Rycroft definiert sie bewundernswert knapp als »jede Form von erwachsenem sexuellem Verhalten, bei dem der heterosexuelle Geschlechtsverkehr nicht das bevorzugte Ziel ist«.[24] In der Psychologie und Psychiatrie jedoch scheinen klar umrissene Definitionen niemals ganz eindeutig zuzutreffen. Auf diese Weise würde nämlich Rycroft vieles von dem als pervers einstufen, was sich in glücklichen Ehen abspielt, und wo das Ziel sexueller Genuß oder Intimität ist (anstatt des Geschlechtsverkehrs), und die Definition könnte auch einige Fälle von Inzest als normal einschließen. In der Praxis bilden die sexuellen Perversionen eine lose zusammenhängende Gruppe von Phantasien und Verhaltensweisen und haben dabei einige oder alle der folgenden sechs Charakteristika gemeinsam. Perversionen sind:

- biologisch unangepaßt in dem Sinne, daß sie nicht mit der Reproduktion in Zusammenhang stehen;
- durch Angst, Ekel oder Haß inspiriert;

- schockiernd oder verboten;
- so wenig der Norm entsprechend, daß sie, vom Standpunkt des Außenstehenden gesehen, als bizarr erscheinen;
- notwendig zum Erreichen eines Orgasmus; und
- in Bezug auf die sexuelle Erregung dem Gesetz der sich bei Wiederholung abschwächenden Wirkung unterworfen.

Die Berechtigung, einen Akt oder eine Phantasie als pervers zu bezeichnen, variiert selbstverständlich vom stark Abweichenden (dem Koprophilen, der nur einen Orgasmus erreichen kann, wenn er den Kot der begehrten Frau im Mund hat) zum lediglich Marginalen (der Mann, der einen Orgasmus nur mit einer Frau erreichen kann, die er nicht mag). Mehrere unterschiedliche, aber im Grunde verwandte Behauptungen werden über die Art der psychologischen Verzerrungen oder Störungen gemacht, die solchen Abweichungen zugrunde liegen. Stoller hat die These aufgestellt, daß Perversion die erotische Form des Hasses sei[25] und daß perverses Verhalten uns eher von der Intimität fort- als zu ihr hinträgt.[26] Khan ist der Meinung, daß Perversion von Entfremdung untrennbar sei und daß perverse Sexualität die Art von Sexualität sei, die aus Absichten und nicht aus dem Begehren entstehe.[27] Grunberger vermutet, daß Perversion durch eine Schädigung der inneren Wertschätzung unserer selbst und der Verbundenheit mit anderen und aus der daraus resultierenden Feindseligkeit entstehe.[28]

Diese vier Behauptungen und die Argumente, die sie untermauern, überschneiden einander wie die Kreise eines Venn-Diagramms, und das sich ergebende Bild stimmt mit dem unseren überein. Ein Element, ein fünfter Kreis, fehlt allerdings noch, und dies scheint uns das zentrale Element zu sein. Ohne dieses ergeben die Phänomene der Perversion keinen Sinn. Wir behaupten, daß unter dem Einfluß der Wunde das männliche Begehren sich schon von vornherein auf das Unpersönliche richtet und daß diese Tendenz durch Gefühle von Feindseligkeit, Furcht oder Entfremdung eine bestimmte Richtung nimmt, sich selbst immer mehr verstärkt und letztlich zu einer Sucht wird. Wie alle und ganz besonders »männliche« Männer bewegt sich der Perverse in einer Welt, in der die Kategorien von Person und Sache bis zu einem gewissen Grade durcheinandergeraten sind, aber bei ihm dient jene Konfusion, die Menschen-als-Dinge und Dinge-als-Menschen hervorbringt, einem bestimmten erotischen Zweck. Wenn seine Perversion sich auf Objekte (wie Pelzmäntel) richtet, dann behandelt er sie, als wären sie Menschen oder Teile von Menschen. Wenn seine Perversion sich auf Menschen richtet (auf das Opfer des Filme konsumierenden Pädophilen beispielsweise), dann behandelt er sie, als wären sie Objekte. Der Objekt-Status eines begehrten Menschen befreit den Perversen wie von Zauberhand von jeder Reue, die er sonst dem Partner gegenüber empfinden könnte. In einigen Fällen wird nur die perverse Variante der Sexualität gelebt, in anderen, wie bei dem in Kapitel 2 erwähnten Eric, existieren zwei erotische Systeme – das normale, den anderen einbeziehende und das unbekümmert schuldlose – nebeneinander.

Ob es sich nun auf einen Mensch-als-Ding oder ein Ding-als-Mensch konzentriert, das perverse Begehren drückt eine intensive Ambivalenz aus, wobei die erotische Faszination gemischt ist mit Haß oder Furcht (und gelegentlich darauf angelegt ist, diese Gefühle zu verstecken). Wenn es eine Frau in Gummikleidung ist, die für den Perversen zum Objekt der Begierde wird, dann ist es die Oberfläche ihres Körpers, auf die sich das Gefühl, daß sie eine Sache sei, konzentriert. Wenn er Masochist ist und gezüchtigt werden muß, um einen Orgasmus zu erreichen, dann sind es sein eigener Körper und dessen Empfindungen, die die Qualität des Anders-Seins und Objekt-Seins annehmen. In jedem dieser Beispiele wird das sexuelle Objekt des Perversen – sei es nun ein Ding-als-Mensch oder ein Mensch-als-Ding – tatsächlich zu einem *Fetisch*: zu etwas, das mit potentiell magischer und absolut persönlicher Bedeutung erfüllt ist. Solche Manöver, so behaupten wir, sind »männlich«, nicht weil sie weitgehend oder ausschließlich bei Männern auftreten, sondern weil sie die Form und die Kraft, die ihnen innewohnen, aus dem andauernden Einfluß der Wunde gewinnen.

Jenes seltene Geschöpf: Die weibliche Fetischistin

Männer sind natürlich nicht die einzigen, die perverse sexuelle Phantasien haben; Frauen haben sie ebenfalls. Es sind vielmehr die offenkundigen sexuellen Perversionen, die unter Frauen selten sind, und wir sind geneigt zu sagen, daß sie dann, wenn sie auftreten, mit Störungen der Geschlechtsidentität in Verbindung stehen – ein Aspekt, der in dem von Juliet Hopkins geschilderten Fall einer weiblichen Fetischistin deutlich wird.[29]

Hopkins Patientin »Sylvia« wurde zuerst im Alter von sechs Jahren in die Therapie gebracht. Sie war schwer gestört. Der Psychiater, der sie gesehen hatte, war nicht sicher, ob er sie als »psychotisch« oder als »Borderline-Fall« diagnostizieren sollte. Als Frühgeburt war der Säugling sechzehn Tage lang in der Intensivstation gewesen. Für Sylvias Mutter waren, der Erinnerung nach, die ersten Lebensmonate des Kindes ein Alptraum: Die Kleine mußte in dreistündigem Abstand gestillt werden, es dauerte eineinhalb Stunden, bis sie getrunken hatte, und wenn sie nicht trank, dann schrie sie. Erst mit fünf Jahren konnte Sylvia fließend sprechen und die Toilette benutzen. Mit sechs machte sie gelegentlich noch immer ins Bett. Zum Zeitpunkt der Konsultation war sie in einer Sonderschule und es war unmöglich, mit ihr fertigzuwerden. Gewöhnlich war sie voller Aggressionen und bedrohte ihre Mitmenschen. Auf der anderen Seite erhellte sich ihr Gesicht von Zeit zu Zeit durch ein Lächeln, das Hopkins als strahlend beschreibt.

Der Psychiater, Sylvias Sozialarbeiter und Hopkins selbst waren beim ersten Treffen überzeugt, daß Sylvia ein kleiner Junge sei. Hopkins sagt, daß sie es immer schaffte, als eindeutig jungenhaft zu erscheinen, obwohl tatsächlich die Länge ihres Haares und ihre Kleidung gleichermaßen für beide Geschlechter gepaßt hätten und obwohl ihre Gesichtszüge nicht jungenhaft waren. Es müssen ihr großspuriger Gang, ihre aggressive Art und die Durchsetzungsbereitschaft, die sie in ihren Körperhaltungen ausdrückte, gewesen sein, die einen so stark maskulinen Eindruck vermittelten.

Im Laufe einer zweijährigen Therapie wurde klar, daß Sylvias Großeltern gewollt hatten, daß ihre Tochter ein Junge würde, und daß diese selbst sich wiederum einen Sohn wünschte. Sylvias Vater, ein gewalttätiger Mann, war kurz vor ihrem vierten Geburtstag bei einem Autounfall zu Tode gekommen, und von dem Augenblick an hatte Sylvia darauf bestanden, daß sie ein Junge sei. Beim näheren Umgang mit ihr, so sagt Hopkins, wurde deutlich, daß Sylvia zumindest halbwegs glaubte, daß sie einen Penis habe und wie ein Junge urinieren könne. »Willies« (Penisse) waren für sie eine Quelle intensiver Erregung, eine Erregung, hinter der sich, so meinte Hopkins, eine gleichermaßen intensive Angst verbarg.

Es wurde auch klar, daß Sylvia eine intensive erotische Erregung beim Anblick von Schuhen und Füßen empfand. Dies war, so behauptete ihre Mutter, schon im Alter von sieben Monaten offensichtlich geworden, als sie von den Schuhen ihres Vaters fasziniert gewesen zu sein schien. Sie krabbelte zu ihnen hin, sabberte sie voll und saugte dann an ihrem Daumen. In vergleichbarer Weise fand sie auch glänzendes Leder erregend; Wildleder hatte diese Wirkung nicht. Im Warteraum des Krankenhauses umklammerte sie die Schuhe und Stiefel anderer Patienten und besabberte sie in einer Weise, die die Zuschauer als schockierend empfanden. Auch nackte Füße hatten eine faszinierende Wirkung auf sie, und sie wurde wild erregt beim Anblick von sich bewegenden, schlecht riechenden Füßen oder wenn sie Paare von nackten Füßen zusammenstehen sah. Diesen seltsamen Reaktionen war einiges vorausgegangen. Es gibt Hinweise darauf, daß Sylvias Vater sie aufgefordert hatte, mit seinen Füßen zu spielen, und daß er dabei auf unziemliche Weise mit ihr sexuell intim gewesen war. (Sie sprach vom »netten, freundlichen *willy*« ihres Vaters. Aber sie sagte auch einmal »*Willies* sind krank« und »Ich mache Weißes wie ein *willy*«.) Als sie zwei Jahre alt war, begann sie, wenn sie ein Bad nehmen sollte, verzweifelt zu schreien, und badete nur dann, wenn sie im Schoß ihres Vaters saß, was dann regelmäßig geschah.

Im Laufe ihrer Therapie ließ Sylvias fetischistische Begeisterung für Schuhe und Füße nach und wurde durch Phantasien von körperlicher Beschädigung ersetzt. Zur selben Zeit hörte sie auf, ein »Junge« zu sein. Der Sozialarbeiter und die Therapeutin stellten das unabhängig voneinander fest. Ein wunderschöner Junge hatte sich in ein schlichtes – und bisweilen »abscheuliches« – kleines Mädchen verwandelt. Der Schrecken und die Ausstrahlung waren verflogen und mit ihnen auch die Männlichkeit. Hopkins beschreibt diese Transformation ihrer Patientin als eine Art Exorzismus.

Anders-Sein

Der Romanschriftsteller und Dichter Thomas Hardy bemerkte einmal, daß »die höchsten Höhenflüge der Feder meistens die Ausflüge und Eröffnungen von Seelen sind, die sich nicht mit dem Leben versöhnen.«[30] Dasselbe könnte auch für die sexuellen Abweichungen gelten. Gilmores mordende Gewalttätigkeit, die Promiskuität bestimmter Heterosexueller und Homosexueller, Sylvias Fetisch: wir haben sie hier nebeneinander gestellt, weil wir sie alle als extremen Ausdruck von Geisteszuständen sehen, die, zumindest im Prinzip, in jedem Menschen und bei jedem leidenschaftlichen Akt präsent sind. Jede erotische Ausdrucksform, so sagen wir – männlich oder weiblich, normal oder pervers – ist imaginativ *komplex*, und beim Mann ist die imaginative Aktivität in besonderem Maße einer Verzerrung unterworfen. Das sexuelle Verhalten des angeblich heißblütigen Mannes, der mit jeder attraktiven und verfügbaren Frau Geschlechtsverkehr hat, wird häufig als so spontan und unreflektiert beschrieben wie das eines Hengstes oder eines Hundes. Aber in Wahrheit, so unsere Annahme, werden solche Episoden geschlechtlicher Begegnung in dieser Weise inszeniert (und sowohl vor wie nach dem Ereignis repräsentiert), um die Dissonanzen aufzulösen, die dem sexuellen Begehren (und speziell dem des Mannes) innewohnen.

Der Ausdruck von Begehren in einem intimen menschlichen Kontext – und ganz besonders im Geburtskanal einer Frau mit einem Eigenleben und eigenen Bedürfnissen – ist ein sozialer Akt, bei dem widerstreitende Systeme von sexueller und außersexueller Bedeutung in irgendeiner Weise in Einklang gebracht werden müssen. Wenn die Handlung, die aus dem Begehren resultiert, häufig als willkürlich erscheint, dann deshalb, weil unser Geist so organisiert ist, daß er abrupte Ausbrüche über die Grenzen zwischen verschiedenen prä-verbalen oder non-verbalen Bedeutungssystemen hinweg zuläßt. Wo das Bedürfnis nach dem scheinbar Willkürlichen sich einschleift, da geschieht das nicht, weil unsere Biologie auf zwanghafte Weise unsere Psychologie und Soziologie überwältigen würde, sondern weil diese Verhaltensweisen Ausdrucksmöglichkeiten der erotischen Imagination sind, die eine ungewöhnlich verkümmerte und stereotype Form angenommen haben.[31]

Sexuelle Akte finden innerhalb eines Systems imaginativer Repräsentation statt, das zumindest im Prinzip unaufhörlich in Bewegung ist. Es ist auch ein System, innerhalb dessen sexuelle und nicht-sexuelle Elemente Seite an Seite existieren, wobei die Sexualität eine Vielfalt psychologischer Zustände ausdrückt, von denen viele nicht-sexuell sind. Bei Gilmore war es Gewalt und kaltherzige Neigung zur Berechnung – dennoch drückt sich in den Briefen, die er an Nicole schrieb, eine Leidenschaft aus, die sowohl erotisch als auch rudimentär poetisch ist. Für Simenon diente der zwanghafte und unablässig wiederholte sexuelle Akt dazu, Leere zu verneinen und Macht zu feiern (und speziell die Macht des professionellen Phantasten). Und bei Sylvia waren Dinge – Schuhe, Füße, *willies* – die Angelpunkte, auf die sich ihre unsichere geschlechtliche Identität bezog.

Jedes dieser Leben – das von Sylvia nicht weniger als das von Gilmore und Simenon – wirft dieselbe Frage auf: Welche Rolle spielt in der Erotik die Vorstellung nicht des tröstlich Vertrauten, sondern des Fremden oder Entlegenen? Der gesunde Menschenverstand tendiert zu der Vermutung, daß solche Vorstellungen in jenen drei Biographien genau deshalb besondere Begierden erweckten, weil die fraglichen Individuen psychisch gestört waren. Es gibt jedoch eine noch radikalere Möglichkeit: daß erotische Vorstellungen und Vorstellungen des Fremdartigen untrennbar sind – wobei die Biographien psychisch Gestörter diesen Zusammenhang nur am allerdeutlichsten demonstrieren. »Le désir de l'homme est le désir de l'Autre«, behauptet Lacan, wobei »l'Autre, »der Andere«, innerhalb dieses Gedankensystems mit dem Verdrängten gleichgesetzt wird.[32] Weit entfernt davon, mit dem intim Vertrauten in einer harmonischen Beziehung zu stehen, verläuft, mit anderen Worten, das Begehren wie eine Tangente dazu. Kingsley Amis drückt diese Annahme sehr deutlich in *A Point of Logic* aus:

Love is a finding-out:	[Liebe ist ein Herausfinden:
Our walk to the bedroom	unser Gang ins Schlafzimmer
(Hand in hand, eye to eye)	(Hand in Hand, Auge in Auge)
Up a stair of marble	Eine Marmortreppe
Or decently scrubbed boards,	oder anständig gescheuerte Stufen hinauf
As much as what we do	– Was wir in unserer Hingabe tun
In our abandonment,	lehrt uns, wer wir sind
Teaches us who we are	und was wir sind und was
And what we are, and what	das Leben selbst ist.
Life itself is.	Deshalb löscht das Licht
Therefore put out the light,	und taumelt zum kahlen Dachboden hin-
Lurch to the bare attic	auf
Over buckets of waste	über viele Eimer voller Unrat
And labouring bodies;	und sich windende Körper;
Leave the door wide open	laßt die Tür weit offen
And fall on each other,	und fallt übereinander her,
Clothes barely wrenched aside;	die Kleidung nur eben zur Seite gestreift;
Stay only a minute,	bleibt nur eine Minute beieinander,
Depart seperately,	geht einer nach dem anderen wieder fort,
And use no names.[33]	und sprecht eure Namen nicht aus.]

Es scheint aus dem Vorangegangenen zu folgen, daß im Rahmen einer intimen Beziehung nur dann wirkliche Wollust empfunden werden kann, wenn die Partner darin ein Gefühl für das Fremde wiedererwecken können. Wieder stoßen wir auf die Vielfalt von Antithesen, die der Wunde zu eigen sind, und auf die Ungleichgewichtigkeiten, die sie hervorbringen:

ähnlich – unterschiedlich
vertraut – seltsam, fremdartig
wahrgenommen – verleugnet, verdrängt
zivilisiert – wild, barbarisch, verschlingend

Da ist das Anders-Sein, das andere Menschen, und speziell Fremde, uns vermitteln. Es gibt auch das Anders-Sein jener Facetten der Persönlichkeit, die normalerweise versteckt sind, zu denen wir aber durch das Begehren einen Zugang finden. Das heißt, beide Partner tragen sowohl das bewußt Anerkannte als auch die versteckten Komponenten ihres eigenen Begehrens mit in die Beziehung hinein. Der männliche Erwachsene ordnet sich möglicherweise im praktischen Alltagsleben der linken Seite der eben aufgelisteten Gegensätze zu und drückt sein Begehren ausschließlich durch Ausflüge in die Adjektive der rechten Seite aus. Typischerweise werden die Lösungen jedoch komplexer sein: Erotisch signifikante, aber nur zum Teil bewußte Ähnlichkeiten werden innerhalb eines Kontexts von wahrgenommenen Unterschieden erkundet werden – und umgekehrt. Gewöhnlich ist es nicht das Fremdartige an sich, was hinreißend aufregend ist, sondern *das Fremdartige im Kontext des intim Vertrauten und die Aussicht auf das intim Vertraute inmitten des Fremdartigen.*

Die sechs Wege des Begehrens

Im Bereich der Erotik haben die Eigenschaften, die zwei Menschen beim jeweils anderen wichtig finden, anscheinend drei Quellen. Für einen heterosexuellen Mann sind dies:

– seine Ehefrau oder Geliebte, wie sie sich selbst wahrnimmt;
– sein eigenes »Anders-Sein«, das ihm in der erotischen Erregung zugänglich wird, und
– ihr »Anders-Sein«, das ihr, wie er entdeckt, in der erotischen Erregung zugänglich wird.

Diese Komponenten der Intimität können durch ein einfaches Diagramm dargestellt werden. Es bezieht sich auf zwei Menschen, die in einer irgendwie gearteten sexuellen Beziehung zueinander stehen, aber es ist besonders relevant für tiefe und dauerhafte Beziehungen. Die vier Elemente des Diagramms sind Seinszustände: zwei Individuen, wie sie sich gewöhnlich selbst wahrnehmen, und jene zwei normalerweise nicht oder nur teilweise wahrnehmbaren Persönlichkeiten, zu denen die beiden Individuen werden, wenn ihr Begehren ihnen bewußt wird. Um der Einfachheit willen stellen wir das Diagramm vom Gesichtspunkt des männlichen Heterosexuellen aus dar:

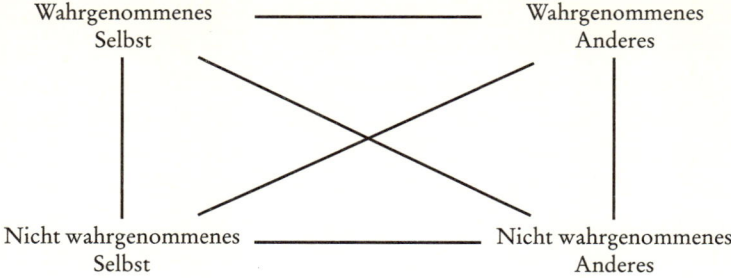

Jedes der vier Elemente des Diagramms ist zugleich ein Ausgangspunkt und eine wahrnehmbare psychologische Wesenheit, ein System des Selbsts, das wahrnimmt und deutet und das zugleich wahrgenommen und gedeutet wird.[34] Im Bezug dieser vier Elemente aufeinander sind sechs getrennte, aber aufeinander einwirkende Beziehungswege enthalten. Der erste ist derjenige, der in den Handbüchern für Sex und Ehe die entscheidende Rolle spielt: der zwischen den manifesten Persönlichkeiten der beiden Partner (Wahrgenommenes Selbst – Wahrgenommenes Anderes). Dabei geht es gewöhnlich um Aspekte wie Neuheit, Gewohnheit, ob die Partner zusammen passen etc. In Anbetracht dessen, was wir hier dargelegt haben, ist diese Beziehung eher ein Schattentanz, bei dem die kontrollierenden Einflüsse nur selten sichtbar sind und bei dem die Anwendung des gesunden Menschenverstands gewöhnlich dazu dient, die Stärke und Bedeutung dieser Einflüsse zu verbergen.

Es sind die fünf übrigen Beziehungswege, die das eigentliche Gewicht der Intimität tragen. Zwei davon sind innere Wege: einer im Mann, der andere in der Frau. Auf beiden wird nach einer Versöhnung jener Aspekte des Selbsts gesucht, die bewußt wahrgenommen werden, mit jenen »anderen« Aspekten, die nur dann offengelegt werden, wenn der fragliche Mensch einen anderen Menschen begehrt. Daneben gibt es drei weitere Wege. Auf zweien werden die gegenseitigen Bedeutungen zwischen dem Individuum und seinem Partner ausgehandelt, wenn einer von beiden im alltäglichen Bewußtsein verankert und der andere erotisch ergriffen ist. Der letzte der sechs Beziehungswege wird von der Bedeutung getragen, die die Partner einander geben, wenn beide ergriffen sind.[35]

Obwohl die Wahrnehmungen beider Partner tendenziell in Richtung auf bestimmte stereotype Vorlieben und Themen gehen werden, ist unendlich viel Platz für Dissonanzen und Widersprüche auf diesen Wegen. Eine intime Beziehung, in der die Partner normalerweise übereinstimmen, zeigt möglicherweise erhebliche Unvereinbarkeiten, wenn ein Partner oder beide sexuell entflammt sind. Ein Mann, der zuvor sehr anständig gewesen ist, wird möglicherweise auf zwingende Weise dominant, er wird zu einem verrückten Egoisten, und seine Frau wird daraufhin ein ihr ansonsten fremdes Gefühl von Feindseligkeit entwickeln. Eine Aktivität, die einen Sinn ergibt, wenn beide Partner von sexuellem Begehren ergriffen sind, erscheint möglicherweise in dem Moment, in dem jener Griff gelockert ist, als grotesk.

Vom Gesichtspunkt des Mannes aus gibt es jedoch eine Wahrnehmung, die noch wichtiger ist. Beim Geschlechtsverkehr mit seiner Frau oder Geliebten, lernt er – unbewußt, unterschwellig – vor allem eine Lektion. Er entdeckt *unter welchen Bedingungen sie ihm Zugang zu einem Zustand symbiotischer Intimität gewährt und unter welchen Bedingungen sie ihm erlaubt, sich wieder zurückzuziehen, wenn dieser Zugang erreicht ist.* Der entscheidende Aspekt ist der der »Symbioseangst«, wobei es verschiedene mögliche Resultate gibt.[36] Möglicherweise gibt es keinen Zugang, sondern nur die drängende Berührung zweier Körper. Oder es ergibt sich vielleicht ein Zugang, aber nur zu einer sehr bedrohlichen inneren Landschaft. Oder der Mann findet Zugang zu einer Landschaft, die ihm Sicherheit vermittelt; zu einer, von der er sich relativ leicht wieder zurückziehen kann – oder auch nicht. Da man in unserem Kulturkreis über solche Angelegenheiten weitgehend Stillschweigen bewahrt, wird der der Begegnung folgende innere Aufruhr auf willkürliche und prosaische Weise interpretiert. Prinzen und Prinzessinnen werden über Nacht möglicherweise zu Fröschen, und Energien, die man vorher hat fließen lassen, werden gestaut. Langeweile, Reizbarkeit und das Gefühl einer mechanischen Wiederholung sind die Symptome, wenn die sechs Wege nicht frei passierbar sind. Wenn das Phantasiespiel von Ähnlichkeit und Unterschied im Rahmen einer stabilen intimen Beziehung nicht möglich ist, dann übersetzt der Mann das Bedürfnis danach möglicherweise in die Realität und versucht, es dadurch zu befriedigen, daß er dieselbe Erfahrung mit unterschiedlichen Partnern wiederholt, das heißt in Form einer getriebenen Promiskuität. Auch intime Gewalt und Perversion können eine Folge sein.

Jedoch müssen nicht alle Überraschungen unbedingt böse Überraschungen sein; einige werden die Lebensqualität sogar verbessern. Wenn die Mehrdeutigkeiten von Gleichheit-im-Unterschied und Unterschied-in-der-Gleichheit, die durch die sechs Wege ermöglicht werden, jene Vielfalt tatsächlich erzeugen, die sie im Prinzip hervorbringen können, dann werden beide Partner den Geschlechtsverkehr nicht als eine Wiederholung, sondern jedesmal als eine neue Erfahrung erleben.[37] Dieser Aus-

tausch kann auch erhebende Überraschungen einer anderen Art hervorrufen: alle jene Kunstwerke, die zwar ihrem Ursprung nach von sexuellem
Begehren inspiriert wurden, aber darüber hinausreichen. Auf diese richten wir nun unser Augenmerk, wenn wir unsere Thesen auf die Welt der
kreativen Künste übertragen.

Die Kehrseite der Medaille

Kapitel 8
Jenseits des Begehrens

Die männliche Imagination, so unsere These, hat zwei Facetten. Es geht im wesentlichen um das Bedürfnis, Unpersönliches so zu behandeln, als wäre es persönlich, Dinge, als wären sie Menschen. Dieses Bedürfnis kommt am deutlichsten im Bereich von Wissenschaft und Technik zum Ausdruck. Die Vorrangstellung, die Männer in Bereichen wie Mathematik und Physik genießen, resultiert, so behaupten wir, aus der Wunde; sie ist die Manifestation eines treibenden Bedürfnisses, formale Strukturen zu schaffen und zu erkunden. Ein solches Bedürfnis ist möglicherweise auch die Erklärung für die bisherige Überlegenheit der Männer in bestimmten künstlerischen Bereichen, beispielsweise der musikalischen Komposition.[1] Die andere Facette, die am Phänomen der sexuellen Perversion offensichtlich wird, spiegelt das Bedürfnis, das Persönliche so zu behandeln, als wäre es unpersönlich, Menschen, als wären sie Dinge. Im vorangegangenen Kapitel haben wir den zweiten Weg betrachtet, den dunklen Nebenpfad des Weges, der zu Wissenschaft und Technik führt. Wir haben auf die – wiederum aus der Wunde resultierende – Tendenz des Mannes hingewiesen, Menschen oder Teile von Menschen und Objekte mit intensiver erotischer Bedeutung zu versehen. Wir nehmen an, daß Männer sich möglicherweise in den Künsten deshalb hervortun, weil sie ein Bedürfnis haben, Werke zu produzieren, die ihren Ursprung im sexuellen Begehren haben.

Bei der Entwicklung dieser Idee müssen wir jedoch Vorsicht walten lassen. Psychologie und Psychoanalyse sind bekannt für ihre grob vereinfachenden Erklärungen des ästhetischen Impulses. Wir wollen hier die Tendenz des männlichen Künstlers erklären, Kunstwerke zu produzieren, die seiner Leidenschaft für seine »Muse« entspringen, sie aber auch transzendieren. Das ist deshalb der Fall, so behaupten wir, weil zwei Neigungen sich gegenseitig beeinflussen. Eine ist der Impuls, der in einem bestimmten Kontext zu einer zwanghaften Beschäftigung mit der reinen Form führen kann; die andere Neigung führt unter bestimmten Umständen zum Fetischismus. Wo diese beiden Neigungen zu einem wie auch immer unsicheren Ausgleich kommen, entstehen Werke von einer speziellen Qualität: Texte und Bilder, die eine erotische Bedeutung tragen, zugleich aber die formalen Beziehungen verkörpern, von denen Kunst (und Liebe) abhängig sind.

Das vorliegende Kapitel beschäftigt sich mit den Grundlagen. Es bietet in der Tat den groben Entwurf einer Psychologie der Ästhetik. Wir beschreiben und benennen in diesem Kapitel das, was wir als den entscheidenden Unterschied zwischen der kreativen Kunst und der Wissenschaft betrachten, und beschreiben drei Aspekte, die wir als wesentlich für das Kunstwerk an sich ansehen. In unserem Schlußkapitel betrachten wir dann die Lebensläufe eines Fotografen, eines Dichters und eines Malers genauer. Jeder dieser Männer arbeitete daran, die Frau, mit der er ein intimes Verhältnis hatte, in Kunst zu verwandeln. Uns interessieren die Muster von Kosten und Nutzen, in deren Rahmen sie diese Verwandlungen vollzogen.

Kunst und Wissenschaft

Die Vorhaben des Wissenschaftlers und des Künstlers sind sich in vielerlei Hinsicht ähnlich. Beide verlangen Experimentierfreudigkeit, beide können durch Machtphantasien genährt werden.[2] In den Bereichen, wo die Wissenschaften und die Künste sich überlagern, stellen sich interessante Fragen: im Bereich der Beziehung des Formalen zum Geheimnisvollen in der Mathematik, in der nicht-gegenständlichen Malerei wie der von Mondrian beispielsweise und bei den Problemen, die durch die Fotografie aufgeworfen werden – Fragen der Kunst, der Technik, der Alchemie.[3] Aber die Künste und die Wissenschaften sind verschiedene Bereiche, auch wenn sie miteinander zusammenhängen. Es wird häufig gesagt, daß der Wissenschaftler die Wahrheit in ihrer reinen Form erfaßte, der Künstler dagegen in Form von Illusionen und Metaphern. Es gibt jedoch noch einen anderen, weniger offensichtlichen, aber schwerwiegenderen Unterschied. Die Essenz dieses Unterschieds liegt darin, daß alte Wissenschaft tote Wissenschaft ist, daß aber große Kunstwerke außerordentlich lebendig bleiben. Für den modernen Astronomen oder Naturwissenschaftler sind Keplers und Newtons Gesetze nur wenig mehr als eine Kuriosität. Auf der anderen Seite sind Shakespeares Texte und Tizians

Gemälde noch immer bestürzend lebendig. Dieser Unterschied basiert, so glauben wir, darauf, daß *die Wissenschaften und die Künste die Produkte stark unterschiedlicher Einstellungen zur Mehrdeutigkeit sind.*[4]

Was auch immer der Kontext, wissenschaftlich oder künstlerisch, sein mag – Bedeutung ergibt sich für uns, indem wir fortwährend zwischen wahrgenommenen Ähnlichkeiten und Differenzen unterscheiden. Erst wenn wir diese Eigenschaften in einer Ansammlung von Elementen erkennen, sei dies nun eine Reihe von Menschen, Rhododendren oder Elementarteilchen, sind wir in der Lage, jedem einzelnen Element seine spezifische Bedeutung zuzumessen. Wir kategorisieren und unterscheiden, und wir tun das typischerweise auf Grund von Details und winzigen Abweichungen. In der Wissenschaft geht es darum, die Mehrdeutigkeiten, die in solchen Urteilen immer enthalten sind, auf ein Minimum zu reduzieren: eine Aussage anzubieten, die *unzweideutig* ist. In den Künsten dagegen wird die Mehrdeutigkeit, weit entfernt davon, herausanalysiert und entfernt zu werden, für das Werk genutzt. Mehrdeutigkeiten werden *zu Systemen zusammengesetzt, innerhalb derer sie sich gegenseitig beeinflussen und befruchten können.*

Im vorangegangenen Kapitel haben wir sexuelle Intimität als etwas beschrieben, das dem Mann eine Belohnung anbietet, die er mit gemischten Gefühlen wahrnimmt: als tiefgreifend, aber auch als potentiell bedrohlich, als notwendig, aber auch als flüchtig oder ungreifbar. Viele Männer fühlen sich infolgedessen gedrängt, nicht nur ideale intime Beziehungen einzugehen und in ihnen zu schwelgen, sondern ihnen auch Dauerhaftigkeit zu verleihen. Dementsprechend »versteinern« diese Männer die Frauen in ihrem Leben, indem sie sie in Muster auf photographischem Papier, in Sätze auf einer Seite oder in gemalte Zeichen auf einer Leinwand verwandeln. Zwar mögen nur wenige dieses Ziel erreichen, aber der Ehrgeiz, das begehrte Objekt auf diese Weise aus Raum und Zeit zu entfernen – es erstarren zu lassen oder zu verewigen – ist weit verbreitet, und es ist die Befriedigung dieses Dranges, die unserer Kultur viele ihrer besten Bilder und Texte beschert hat.[5]

Drei Prinzipien

Freud kam widerwillig zu dem Schluß: »Leider muß die Analyse vor dem Problem des Dichters die Waffen strecken«.[6] Nach unserer Ansicht ist das gar nicht notwendig. Worauf wir hinauswollen, sind weder simple bejahende Behauptungen über die Befreiung menschlichen Potentials noch Erklärungen des Nicht-Perversen in Begriffen der Perversion. Vielmehr geht es uns um eine Erklärung der Stufen, durch die, in der Kunst nicht weniger als in der Wissenschaft, eine tiefgreifende psychische Verlagerung zu einer Kraftquelle wird. Aber wenn Vorstellungen wie die von der Wunde genutzt werden sollen, um dem stärker Intim-Persönlichen der Künste einen Sinn zu verleihen, dann müssen wir uns über drei Prinzipien im klaren sein, die wir in diesem Kapitel darstellen wollen. Diese Prinzipien gelten für Männer wie Frauen gleichermaßen, gewinnen aber bei den Männern eine besondere Schärfe. Das erste betrifft den menschlichen Kontext, in dem die Übersetzung des erotischen Gefühls in Kunst stattfindet, im besonderen:

– die Abhängigkeit allen kreativen Denkens in den Künsten von Beziehungen mit etwas Unähnlichem, das heißt von *asymmetrischen* Beziehungen.

Das zweite Prinzip konzentriert sich auf unsere Fähigkeit, Bilder und Texte als Behälter und Übermittler intensiver Intuition zu benutzen. Dabei denken wir insbesondere an:

– die Wichtigkeit einer Unterscheidung zwischen dem, was zu unserem kulturellen *Wissen* gehört, und dem, was uns förmlich *durchbohrt oder aufspießt*.

Und beim dritten Prinzip geht es (entsprechend der Theorie der Wunde) um:

– die für ein Kunstwerk weitreichende formale Bedeutung einer *Mehrdeutigkeit, die konzentriert und begrenzt wird*.

Dieses dritte Prinzip handelt von der Rolle, die in den Kunstwerken die Wahrnehmungen der Unterschiede im Ähnlichen und der Ähnlichkeiten im Unterschiedlichen spielen, von den instabilen Umkehrungen, die diese entstehen lassen und von diesen Wahrnehmungen und Umkehrungen als den Komponenten, aus denen begrenzte Systeme – einzelne Gemälde oder Gedichte – gestaltet werden, deren jedes seine eigene formale Integrität hat.

Künstler und Modell

Die Transformation des Begehrens des Künstlers in ein Kunstwerk geschieht innerhalb eines Netzwerks persönlicher Beziehungen, deren wichtigste typischerweise die zwischen Künstler und Modell ist. Die Asymmetrie dieser Beziehung wird bisweilen als ideologisch unbefriedigend angesehen. Gewiß, wenn man an asymmetrische Beziehungen in einem historischen Kontext denkt, dann fällt einem gewöhnlich zunächst die zwischen Herr und Knecht ein, und gewiß sind die Vorstellungen von Asymmetrie und Komplementarität dazu benutzt worden, die Rechte der Frauen zu unterdrücken, wobei die Frauen als angeblich entsprechend dem Schöpfungsplan dazu geschaffen betrachtet werden, die Nahrung bereitzustellen, die der willensstarke und tatkräftige Mann verlangt. Es ist dennoch wichtig zu begreifen, daß jede Beziehung, die eine emotionale und kulturelle Bedeutung hat, sich in der Praxis als asymmetrisch erweist, und zwar sowohl im großen wie im kleinen: nicht nur die von Künstler und Modell, sondern auch die von Eltern und Kind, Lehrer und Schüler, Arzt und Patient, Psychoanalytiker und Analysand, Biograph und Subjekt, Drehbuchschreiber und Regisseur, Regisseur und Schauspieler, Komponist und Dirigent, Unternehmer und Finanzier, Rechtsanwalt und Klient, Politiker und Verwaltungsbeamter und so fort. Die meisten dieser Beziehungen weisen unangenehme Spannungen auf, von denen einige produktiv, andere eher zerstörerisch wirken und die selten gelöst werden oder überhaupt lösbar sind.

Es ist nicht einfach so, daß asymmetrische Beziehungen die Norm sind, an die wir uns alle allmählich gewöhnen. Vielmehr sieht es so aus, daß im Rahmen der Zwänge, die uns jede lohnende Aufgabe auferlegt, eine Symmetrie so lästig ist, daß sie eine gute Arbeitsleistung praktisch verhindert. Wir möchten die Behauptung wagen, daß Beziehungen sich nur lohnen und auch funktionieren, *wenn* sie auf komplexen und veränderlichen Mustern von Asymmetrie beruhen, und daß, von der Beziehung zwischen Eltern und Kind aufwärts, Asymmetrien das Material sind, aus dem menschliche Unternehmungen gemacht sind. Um sich eines naheliegenden Beispiels zu bedienen: Beim Schreiben dieses Buches hatte Liam Hudson die Rolle des Verfassers, Bernadine Jacot die der Lektorin. Einer der beiden Partner (LH) tippte, der andere (BJ) versah das Typoskript mit Notizen. Im Hinblick auf das Produkt, das erst an Freunde, dann an den Verleger weitergegeben wurde, operierten wir als ein Zweierkommittee. Was einem von beiden nicht gefiel, wurde geändert. Im Hinblick auf Formulierungen geht einer systematisch, der andere intuitiv vor. Einer (BJ) ist – wie die relevanten Forschungen vermuten lassen – Rechtshänder, wobei die linke Gehirnhälfte deutlich dominant ist, während der andere (LH) Linkshänder ist, und bei ihm ist das Muster zerebraler Dominanz offensichtlich undeutlicher. Wenn beide zusammenarbeiten, dann ist das Ergebnis durchgängig besser als das, was einer allein hervorbringen kann.[7]

Die Beziehung von Künstler und Modell steht im Zentrum des Prozesses der »Versteinerung«, den wir erklären wollen, und zwei der drei Beispiele, die wir im letzten Kapitel diskutieren, konzentrieren sich darauf. Diese Beziehung ist imaginativ ungewöhnlich fruchtbar, so möchten wir behaupten, nicht nur weil sie asymmetrisch ist, sondern weil sie es erlaubt, das ganze Spektrum des Persönlichen einzubringen, von Feindseligkeit und zynischer Ausbeutung bis zu erotischer Faszination und Liebe.

Der Fotograf Brassai hat eine berühmte Aufnahme von Henri Matisse und einem seiner Modelle im Studio von Matisse gemacht. Im Zentrum des Bildes steht eine nackte Frau in einer leicht unbequemen Pose, so, als sei sie bereits Teil eines Bildes. Ihre Hände sind über dem Kopf verschränkt, die Beine unter dem Knie gekreuzt. Zur Linken steht, noch auf der Staffelei und erst halbfertig, ein Matisse-Gemälde, und im Hintergrund dieses unvollendeten Gemäldes entdeckt man die Skizze einer nackten Frau, deren Pose im großen und ganzen die des sichtbaren Modells wiedergibt. Auf der rechten Seite der Fotografie sitzt Matisse, der zum Zeitpunkt der Aufnahme 70 Jahre alt war, ein alter Mann mit Bart und weißem Kittel. Unter dem Kittel trägt er ein sauberes Hemd und einen Schlips. Seine Hosen sind exakt gebügelt und seine Schuhe blank poliert. Er wirkt fast wie ein alternder Medizinprofessor, der seinen Studenten etwas demonstriert. Er ist ernst, ja fast melancholisch. In seiner Hand erblickt man einen Zeichenblock, und obwohl er vielleicht zeichnet, wirkt er doch im Augenblick unbeweglich. Er sieht tatsächlich ein wenig wie Freud aus (der im selben Jahr, 1939, starb).

Weiblich – männlich. Jung – alt. Nackt – respektabel gekleidet. Passiv – aktiv überlegend. Körperlich – geistig. Begehrenswert – jenseits des Begehrens vielleicht, aber nicht jenseits der Erinnerung daran: alles auf dieser Aufnahme ist asymmetrisch, selbst das Muster der Blicke. Das Modell schaut seitlich auf den Fußboden, der Künstler starrt auf die nackte Gestalt, wobei sein Blick sich irgendwo auf den mittleren Bereich konzentriert, möglicherweise auf den Bereich der Brüste oder auch weiter nach unten, auf die Schamgegend. Die Frau schaut zur Seite, er sieht sie an. Zugleich scheint er durch sie hindurch oder an ihr vorbei zu blicken, auf das gemalte Bild, zu dem ihre physische Präsenz ihn inspiriert: die Übersetzung von Körpergefühlen in eine Verbindung von Farbe, Licht und gemalten Formen. Der Künstler starrt auf den Körper seines Modells in eben derselben Weise wie der Musiker auf Venus in Tizians großartigem Bild *Venus und der Orgelspieler*.[8] Im übertragenen Sinne erscheint es so, als wenn die Künste – Musik, Malerei, Dichtung – aus dem weiblichen Körper heraus entstehen, wenn er nur einem ausreichend intensiven männlichen Blick ausgesetzt ist.

Wieder einmal kommen hier die Vorstellungen des »Anders-Seins« ins Spiel, die in einem zweiten Diagramm verdeutlicht werden sollen. Es hat dieselbe Form wie das im letzten Kapitel, wiederum gibt es vier Elemente und sechs Wege, und wiederum scheint die Struktur unseres Denkmodells durch:

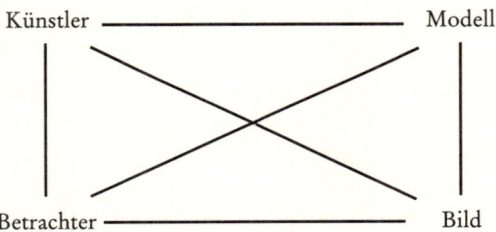

Die Kristallisation oder Versteinerung des Begehrens tritt innerhalb des Dreiecks der Beziehungen von Künstler, Modell und Bild ein. Dieser Prozeß stellt jedoch das Begehren nicht nur außerhalb von Zeit und Ort, er macht es auch öffentlich. Deshalb hat der Betrachter auch einen signifikanten Platz innerhalb des Diagramms. Tatsächlich hängt die ganze Unternehmung der künstlerischen Darstellung eines Aktes von der Beziehung zwischen Betrachter und Modell ab, von zwei Individuen also, die sich im wirklichen Leben kaum je treffen werden.

Wie genau auch immer man sich die Beziehung zwischen Matisse und seinem Modell ansieht – man findet keinen einzigen symmetrischen Punkt. Das Modell ist von Matisse angestellt worden und ist ihm in diesem Sinne untergeben; andererseits braucht er sie auf eine Weise, wie sie ihn nicht braucht. Ohne die Frau, die kaum viel weiter als eine Armeslänge von ihm entfernt ist, kann die Übersetzung, zu der es ihn drängt, nicht beginnen. Sie ermöglicht die imaginative Bewegung, die die Wahrnehmung eines Körpers nicht in die lebensnahe Darstellung dieses Körpers verwandelt, sondern in neue Entwürfe in der formalen Sprache des Malers mittels Farbe, Struktur und Licht. Matisse hat darüber eine klare Aussage gemacht: Er beschrieb sich als »absolut abhängig« von seinen Modellen. Sie hielten ihn, wie er sagte, »in einem Erregungszustand, ähnlich einem Flirt, der in einer Vergewaltigung endet«. Die fragliche Vergewaltigung ist jedoch nicht, tatsächlich oder symbolisch, ein Angriff auf die Frau, die vor ihm steht, sondern auf seine eigene Beziehung zu ihr. Es ist dieser Angriff, der seiner Arbeit eine »Orchestrierung« und eine »Architektur« verleiht. Während ein Maler des 17. Jahrhunderts wie Rembrandt oder ein Maler des 19. Jahrhunderts wie Degas wohl automatisch seine Aufmerksamkeit auf die angenehmen oder die eher beunruhigenden Eigenschaften des Körpers seines Modells gerichtet hätte, um diesen dann weitgehend lebensähnlich darzustellen, scheint ein Modernist wie Matisse diesen Körper zu attackieren. Aber was er in Wahrheit attackiert, sind die Impulse in sich selbst, die der Körper seines Modells in ihm auslöst. Im Zuge dieses Angriffs wird seine Reaktion auf diesen Körper nicht nur ins Symbolische, sondern ins Abstrakte übersetzt.[9]

Weitere Asymmetrien treten zutage, wenn wir Brassai nicht länger als einen verborgenen Betrachter ansehen, sondern als einen eigenständigen Künstler – wenn beide, Matisse und sein Modell, Modelle des Fotografen Brassai werden und wenn das Bild aufhört, ein Gemälde zu sein und zu einem Schwarzweiß-Muster auf lichtempfindlichem Papier wird. Die Bedingungen der Beziehung, die Brassai zu seinen Modellen hat, sind andere als die bei Matisse. Weit entfernt davon, seine eigene Kreativität zur Schau zu stellen, brachte Brassai seine künstlerischen Objekte dazu, ihre Beständigkeit zu zeigen; er wünschte, daß sie dies in vollem Bewußtsein, als Teilnehmer an einem künstlerischen Ereignis taten. Zwar war er in stärkerem Maße passiv, aber dennoch nicht weniger emotional engagiert. Wie er einmal von sich selbst sagte, »in Abwesenheit eines Subjekts, zu dem Sie eine leidenschaftliche Beziehung haben, und ohne die Erregung, die Sie dahin treibt, diese Leidenschaft einzufangen und auszuschöpfen, werden Sie vielleicht einige schöne Bilder aufnehmen, aber kein fotografisches Werk schaffen.«[10] In diesem Fall macht er ein ungeordnetes Zusammentreffen verschiedener Persönlichkeiten (voll angekleideter alter Mann, nackte junge Frau und unsichtbarer Fotograf) zum Objekt seines Bildes, und es entsteht durch dieses Bild die Unbewegtheit eines Augenblicks, unaufgelöst, aber imaginativ fruchtbar. Und während der gesunde Menschenverstand erwarten würde, daß ein solches Bild eine nur flüchtige Bedeutung hätte, daß es uns keinen der subtileren Genüsse eines Gemäldes verschaffen könnte, schlägt es uns, die Betrachter, noch immer in seinen Bann – sogar noch ein halbes Jahrhundert, nachdem es aufgenommen wurde.

Lust an der Hingabe

Unserer Argumentation über die Wunde und ihren Einfluß liegt die Vorstellung einer Reihe von Transponierungen zugrunde, die die erotischen Bestrebungen des Individuums zu einem Projekt vereinigen. Die Ausrichtungen, die schon am Ursprung der Wunde liegen – auf die Unterschiede im Ähnlichen und die Ähnlichkeiten im Unterschiedlichen und auf Menschen-als-Dinge und Dinge-als-Menschen –, machen sich beim Erwachsenen in jeder Manifestation sexuellen Begehrens wieder geltend. Erneut transponiert, strukturieren sie die Beziehung des Künstlers zu seinem Modell, und wenn die Fähigkeiten und die Sensibilität des Künstlers ausreichend verfeinert sind, dann strukturieren sie auch die Reaktion des Betrachters auf sein Bild oder seinen Text.[11]

Ein Problem bleibt jedoch. Die Sprache des Begehrens, die die Psychologie von der Biologie geerbt hat, ist zu bestimmt, um der Sensibilität, die sich im Werk vieler Künstler ausdrückt, oder auch unserer eigenen Reaktion als Betrachter gerecht zu werden. Es ist eine Sprache, die eher zur Herstellung von Pin-up-Fotos und Pornographie als von Kunst paßt. Nicht nur eine verliebte Dominanz über den anderen, sondern auch leidenschaftliche Hingabe muß sprachlich adäquat dargestellt werden können. Die Rudimente einer passenderen Sprache stehen bereits zur Verfügung, aber sie müssen mit ein wenig Sorgfalt geordnet werden.

Baron Sacher-Masoch war ein unbedeutender Romanschriftsteller des 19. Jahrhunderts, der die erotischen Wirkungen körperlicher Grausamkeit erkundete. Die Perversion, die Krafft-Ebing nach ihm benannt hat, betrifft die sexuelle Erregung, die durch die Erfahrung des eigenen Schmerzes verursacht wird, die Erregung, die aus Demütigung resultiert oder dadurch, daß man sich in jemandes Gewalt befindet – beispielsweise wenn der eine Partner auf den anderen uriniert oder ihn fesselt. Diese Perversion kann auch komplizierte Phantasien und Tagträume von Demütigungen beinhalten, die bei vielen Menschen, Männern wie Frauen, sexuelle Erregung routinemäßig begleiten.[12] Allen Masochismus jedoch ausschließlich als Perversion zu behandeln, bedeutet, eine entscheidende Lektion nicht begriffen zu haben, die nämlich, die die Psychoanalyse uns lehrt. Sie behauptet, daß in jedem von uns eine Tendenz zum Masochismus vorhanden sei und daß sie insofern als normal und nicht als pervers betrachtet werden muß. Außerdem gibt es in diesem Kontinuum noch Zwischenstufen, die die perversen von den normalen Manifestationen des Masochismus trennen. Da ist beispielsweise die Faszination durch körperliche Gewalt, der ausgesetzt zu sein sich das Opfer vorstellt, die Erregung, die für einige Männer daraus resultiert, daß sie sich die Frau, die sie lieben, mit einem anderen Mann im Bett vorstellen, und die morbide Beschäftigung mit Verlust und Tod der Geliebten. Verschiedene dieser Zwischen-Manifestationen haben, wie wir sehen werden, eine Rolle bei der Schaffung von Kunstwerken von höchster ästhetischer Qualität gespielt.

Leo Bersani hat sich mit dieser Beziehung zwischen Masochismus und Kunst beschäftigt. In *The Freudian Body* stellt er eine »Ästhetik des Masochismus« vor, eine Analyse der Reaktion auf künstlerische Werke, bei der, wie er behauptet, der Masochismus eine zentrale Rolle spielt. Die entscheidende Einsicht, die Bersani uns zu vermitteln bestrebt ist, die jedoch niemals ganz deutlich ausgesprochen wird, ist die, daß unsere Reaktion auf ein Kunstwerk, unsere Fähigkeit, unsere Verteidigungsmechanismen fallenzulassen und es zuzulassen, daß dieses Kunstwerk uns beherrscht, als ein Sich-Hingeben zu verstehen ist.[13] Bersanis Vermutungen und Überlegungen konzentrieren sich auf den Betrachter, aber sie gelten gleichermaßen für die Reaktion des Künstlers auf sein Modell. Jeder Mensch hat das Potential, sich von einem Kunstwerk so bezaubern zu lassen wie von einem Menschen. In Anbetracht des Menschen, in den wir verliebt sind, ebenso wie in Anbetracht künstlerischer Werke oder jedes anderen Aspekts in unserer Welt, der uns tief berührt, brechen unsere Verteidigungsmechanismen zusammen. Anstatt unsere Reaktionen auf die übliche gekonnte Weise zu organisieren, lassen wir es zu, daß wir von intensiven und unkontrollierbaren Gefühlen überflutet werden. Strukturen, die sehr sorgfältig organisiert worden sind, werden fortgespült. Die Vernunft geht über Bord. In besonderen Fällen, wenn die Sache bis zum äußersten getrieben wird, wird durch diese völlige Hingabe das Anomale provoziert: etwa bei dem Minister, der sich von einem Call Girl den Hintern versohlen läßt. Aber an sich ist der Impuls, nachzugeben, zusammenzubrechen, etwas Normales, und ohne ihn wäre unser Leben es kaum wert, gelebt zu werden.

Aber Unterwerfung, völlige Hingabe ist gefährlich, für den Künstler nicht weniger als für den Wissenschaftler. So erschafft der Künstler die Erfahrung der völligen Hingabe in einer symbolischen Form neu; eine Leistung, die (wie wir im nächsten Kapitel sehen werden) sowohl den magischen Zugang feiert als auch als Vorstellungen von wirklichem Zugang und die damit in Zusammenhang stehenden Schrecken und Ambivalenzen abwehrt. Es sind nur die Betrachter, für die diese Erfahrung der Selbstaufgabe ungefährlich ist; deren Ängste und Unsicherheiten bleiben auf Armeslänge entfernt.

Studium *und* punktum

Gegen Ende seines Lebens schrieb der französische Semiologe Roland Barthes zwei Bücher, in denen seine Hauptinteressen – die Liebe und die Kunst – in immer stärkerem Maße ins Zentrum der Aufmerksamkeit rückten. Das Wortspiel, dieser entstellende Aspekt im Denken der französischen Avantgarde der jüngsten Vergangenheit, kommt immer seltener vor, und in seiner unprätentiösen Darstellung zeigt sich Barthes' Verletzlichkeit und Leidenschaft. Zwar war er selbst homosexuell, jedoch sind seine Einsichten derart, daß Heterosexuelle beiderlei Geschlechts sie leicht teilen können. Und Barthes' Argumente können, so wie die Bersanis, leicht vom Blickwinkel des Betrachters auf den des Künstlers übertragen werden und machen so entscheidende Aspekte der Hingabe des Künstlers deutlich.

In *Fragmente einer Sprache der Liebe* zeigt Barthes die Unmöglichkeit, die Erfahrung des Liebenden in einem fortlaufenden Text zu beschreiben, indem er eine alphabetisch geordnete Liste erstellt. Im Französischen beginnt sie (wo auch sonst?) mit *s'abimer,* der Sehnsucht des Liebenden, verschlungen zu werden, und endet mit *vouloir-saisir,* dem »Habenwollen«.[14] Der Liebende ist fasziniert, aber er sitzt auch in einer Falle, und was ihn in seiner Falle bedroht, ist nicht die Hingabe, sondern die Zerstörung.[15] Ihm fehlen die Worte. Und was am schlimmsten ist, er kann die geliebte Person nicht in Begriffen irgendeines Wissens oder irgendeines Prinzips außerhalb der Liebesbeziehung selbst definieren. »Ich sehe mich in den folgenden Widerspruch verstrickt: einerseits glaube ich den anderen besser zu kennen als irgend jemand sonst und bestätige ihm das triumphierend (»Ich, ich kenne dich. Nur ich kenne dich wirklich«); und andererseits wird mir häufig handgreiflich klar: der Andere ist undurchdringlich, unauffindbar, unheilbar …«[16]

Am Schluß der *Fragmente* bleibt der Leser haltlos, aus der Fassung gebracht zurück. In Liebesdingen scheint die Äußerung von irgend etwas anderem als Banalitäten unmöglich zu sein. Allerdings veröffentlichte Barthes 1980, drei Jahre später, sein letztes und sein verständlichstes Buch, *Die helle Kammer*.[17] Obwohl selbst kein Fotograf, spricht er dort über bestimmte erinnerungswürdige Fotografien und die Bedeutung, die diese in seinem persönlichen Leben und für seine Gefühle gewonnen haben. Dabei trifft er eine sehr wichtige Unterscheidung, vielleicht die wichtigste, die in diesem Jahrhundert im Hinblick auf das Verständnis von Kunst getroffen worden ist – und, implizit, auch im Hinblick auf die Intimität. Sie geht zurück auf Gedanken von Surrealisten wie Max Ernst und weiter auf Freuds Vision des verdrängten Unbewußten und Schopenhauers Unterscheidung zwischen Wille und Vorstellung.[18]

Weit entfernt davon, das Vehikel unserer wahren Erfahrung zu sein, so glaubten die Surrealisten, ist der gesunde Menschenverstand eine Barriere, die ihr im Weg steht. Aus diesem Grund betrachteten sie Kunst als subversiv. Die Rolle der Kunst ist es, uns für einige Augenblicke ohne unsere Abwehrmechanismen zu überraschen und diese Mechanismen, die für kurze Zeit gelockert sind, zu erschüttern. Barthes bezieht sich auf diese Tradition und trennt zwei deutlich verschiedene Wahrnehmungsmöglichkeiten. Wenn wir uns Fotografien zum Vergnügen ansehen, so führt er aus, neigen wir zur Angleichung. Das ideale (allerdings von Barthes nicht ausdrücklich erwähnte) Medium für diesen Prozess der Angleichung ist ein Exemplar einer guten Sonntagszeitung. Wir überfliegen hier etwas, vertiefen uns dort vergnüglich in etwas anderes und nehmen so ein breites Spektrum von Themen und Bildern auf, jedes von eigenem Interesse und von spezifisch anregender Wirkung. Zusammen finden sie ihren Platz in dem großen Gewebe von Dingen, die uns am Herzen liegen, welches uns unseren Status als kultivierte Wesen verleiht und uns von den Barbaren trennt. Barthes gibt dieser assimilativen Aktivität, die 99,99% unseres lustvollen und annehmenden Schauens ausmacht, einen Namen. Im Französischen gibt es kein Wort, das Barthes' Anliegen wirklich ausdrückt, auch im Englischen nicht, aber das Lateinische kommt ihm zu Hilfe: *studium*. Barthes benutzt das Wort *studium* nicht so sehr, um damit ein Lernen zu bezeichnen, sondern vielmehr ein Engagement, ein enthusiastisches Engagement, das aber ohne spezielle Stoßrichtung ist. Durch das Mittel des *studium* »habe ich teil an den Figuren, an den Mienen, an den Gesten, an den äußeren Formen, an den Handlungen«, die eine erinnerungswürdige Fotografie vielleicht zeigt.[19]

Beim zweiten Element der Unterscheidung Barthes' handelt nicht der Betrachter, sondern das Bild. Man kann spüren, daß die Geister von Freud und Schopenhauer seine Hand lenken, während er diese Wendung vollführt. »Diesmal bin nicht ich es, der es aufsucht (wohingegen ich das Feld des *studium* mit meinem souveränen Bewußtsein ausstatte), sondern das Element selbst schießt wie ein Pfeil aus seinem Zusammenhang hervor, um mich zu durchbohren.«[20] Das lateinische Wort, das ein solches Durchbohren mittels eines spitzen Gegenstands bezeichnet, ist *punktum*. Es bedeutet auch »Stich, kleines Loch, kleiner Fleck, kleiner Schritt – und: Wurf der Würfel«. *Punktum* ist für Barthes auch deshalb ein so besonders zutreffendes Wort, weil »es auch die Idee der Punktierung reflektiert«, weil die Fotografien, die er meint, »in der Tat wie punktiert, manchmal geradezu übersät sind von diesen empfindlichen Stellen«. »Das *punktum* einer Fotografie, das ist jenes Zufällige an ihr, das *mich besticht* (mich aber auch verwundet, trifft).«

In der ersten Hälfte von *Die helle Kammer*, ebenso wie in *Fragmente einer Sprache der Liebe*, sind die Stöße und Schmerzen, die Barthes im Sinn hat, die des faszinierten Begehrens. Er ist ganz besonders gefangengenommen von einem nackten Selbstporträt Robert Mapplethorpes. Barthes sah darin ein Bild, das »das Verlangen über das hinausführt, was es erkennen läßt: … hin zur abstrakten Vollkommenheit eines Wesens, dessen Seele und Körper verschmolzen sind«, und »zwar genau im richtigen Grad des Sich-Öffnens, in der Intensität der Hingabe«.[21] Erst später spricht er vom Tod seiner Mutter und seinem Kummer. Eine Fotografie seiner Mutter als Kind, genannt die »Fotografie des Wintergartens«, fängt diese Frau für ihn ganz genau ein und erfüllt ihn mit unendlichem Erstaunen. Diese Fotografie bringt ihm weniger die verlorenen Gefühle für seine Mutter zurück, es scheint vielmehr, daß Barthes, indem er das Bild betrachtet, seine Mutter zum ersten Mal so sieht, wie sie wirklich war. »Während ihrer Krankheit«, so schreibt er, »pflegte ich sie, reichte ihr die Teeschale, die sie liebte, weil sie daraus bequemer trinken konnte als aus einer Tasse; sie war meine kleine Tochter geworden, hatte in meinen Augen wieder zum Wesen des Kindes zurückgefunden, das sie auf ihrem ersten Foto gewesen war.«[22]

Es ist nicht erstaunlich, daß Barthes uns die Fotografie des Wintergartens vorenthält. Er weiß, daß sie uns nicht so berühren, nicht so durchbohren kann wie ihn. Aber andere Fotografien, die er uns zeigt, ermöglichen es uns, den sich überschneidenden Linien seiner Gedankenführung und seines Blicks zu folgen. Wenn Barthes Mapplethorpes Selbstporträt rühmt, dann sehen wir, was er meint. Auch wenn eine heterosexuelle Frau oder ein heterosexueller Mann den homosexuellen Reiz, der von dem Bild ausgeht, nicht verspürt, kann sie oder er doch, beim Blick über Barthes' Schulter sehen, warum er ergriffen ist. Auf dieselbe Weise können wir sein Gefühl teilen, das Bild von Nadars Mutter (oder seiner Ehefrau?) überschreite das Pflichtmaß dessen, was man normalerweise von einer Kamera erwarten kann. Barthes' Unterscheidung zwischen *studium* und *punktum* ermöglicht es uns, in einem allgemeineren Sinne zu begreifen, daß es für uns verschiedene Wege gibt, mit unseren Gefühlen zurechtzukommen. Es ist zum einen möglich, diese automatisch zu regulieren und zu entfremden oder aber, die Kontrolle aufzugeben und einen unmittelbaren Zugang zu gewinnen. Barthes' Unterscheidung läßt uns auch erkennen, was der männliche Künstler in seiner Hingabe verliert und was er gewinnt: Die permanente Trennung, die normalerweise das imaginative Leben des Künstlers regiert – die Betrachtungsweise von Dingen-als-Menschen und Menschen-als-Dingen – bricht zusammen, und er wird, für wie kurze Zeit auch immer, frei, die Welt so wahrzunehmen wie sie ist. Das heißt, *er ist frei, Menschen als Menschen und Dinge als Dinge wahrzunehmen.*

Assoziationen

Wie kann jedoch ein Fotograf, ein Maler oder ein Dichter ein Werk so strukturieren, daß es andere Menschen zutiefst berührt, durchbohrt, und das nicht willkürlich, indem er hier und dort die Abwehrmechanismen einzelner Personen durchstößt, sondern vielmehr, indem er auf eine vorhersehbare und konsistente Weise viele Menschen berührt, denen die Wahrheit über die menschliche Existenz noch am Herzen liegt?

In den letzten zwanzig Jahren sind solche künstlerischen Bemühungen von französischen Sprachtheoretikern, vor allem von Jacques Derrida, erforscht worden.[23] Die entsprechenden Theorien haben eine besondere Relevanz für literarische Texte, aber implizit beziehen sie sich auch auf die non-verbalen künstlerischen Äußerungen, in der Tat auf jede Äußerung, die nicht ausschließlich prosaisch und sachlich ist. Es wird behauptet, daß die Elemente jedes Zeichensystems in sich keine Bedeutung haben; sie werden in ihrer Bezogenheit aufeinander und in den Unterschieden, die wir zwischen ihnen entdecken, bedeutungsvoll. Bei Meits Skulptur von *Judith und Holofernes* hat das Objekt in Judiths rechter Hand natürlich eine Identität; wir erkennen es als den Griff eines Schwertes. Es bezieht jedoch seine imaginative Bedeutung aus seinen Verbindungen zu anderen Elementen – seiner Nähe zu Judiths nacktem Unterbauch und ihrer Schamspalte und zu Holofernes' abgetrenntem Kopf. Diese Beziehungen machen das Auge wiederum für Nuancen empfänglich (die beiläufige Art, wie Judith den Griff des Schwertes hält), und sie wecken in uns Vorstellungen allgemeiner Art (den Gedanken, daß sie in ihrer Nacktheit Holofernes zerlegt und dabei seine Macht und seine sexuellen Energien von seinem Kopf getrennt hat).

Ähnliche Prozesse laufen ab, wenn wir ein Gedicht lesen:

Only a man harrowing clods
In a slow silent walk
With an old horse that stumbles and nods
Half asleep as they stalk.

Only thin smoke without flame
From the heaps of couch-grass;
Yet this will go onward the same
Though dynasties pass.

Yonder a maid and her wight
Come whispering by:
War's annals will cloud into night
Ere their story die.[24]

(Nur ein Mann, der, langsam und geräuschlos
vor sich hingehend, die Scholle pflügt,
mit einem alten Pferd, das,
nickend und stolpernd, fast einschläft.

Nur dünner Rauch ohne eine Flamme
steigt aus dem Haufen Quecke;
immer wieder dasselbe Bild,
auch wenn Herrschergeschlechter vergehen.

Dort drüben ein junges Mädchen und ihr Liebster.
Sie gehen flüsternd nebeneinander her.
Kriegsannalen werden dereinst vergessen sein,
aber ihre Geschichte lebt immer fort.)

»A man harrowing clods«, »an old horse that stumbles and nods«, »heaps of couch-grass«: Thomas Hardy benutzt diese Bilder als Eckpunkte eines imaginären Raums – teilweise semantisch, teilweise formal, teilweise phantasiert –, innerhalb dessen für uns als Leser komplexe Muster von Querverweisen und Unterscheidungen möglich werden. Hardy hat sorgfältig ausgewählt, und er benutzt seine Bilder, um bestimmte Themen vorzustellen. In der dritten Strophe beispielsweise werden die Themen von Liebe und Krieg angeschnitten. Aber bei der Lektüre von Dichtung geht es nicht darum, korrekte Bedeutungen herauszufinden, vielmehr begeben wir uns selbst in einen Raum hinein, in dem die Bedeutungen sich fortwährend verschieben.

Solche Bedeutungsverschiebungen entstehen aus sich heraus, und sie tun das aus einer Vielzahl von Gründen. Einige können in dem Kulturkreis gefunden werden, aus dem Hardy seine Themen bezog; in diesem Beispiel geht es um das Buch Jeremiah und Gottes Urteil gegen Babylon:

Du warst mein Hammer, meine Waffe für den Krieg. / Mit dir zerschlug ich Völker, / mit dir stürzte ich Königreiche, mit dir zerschlug ich Roß und Lenker, / mit dir zerschlug ich Wagen und Fahrer,
mit dir zerschlug ich Mann und Frau, / mit dir zerschlug ich Greis und Kind, / mit dir zerschlug ich Knabe und Mädchen,
mit dir zerschlug ich Hirt und Herde, / mit dir zerschlug ich Bauer und Gespann, / mit dir zerschlug ich Statthalter und Vorsteher.
Aber ich übe Vergeltung an Babel und an allen Bewohnern Chaldäas / für alles Böse, das sie an Zion vor euren Augen verübten – Spruch des Herrn.
Nun gehe ich gegen dich vor, / du Berg des Verderbens, / der die ganze Erde verdarb – Spruch des Herrn.
Ich strecke meine Hand gegen dich aus, / ich wälze dich weg von den Felsen / und mache dich zum ausgebrannten Berg.[25]

Andere Assoziationen sind autobiographisch. Ursprünglich nur dem Autor bekannt, werden sie seinem Leser durch seine anderen autobiographischen Schriften verfügbar. In seinem Buch *Life*, das angeblich von seiner zweiten Frau, tatsächlich aber von ihm selbst geschrieben wurde, sagt Hardy: »Ich glaube, daß Menschen, die mich gut kennen, sagen könnten, daß ich eine (möglicherweise nicht ungewöhnliche) Fähigkeit habe, in meinem Herzen ein Gefühl vierzig Jahre lang zu vergraben, und dieses am Ende dieses Zeitraums so frisch wieder auszugraben, wie es zu dem Zeitpunkt, als es eingegraben wurde, gewesen war.«[26] Ein Beispiel dafür sei *In Time of ›The Breaking of Nations‹*. Er schrieb es, so sagt er, während des Ersten Weltkriegs, aber es nimmt ein Gefühl wieder auf, das ihn viele Jahre zuvor, während des französisch-russischen Krieges bewegte. Das heißt, das Werk geht zurück auf eine Zeit, als er in seine zukünftige Frau, Emma Gifford, verliebt war. Für Hardy bezeichnet die Bilderwelt des Gedichts einen ganz besonderen Tag – den 18. August 1870, den Tag der Schlacht von Gravelotte –, als er und Emma gemeinsam im Garten des Pfarrhauses von St. Juliot sich der Lektüre von Tennyson widmeten, über den Krieg sprachen und auf einen Bauern, der unter ihnen im Tal mit Pferd und Pflug seine Bahn zog, hinunterschauten. Mit Bleistift schrieb Hardy auf die letzten Seiten eines Buches, das er gerade las: »Rostiger Pflug – dahinter Saatkrähen, 2 Männer hacken Mangold, mit gebeugten Rücken, dahinter ein rauchender Haufen gemeine Quecke, dahinter Pferd & Wagen, die keine Feldarbeit tun – dann Hügellandschaft.« Irgendwann an jenem Tag zeichnete Emma ihren Liebhaber auf einem Zaun sitzend, und am nächsten Tag zeichnete Hardy sie, wie sie, mit zurückgeschobenen Ärmeln und nach vorn fallenden Ringellöckchen, nach einem Picknickbecher fischte, der zwischen die Felsen eines Wasserfalls gefallen war. Beide Szenen, die pflügenden Pferde und der entglittene Becher, sollten für Hardy ein sprechendes Bild für die Liebe bleiben, die er und Emma später zerstören würden, die jedoch paradoxerweise nach Emmas Tod wieder aufleben sollte.[27]

In Time of ›The Breaking of Nations‹ ist ein Gedicht über den Krieg, und unsere Reaktion darauf wird durch unsere eigene Erfahrung von Verlust gefärbt sein. Es ist auch ein Gedicht über die Liebe, und unsere Reaktion darauf wird ebenfalls durch unsere augenblickliche Lebenssituation und durch die Intensität, mit der uns Gedanken an Liebe und Verlust berühren, bestimmt sein. Noch präziser gesagt ist es ein Gedicht, das uns insoweit bewegt und berührt, als die Erfahrungen von Krieg und Liebe sich in uns nicht nur vermengt haben, sondern eine Verbindung eingegangen sind, insofern nämlich, als wir befürchten, daß Liebe sich in unserer Vorstellung (so, wie es bei Thomas und Emma Hardy geschah) in einen »ausgebrannten Berg« verwandeln könnte, in ein Schlachtfeld. Schließlich ist in der letzten Strophe des Gedichts die Rede vom Leben, das die Zerstörungen des Krieges überlebt, ein Thema, das Hardy, wie wir im nächsten Kapitel sehen werden, in den Jahren, nachdem Emma gestorben war, tief bewegte.

Unsere Überlegungen laufen darauf hinaus, daß die Bedeutungen innerhalb eines Gedichts wie dem von Hardy sich aus einem anderen Grund verschieben. Jedes Bild oder jeder Text, der uns tief bewegt, muß zwangsläufig unsere Fähigkeit zur Verdrängung berühren. Es muß, mit anderen Worten, eine Wechselwirkung bestehen zwischen einem Werk, das uns imaginativ aufwühlt, und einem Gedanken, der bis zu einem gewissen Grad unbewußt ist, eine Wechselwirkung, die nicht nur offen ist für die Prozesse kultivierter Umformung, sondern auch für Eruptionen und Erdrutsche. Jeder imaginativ konzipierte Text muß, so folgt daraus, versteckte Bedeutungsnetze enthalten: einige davon sind dem Autor zugänglich, andere dem Leser – und nur ein Bruchteil liegt beiden gleichermaßen offen. Ein Gedicht wie das von Hardy hat also gerade aus Gründen, die weder der Autor noch der Leser richtig verstehen, eine tiefe Wirkung. Autor, Text und Leser können wie drei Versionen desselben Traums nebeneinander her bestehen – so wie es bei Künstler, Bild und Betrachter des *Sklavenschiffs*, jenes entsetzlichen Gemäldes Turners, der Fall war, das seinem Mentor und Bewunderer, John Ruskin, gehörte.[28]

In einem Gedicht wie dem von Hardy begegnen wir einer Struktur von emotional stark befrachteten, nur zum Teil greifbaren Mehrdeutigkeiten, die in die formalen Bindungen eines Schemas von Rhythmus und Reim eingefügt sind und die ihren Sinn auch durch unser Gefühl für die Stimme des Poeten erhalten. Statt die formalen Spannungen, die diese Struktur hervorbringt, zu lösen, so wie das ein Psychologe möglicherweise versuchen würde, bringt der Dichter sie auf beunruhigende Weise in unserem Geist zum Schwingen. Ein Produkt der Intelligenz erreicht den Status eines »Kunstwerks« insoweit, als es tiefsitzende und an sich instabile Mehrdeutigkeiten artikuliert (aber nicht löst). Zwar ist die Struktur dieses Kunstwerks festgelegt, aber im Rahmen dieser Struktur sind die Bedeutungen wie in der Imagination verschiebbar. Ohne die betreffenden Assoziationen und ohne den entsprechenden Widerhall wird ein Gedicht wie das von Hardy zu einem reinen Unterhaltungsprodukt; wenn es nicht länger fähig ist zu durchbohren, dann wird es zu einer bloßen Trickkiste.[29]

Kapitel 9
Ein Fotograf, ein Dichter und ein Maler

Die Wunde bewegt Männer dazu, Frauen, die sie begehrenswert finden, zum Objekt zu machen, und sie sorgt zugleich dafür, daß solche Manöver untrennbar mit einem Risiko behaftet sind. Mit dem entsprechenden Maß an Kunstfertigkeit können die daraus resultierenden Werke bisweilen eine zweifache Versöhnung erreichen: die des Geistigen mit dem Sinnlichen und die des Flüchtigen mit dem Dauerhaften. In solchen Werken erscheint die Wunde wie durch einen Zauber geheilt. Aber in der Praxis ist, wie wir zeigen werden, die erfolgreiche Versöhnung des Erotischen mit dem Formalen eine Leistung, die äußerst schwer zu erreichen und sehr selten ist.

Wo der Wissenschaftler die Welt der *Arbeit* von der der *Liebe* trennt, da verschmilzt der Künstler die beiden miteinander. Absichtlich oder unabsichtlich mag er deshalb in der Folge die Intimität zerstören, die zu feiern er sich vorgenommen hat. Wir haben es mit anderen Worten hier wieder mit Gewinnen und Verlusten zu tun, mit Gleichungen von Kosten und Nutzen. Wenn er Glück hat, dann fühlt sich der männliche Künstler (und der Künstler in jedem Mann) zu Frauen hingezogen, die es als lohnend empfinden, zum Objekt gemacht zu werden, und die aus eigenem Antrieb die Arten von Intimität schaffen, die gegenüber der in der Folge auftretenden Abnutzung widerstandsfähig sind. Aber eine Abnutzung wird in jedem Fall eintreten. Während im fertigen künstlerischen Produkt die Wunde geheilt sein mag, wird das Objektivierende auf jeder Stufe der Entwicklung in das Persönliche eindringen. Der Preis sind möglicherweise intime Beziehungen, die jeder Vitalität beraubt oder auf andere Weise entleert sind. Solche Kunst geht auch sehr leicht mit Frauenhaß einher. Daher William Gass' Warnung: »Deshalb würde ich dem unglücklichen Schriftsteller gern sagen, daß es nur einen Körper gibt, dessen Verlangen nach seinen Liebkosungen nicht vulgär ist, nicht unkeusch, unpassend oder unhöflich: den Körper seines Werkes selbst.«[1]

In diesem letzten Teil unserer Erzählung kehren wir zu Thomas Hardy zurück, aber wir beginnen mit einem Fotografen, Edward Weston, und enden mit einem Maler, Pierre Bonnard. Wir betrachten alle drei im Kontext der Frauen, die sie liebten, und des Werkes, das durch diese Liebe entstand. Für den Fotografen war es so, als würde das Sich-Verlieben ihn über eine versteckte ästhetische Schwelle tragen. Der Charakter seines Werkes veränderte sich auf subtile, aber grundsätzliche Weise, und eine kurze Zeit lang konnte er nichts falsch machen. Bald jedoch veränderte sich sein Werk aufs neue und der Eindruck anstrengungsloser Klarheit verflüchtigte sich. Im Falle des Dichters stellte sich eine wirkliche Klarheit der Äußerung erst spät im Leben ein, in der Rückschau, als endlich die Herausforderung des Gegenwärtigen beseitigt war. Nur beim Maler scheint das Werk sich auf befriedigende Weise von einer Phase zur anderen entwickelt zu haben. Bei ihm ist es so, als wenn Schritt für Schritt eine passendere Form für den Widerspruch zwischen dem Erotischen und dem Formalen gesucht und gefunden worden wäre, wobei seine Leistung eine Summe der Herausforderungen ist.

Jeder dieser Männer brauchte Frauen nicht nur zur Inspiration, sondern auch als »Rohmaterial«, und alle drei mußten deshalb, zumindest streckenweise, steinige Wege gehen. Im Werk des Fotografen gibt es einen Widerspruch zwischen dem erotischen Objekt und einer selbst auferlegten philosophischen und technischen Askese. Im Werk des Poeten erkennt man einen Widerspruch zwischen rivalisierenden Systemen zwanghafter Vorlieben, die eine amourös, die andere morbide. Obwohl die Spannungen im Werk des Malers weniger dramatisch sind, treten sie in seinen Bildern ebenfalls auf deutliche Weise zutage.

Das wahrheitsgetreue Bild

Die Gefahren, die der Verwandlung des persönlichen Lebens in Kunst innewohnen, sind bei allen künstlerischen Medien vorhanden, aber sie sind im Falle der Fotografie am deutlichsten sichtbar. Seit den frühesten Tagen ihrer Entstehung wurde die Kamera auf das nackte Modell gerichtet, gewöhnlich, aber keinesfalls ausschließlich, von Männern auf Frauen. Die meisten der aufgenommenen Bilder sind mehr oder weniger banal. Nur sehr wenige sind ästhetisch wertvoll. Statt eine Imitation des gemachten oder bildhauerisch dargestellten Aktmodells anzubieten, nehmen viele dieser Werke eine gänzlich neue künstlerische Chance wahr. Denn vor allem anderen bietet die Technologie der Kamera dem visuellen Künstler eine Eigenschaft, die allen anderen Medien fehlt: *Wahrheitstreue*. Ein Gemälde kann zwar lebensecht sein, aber die Fotografie präsentiert sich uns als eine Form der Darstellung, die grundsätzlich nüchterner ist. Mehr eine »Aufnahme« denn eine »Darstellung«, wie die Kritikerin Rosalind Krauss bemerkt, scheint das fotografische Negativ eine »Ablagerung der Wirklichkeit selbst« zu sein.[2] (Das englische *veridical* ist hier auf inspirierende Weise doppeldeutig. Es bedeutet zum einen »wahrheitsgetreu« und bezieht sich zum zweiten auch auf jene Einsichten, die uns in Träumen und Träumereien kommen und die sich später bewahrheiten. Die Ausdruckskraft eines Fotos hängt von diesen fließenden Beziehungen zwischen dem Realen und dem Vorgestellten ab.)

Eine bestimmte Tradition der Aktfotografie nutzt diese spezielle Eigenschaft. Zwar ist die fotografierte Frau häufig ein professionelles Modell, aber es ist auch nicht ungewöhnlich, daß sie die Ehefrau oder Geliebte des Fotografen ist. Auf einigen Fotografien werden Teile des Körpers isoliert dargestellt. Auf anderen ist das Modell unbekleidet und als Person erkennbar, wobei die Wirkung die eines Aktporträts ist. Ein Pionier dieses Genres war Alfred Stieglitz, sein Modell die Malerin Georgia O'Keefe. Die größten Schwierigkeiten, mit denen sie zu kämpfen hatten, waren die der Legalität. Bis in die jüngste Vergangenheit hinein war es ein Verbrechen, in den Vereinigten Staaten per Post ein Bild zu versenden, auf dem auch nur ein einziges Schamhaar zu sehen war. Spezifischer psychologisch sind die Gefahren, die darin liegen, das Private öffentlich zu machen. Zumindest theoretisch macht der Mann, der den Körper der Frau, die er begehrt, fotografiert, diesen Körper fremden Männern ebenfalls zugänglich. Die daraus entstehenden Ambivalenzen könnten seine Begierde schmälern, und zwar ohne daß er dieses auf irgendeine Weise zu kontrollieren vermag. Und auch das Modell muß seinen Preis bezahlen. »Ich habe der Welt ja nur das Leben einer Frau offengelegt«, erklärte Stieglitz.[3] Aber indem er O'Keefe entblößte, verwandelte er sie indirekt in ein Objekt des Klatsches und schmieriger Phantasien, und sie wurde zum Gegenstand von Spekulationen – die wohl ursprünglich Truman Capotes Phantasien entstammten –, daß sie die Art von Frau sei, die einen Dildo in ihrer Handtasche herumträgt.[4]

Charis und Edward

Noch bemerkenswerter als Stieglitz' Bilder von O'Keefe sind Edward Westons Fotografien von Charis Wilson, seinem Modell und seiner späteren Frau. Beide, Weston und Wilson, haben über ihre Beziehung geschrieben, und was sie sagen, wirft ein Licht auf die Prozesse, in denen die idealisierten Bilder einer begehrenswerten (und in diesem Fall außerordentlich gebildeten) Frau entstehen.

Als sie sich 1934 bei einem Konzert begegneten, war Weston Ende Vierzig. Er war verheiratet und hatte aus dieser Ehe, die jedoch seit langem nichts mehr hergab, mehrere Söhne. Ganz auf der Höhe seiner Kräfte, war er besonders berühmt für seine Fähigkeit, Frauen in Aktmodelle von zwingender formaler Schönheit zu verwandeln – er war »eine kleine, sanfte Person mit wildem Innenleben«.[5] Später, als ihre Wege sich erneut kreuzten, wurde Charis sein Modell und seine Geliebte. Es gibt Zweifel, ob Weston sich voll und ganz auf diese Beziehung einlassen konnte, aber es gibt keinen Zweifel an der Qualität der Bilder, die daraus hervorgingen.[6] Hinsichtlich der visuellen Qualität stellen sie vielleicht keinen Fortschritt im Vergleich mit den besten seiner früheren Werke dar, aber es war mit das erste Mal, daß er Akt*porträts* aufnahm. Während bei den bemerkenswertesten seiner früheren Aktfotografien – beispielsweise bei denen der Tänzerin Bertha Wardell – der Körper kopflos ist und das Gesicht des Modells entweder abgeschnitten oder versteckt, ist der Kopf von Charis fast immer ganz zu sehen. Wie sie es formulierte, sollten »nicht länger ›Teile‹ und ›Stücke‹ dargestellt werden, nur ganze Menschen an wirklich existierenden Orten«.[7]

Weston erlegte sich als Fotograf eine äußerst strenge Disziplin auf. Er arbeitete mit unhandlichen Kameras – viele der Aktphotos von Charis wurden mit einer Kamera aufgenommen, die Negative in der Größe 20 x 25 cm produzierte – und er legte Wert auf eine größtmögliche Tiefenschärfe und zugleich eine äußerst genaue Wiedergabe der Details. In der Tat übertrug er die Techniken des Stilleben-Fotografen auf das lebendige Modell. Weston verlangte darüber hinaus von sich selbst, noch bevor der Verschluß der Kamera sich öffnete, bereits alle ästhetischen und technischen Urteile gefällt zu haben, die für ein Foto nötig sind. Die Abzüge seiner Bilder – von Felsen, Bäumen, Gemüse, Muscheln, Ruinen, toten Vögeln, Wolken, Akten – wurden mit einem Minimum an zusätzlicher Bearbeitung hergestellt. Diese Disziplin diente Weston wohl als Abwehr gegen die ambivalenten Gefühle, die seine Motive in ihm hervorriefen; sie war das Äquivalent der Zuflucht des in Erregung versetzten Psychologen zur »Methodologie«. Seine Präzision, die verbunden ist mit den wundervoll abgestuften Tönen seiner Schwarzweiß-Abzüge, verwandelte trotzdem den nackten Frauenkörper in Visionen, die einen Anstrich der Unausweichlichkeit haben und die häufig als »platonisch« charakterisiert werden. Die Ausgewogenheit und Genauigkeit, der überwältigende Eindruck technischen Könnens, die seine Bilder vermitteln, läßt sie heute als das Werk eines Altmeisters dieser Kunstform erscheinen. Zu seiner Zeit war dies dennoch eine radikale Form des Bilder-Machens, ebenso subversiv wie offenbarend, und einflußreich in den politischen Zirkeln der extremen Linken.[8]

Edward Weston und Charis Wilson heirateten 1939 und trennten sich 1946. Wenig später nahm Weston, der bereits unter den Anfängen der Parkinsonschen Krankheit litt, an der er zehn Jahre später sterben sollte, sein letztes Foto auf. Vielleicht hatten seine Krankheit, die sich zu der Zeit bereits ankündigte, die Beziehung zu Charis verändert und diese Veränderungen wiederum den Charakter seiner Fotografien beeinflußt. Eine solche Beziehung scheint aber auch ihren eigenen spezifischen Entwicklungsverlauf zu haben. Wie sich in den Aktaufnahmen, die er von Charis machte, zeigt, ist die Entwicklung keinesfalls durchweg positiv. Zunächst einmal gibt es den Übergang von »Bruchstücken« zu »ganzen Menschen an wirklich exisitierenden Orten«. Dies zeigt, daß der Mann, wenn er sexuell angezogen ist, dazu neigt, sich den weiblichen Körper im Hinblick auf die Teile, aus denen er zusammengesetzt ist, vorzustellen, und daß er nur dann, wenn er wirklich liebt, die fragliche Frau als ganze Person wahrnimmt. Aber selbst in ihrer Darstellung von »ganzen Menschen an existierenden Orten« zeigen Westons Nacktaufnahmen leicht erkennbare Stadien. Da ist die Reinheit und die Aufrichtigkeit der ersten Phase, die berühmten Bilder von Charis in den Sanddünen. Dann eine Phase sinnlicher Energie – die Bilder, die 1937 in Neu-Mexiko aufgenommen wurden, charakterisiert durch eine formale Konzentration auf Charis' Geschlechtsteile. Und schließlich eine Phase, die durch merkwürdige Verschiebungen und einen morbiden Humor charakterisiert ist: das Bild der im Wasser treibenden Charis, auf dem sie aussieht, als sei sie tot, und noch verwirrender das 1942 aufgenommene Foto, das sie nackt, aber mit einer Gasmaske zeigt. Das Sinnliche ist weder der Ausgangspunkt in diesem sich entwickelnden Muster noch die Auflösung, sondern ein Zwischenschritt. Weit entfernt davon, ein Aufwallen instinktiver Energie zu sein, scheint der Rückzug auf das Sinnliche beim Bildermachen eines von mehreren psychischen Manövern zu sein, die angesichts einer hartnäckigen Ambivalenz auftauchen und deren jedes in sich selbst instabil, doppeldeutig ist. Vielleicht ist es auch bezeichnend, daß Edward und Charis nicht während der ersten oder zweiten, sondern zu Beginn der dritten Phase heiraten: im Jahr des »toten Körpers im Wasser«.

Der weibliche Akt und der Frauenhaß

Eine Beziehung, die so außergewöhnlich ist wie die von Edward und Charis, birgt die Gefahren von Selbstbetrug und falschem Bewußtsein. Es liegt durchaus nahe zu vermuten, daß Weston, weit entfernt davon, den weiblichen Körper als angenehm zu empfinden, sich vielmehr mit ihm nicht wohlgefühlt hat und im Grunde seines Herzens sogar ein Frauenhasser war, daß in seiner Imagination sogar ein teilweise unterdrückter Abscheu brodelte, gegen den seine unbefleckte Bildwelt als eine Art Verteidigungsstrategie fungierte. Es ist so, als wenn Weston, in seiner Faszination vom Körper als Ding-an-sich, über einen langen Zeitraum hinweg ein Projekt verfolgte, bei dem der natürliche Fokus des männlichen Begehrens, der weibliche Körper, am Ende nicht mehr erregend wirkt. »Warum diese Flut von Frauen?« hat er sich einmal selbst gefragt. Es könnte sein, daß Frauen sich ihm nicht deshalb mit einer solchen Bereitwilligkeit freiwillig als Modell zur Verfügung stellten, weil er sie in Kunst verwandelte, und nicht einmal deshalb, weil er ihnen ihre Körper in idealisierter Form zurückgab, sondern weil sie seinen inneren Konflikt spürten und sich unbewußt dadurch erregt fühlten.

Es gibt bei Weston nur indirekte Anzeichen für Frauenhaß, und Charis Weston selbst würde diese Interpretation gewiß zurückweisen.[9] Der Aspekt ist deshalb nicht weniger wichtig, weil Frauenhasser (oder zumindest Männer mit stark ambivalenten Gefühlen gegenüber Frauen) in der Geschichte des Aktporträts eine wesentliche Rolle gespielt haben. Wie Manet einmal Berthe Morisot gegenüber äußerte, war Edgar Degas »unfähig, eine Frau zu lieben, sogar unfähig, einer Frau zu sagen, er liebe sie.«[10] Degas fühlte sich, wie es scheint, zu Frauen hingezogen, aber er fürchtete sich vor ihnen. Dennoch war er wohl der erste männliche Künstler seit der Renaissance, der Bilder des weiblichen Körpers schuf, die nicht die Existenz einer vorwiegend männlichen Zuschauerschaft voraussetzen und auf denen die Frau weder als ein Objekt erotischer Verlockung noch als eine Metapher erscheint, sondern als für sich selbst der Betrachtung wert.[11]

Wenn es auch unklar bleibt, ob Weston die Frauen ablehnte – der Frauenhaß seines tschechischen Zeitgenossen Frantisek Drtikol steht außer Frage. Drtikol war ein exzentrischer Bisexueller, seine Einstellung zu Frauen eine Mischung aus Zuneigung und Mißtrauen. Als er sich einer jungen Frau empfahl, die er liebte, schrieb er: »Du mußt dir darüber klar sein, daß ... ich schließlich entschieden habe, alle Frauen zu verachten, die damit zufrieden sind, minderwertige Wesen zu sein, und daß ich Frauen, die nichts anderes als wunderschön weiblich sind, scharf verurteile.« Seine Imagination werde jetzt, so sagt er, beherrscht durch »den Typus einer schwarzen Frau, sonnenverbrannt, mit der psychischen und physischen Kraft eines Mannes – einer Schlange mit Brüsten so hart wie Stahl, ohne Bauch und mit *un sexe spécial*«.[12] Als er schließlich die Fotografie um des Malens und der Theosophie willen aufgibt, tritt sein Frauenhaß offen zutage: »Im Mann gibt es eine Hälfte, die gut, eine andere, die animalisch ist. Die Frau ist nur animalisch ... mehr und mehr mag ich Frauen im allgemeinen, und vor allem liebe ich sie spirituell und aus einer Distanz heraus. Sobald eine Frau mir näherkommt und ich mir vorstelle, sie im Arm zu halten und mit ihr zu schlafen, rebelliert alles in mir, und ich spüre einen ungeheuren Abscheu.«[13]

Die Heftigkeit von Drtikols Abscheu paßt überhaupt nicht zu seinen besten Aktphotos, auf denen viele der Modelle als Individuen erkennbar sind und ihr Gesichtsausdruck der Schlüssel ist zu dem Geisteszustand, den das Bild vermittelt. Seine Bilder fangen eine erotische Sensibilität ein, die zugleich drängend und gelassen ist, und ähnlich wie bei Degas ist keine Spur von Herabwürdigung oder Ablehnung zu erkennen. Diese Beziehung intensiver Ambivalenz zum weiblichen Körper und die Fähigkeit, erinnerungswürdige Bilder dieses Körpers zu schaffen, sind, so glauben wir, charakteristisch für die Mechanismen, durch die die Spannungen, die mit der Wunde in Zusammenhang stehen, erträglich gemacht werden. Nicht nur können die Widersprüche, die der Wunde zu eigen sind, sich im Werk des Künstlers ausdrücken; gelegentlich können sie – so wie bei Weston und Drtikol – sogar innerhalb dieses Werkes gelöst werden. Daraus entstehen nicht nur, wie man erwarten könnte, erotische Aktdarstellungen, die erschreckend (Meits *Judith*) oder wenig schmeichelhaft sind (Rembrandts *Diana*, von Adrian Stokes sehr treffend als »schlaffe Hüterin von Juwelen und Schmutz, von sagenhaften Kindern und magischem Kot« beschrieben[14]), sondern Bilder, die Menschen beiderlei Geschlechts sich mit einem Gefühl der Beglückung betrachten können.

Der Depressive aus Wessex

Solche Spannungen sind im Leben und Werk von Thomas Hardy ganz besonders deutlich erkennbar. Er und Emma, ein vollbusiges Geschöpf von großer Vitalität, mit leuchtend blauen Augen und einer gewaltigen Mähne blonden Haares, hatten aus Liebe geheiratet. Aber es zeigte sich, daß sie als Ehepaar nicht zusammenpaßten – er war düster, nach innen gekehrt, ausweichend, sie extrovertiert, aber verwöhnt – und zusammen waren sie zutiefst unglücklich. Er vernachlässigte sie, und sie flüchtete sich in die Religion. In ihrem Unglück steigerte sich ihr extrovertiertes Benehmen ins Wunderliche und Bizarre. In Dorchester sah man sie häufig, trotz starken Übergewichts, auf ihrem Fahrrad dahinradeln. Sie verteilte »wunderschöne kleine Büchlein« und propagierte voller Leidenschaft die Dogmen des protestantischen Glaubens. In den Augen der Einwohner von Dorchester war sie halb verrückt.

Schließlich wurde Hardy berühmt. Das Angebot, ihn in den Ritterstand zu versetzen, lehnte er ab, aber er akzeptierte Ehrentitel und den Order of Merit und war möglicherweise der reichste Schriftsteller seiner Zeit. Er war häufig auf Reisen, und wenn er einmal daheim war, dann schloß er sich in seinem Arbeitszimmer ein, um sich mit den Druckfahnen für die Wessex-Ausgabe seiner Werke zu beschäftigen. Gewöhnlich trafen er und Emma sich nur zum Abendessen, das sie in völligem Schweigen einnahmen. Die meiste Zeit befanden sie sich in einer Art Kriegszustand. Später hatte Emma wegen ihrer Gallensteine oftmals große Schmerzen. In jenen Tagen wurden häufig Morphium oder Chloroform verschrieben, und obwohl 1912 bereits chirurgische Operationen gemacht wurden, war ein derartiger Eingriff sowohl für Emma als auch für Hardy eine entsetzliche Vorstellung. Emmas Gesundheitszustand verschlechterte sich allmählich so sehr, daß sie sich nur im Rollstuhl fortbewegen konnte; Trevis, der Gärtner, mußte sie jeden Sonntag in die Kirche schieben. Als Emma starb, bestand Hardy darauf, daß der Tod ganz unerwartet eingetreten sei. In einem Brief an eine Freundin, Mrs. Florence Henniker, schrieb er: »Emmas Tod kam für mich, den Arzt und alle anderen völlig unerwartet… ich habe mir Vorwürfe gemacht, daß ich nicht geahnt habe, daß sich bei ihr irgendeine innere Katastrophe anbahnen könnte.« Dennoch legt Robert Gittings die Schlußfolgerung nahe, daß »Hardy die Augen gegenüber dem Zustand seiner Frau verschloß, und daß er nach ihrem Tod auch die Augen anderer zu schließen versuchte.«[15]

Aber in den Jahren nach Emmas Tod schrieb Hardy sehr beredte Liebesgedichte an sie, wobei die Gefühle, die er »exhumierte«, diejenigen waren, die er zur Zeit seiner Werbung gehabt hatte. Er schrieb jene Gedichte, obwohl er zum Zeitpunkt von Emmas Tod eine andere, sehr viel jüngere Frau, Florence Dugale, liebte, die er auch wenig später heiratete.

Die Gedichte, die Hardy in der Zeit kurz vor Emmas Tod veröffentlichte, sind auffällig zynisch, und viele von ihnen handeln von den brutalen Unzulänglichkeiten der Ehe. In *At a Watering Place* artikuliert ein Betrachter seine Eindrücke von einem »hübschen, stolzen Paar«, das kurz vor seiner Heirat steht:

… How little he thinks
That dozens of days and nights on end
I have stroked her neck, unhooked the links
Of her sleeve to get at her upper arm …

(Er denkt nicht daran
Daß ich Dutzende von Tagen und Nächten hintereinander
Ihren Hals gestreichelt habe, daß ich die
Haken an Ihrem Ärmel gelöst habe,
Um ihren Oberarm berühren zu können …)

In einem zweiten Gedicht, *At the Drapers* (Beim Stoffhändler), hört ein sterbender Ehemann, wie seine Frau ein modisches Kleid bestellt, das sie bei seiner Beerdigung tragen will. In einem dritten, *In the Nuptial Chamber* (Im Hochzeitszimmer), hört der Dichter mit an, wie ein Ehemann und seine Frau sich zum ersten Mal vereinigen, als draußen eine Musikgruppe zu spielen beginnt:

›O that mastering tune!‹ And up in the bed
Like a lace-robed phantom springs the bride …

(›Oh, wie lärmt die Musik!‹
Und im Bett schreckt die Braut hoch
Wie ein in ein Spitzengewand gehülltes Phantom)

Mit dem Ständchen, so glaubt der Ehemann, feiern die Städter die Hochzeit. Aber seine Braut – »meine Unschuldige« – hat eine andere Begründung:

›O but you don't know! 'Tis the passionate air
To which my old Love waltzed with me,
And I swore as we spun that none should share
My home, my kisses, till death, save he!
And he dominates me and thrills me though,
And it's he I embrace while embracing you!‹

(›Oh, aber Du weißt nichts! Dies ist die Melodie,
Zu der mein früherer Geliebter mit mir getanzt hat,
Und als wir uns im Kreise drehten, habe ich geschworen,
Daß bis zum Tode niemand außer ihm meine Wohnung mit mir
teilen, mit mir Küsse tauschen sollte!
Und er beherrscht meine Gedanken, verzaubert mich noch immer,
Und er ist es, den ich umarme, während ich Dich umarme!‹)

Die Liebesgedichte, zu denen sich Hardy durch Emmas Tod inspirieren
ließ, sind von einem ganz anderen Ton, und sie sind nach Ansicht vieler
Kritiker die besten, die er jemals geschrieben hat. In den nächsten zwei
Jahren verfaßte er mehr als fünfzig solcher Gedichte; sie sind außerordentlich gefühlvoll und haben eine umso eindrucksvollere Wirkung, als
Hardys Sprache eher verblümt, zurückhaltend ist. Naiverweise könnte
man sich vorstellen, daß diese Gedichte für Hardy, wie er selbst es ausdrückt, eine Art »Buße« bedeuten. Er mußte inzwischen erkannt haben,
daß er Emmas Leiden hatte ignorieren können, weil er in den vergangenen fünf Jahren »seine Sorgfalt, Zärtlichkeit und sein Denken« auf Florence verwandt hatte. Auf den ersten Blick erscheinen die Gedichte in der
Tat als ein unverblümtes Schuldbekenntnis, aber es ist wie Gittings ausführt, weitaus mehr darin enthalten. In *The Going*, einem der frühesten
Gedichte der Sequenz, fragt Hardy:

Why, then, latterly, did we not speak,
Did we not think of those days long dead,
And ere your vanishing strive to seek
That time's renewal?

(Warum nur haben wir in der letzten Zeit nicht gesprochen?
Warum haben wir nicht an jene längst vergangenen Tage gedacht
Und vor deinem Hinscheiden versucht
Jene alten Tage wiederzubeleben?)

Und er zieht daraus den Schluß:

I seem but a dead man held on end
To sink down soon … O you could not know
    That such swift fleeing
    No soul foreseeing –
Not even I – would undo me so!

(Ich scheine nichts als ein alter Mann zu sein,
Der sich gerade noch aufrecht hält,
Um bald hinabzusinken … Oh, man konnte nicht wissen,

196

Daß eine solche schnelle Flucht,
Die niemand vorhergesehen hatte,
Nicht einmal ich – mich so tief zu Boden zwingen würde!)

»I seem but a dead man held on end/ To sink down soon« scheint auf düstere Weise von Herzen empfunden worden zu sein. Aber es ist fast unmöglich, »no soul foreseeing – not even I« nicht als Teil eines Vernebelungsversuchs, sowohl gegenüber der Welt als auch sich selbst gegenüber, zu verstehen.

Emmas Tod sollte in Hardys Haushalt zu einem alles beherrschenden Thema werden, und sein Schreibtischkalender wurde auf Montag, den 7. März, den Tag ihrer ersten Begegnung, fixiert. Emmas Notizbücher waren, obwohl sie über zwanzig Jahre lang vor allem mit kritischen Kommentaren über die Fehler ihres Ehemannes gefüllt worden waren, jetzt für Hardy von außerordentlichem Interesse; ihr Inhalt wurde zum Thema der Gedichte, die er inzwischen ohne Unterlaß produzierte. Bestimmte Einsichten und Formulierungen sind die von Emma, und ihre Stimme klingt ebenfalls durch; dies scheint ein seltsamer Akt retrospektiver In-Besitznahme zu sein. Häufig schreibt Hardy von sich selbst so, als sähe man ihn durch Emmas Augen, und gelegentlich, wie in *Lost Love*, läßt er es zu, daß die feindselige Verwirrung und Verzweiflung ihrer letzten Lebensjahre durchschimmert:

I sing my songs once more,	(Ich singe noch einmal meine Lieder,
And presently hear	Und gerade höre ich,
His footstep near	Seine Schritte sich nähern
As if it would stay;	Als würden sie verweilen,
But he goes his way,	Aber er geht seiner Wege,
And shuts a distant door …	Und schließt eine weit entfernte Tür …)

Meist allerdings versetzt er sich in Emma hinein und stellt dann seine eigene Version ihrer Wahrnehmungen dar. In *A Man was Drawing Near to Me* (Ein Mann hat sich mir genähert) wird er zu Emma, wie sie im Pfarrhaus St. Juliot sitzt und wartet. Hardy war damals der Angestellte eines Architekten und kam vorbei, um einen Blick auf das vernachlässigte Gemäuer des Kirchengebäudes zu werfen. In ihrem Tagebuch berichtet Emma über seine Ankunft. »Genau in jenem Augenblick klingelte die Glocke zur Eingangstür, und der Architekt wurde hereingebeten … Ich fühlte mich sofort von seiner vertrauten Erscheinung in den Bann gezogen, als hätte ich ihn in einem Traum gesehen.«[16] Unter Hardys Feder wird dies zu:

... There was a rumble at the door,	(Da war ein Poltern an der Tür,
A draught disturbed the drapery,	Ein Wind bewegte den Vorhang,
And but a minute passed before,	Und nur eine Minute verstrich,
With gaze that bore	Und mit einem tiefen Blick,
My destiny	In dem mein ganzes Schicksal lag,
The man revealed himself to me.	Zeigte sich mir der Mann.)

In psychologischer Hinsicht ist *Under the Waterfall* das vielleicht faszinierendste dieser Gedichte, in dem Hardy mit Hilfe von Fragen und Antworten versucht, die Tiefe der Vorstellungen seiner toten Frau zu ergründen:

›Whenever I plunge my arm, like this,
In a basin of water, I never miss,
The sweet sharp sense of a fugitive day
Fetched back from its thickening shroud of gray ...‹

›... And why does plunging your arm in a bowl
Full of spring water, bring throbs to your soul?‹

›Well, under the fall, in a crease of the stone,
Though where precisely none ever has known,
Jammed darkly, nothing to show how prized,
And by now with its smoothness opalized,
    Is a drinking glass ...

... By night, by day, when it shines or lours,
There lies intact that chalice of ours,
And its presence adds to the rhyme of love
Persistently sung by the fall above.
No lip has touched it since his and mine
In turns therefrom sipped lovers' wine.‹

(›Wann immer ich meinen Arm, so wie jetzt,
In ein Wasserbecken tauche, spüre ich
Das süße, beißende Gefühl eines fliehenden Tages,
Aus dem immer dichter werdenden grauen Nebel
zurückgeholt ...‹

›... Und warum erschüttert gerade das Eintauchen
Deines Armes in eine Schale,
Gefüllt mit Quellwasser, Deine Seele?‹

›Nun, unter dem Wasserfall, in einer Steinritze,
Allerdings – wo genau hat niemals jemand gewußt,
In das Dunkle hineingepreßt, so daß man nicht sehen
kann, wie wertvoll es ist,
(Und inzwischen ist sein Glanz gewiß trübe geworden,)
    Ist ein Trinkglas …

… In der Nacht, am Tage, wenn es aus der Tiefe heran schimmert,
Liegt unbeschädigt unser Trinkbecher
Und er liegt dort und stimmt ein in die Liebesweise
Die fortwährend von dem Wasserfall oben gesungen wird.
Kein Mund hat ihn berührt, seitdem seine und meine Lippen
Abwechselnd daraus den Wein der Liebenden gekostet haben.‹)

In diesen Emma-Gedichten ist ein wesentliches dichterisches Anliegen Hardys, das ihn vor allem in seinen letzten Lebensjahren beschäftigte, nachweisbar: Das Neuschreiben seiner eigenen Geschichte als einer des Verlustes. Er fühlte sich nicht nur getrieben, Emma zu idealisieren und sie bisweilen selbst zu verkörpern; er wollte unbedingt sich selbst und seine Ursprünge verbergen. Die vorhandenen Dokumente deuten darauf hin, daß Hardys Vater aus sehr bescheidenen Anfängen ein erfolgreiches Geschäft aufgebaut hatte, zunächst als Maurer und später als Schreinermeister, und weit entfernt von jeder Verschwendungssucht, die sein Sohn ihm gern nachsagte, stand er (ebenso wie Thomas Hardy selbst) in dem Ruf, geizig zu sein. Über die Tatsache, daß seine Mutter eines von sieben Kindern gewesen war, die mit Hilfe von Spenden der Gemeinde aufgezogen worden waren, bewahrte Hardy völliges Stillschweigen, und ebenso schwieg er darüber, daß nahe Verwandte wie sein Onkel John Hardy Arbeiter waren, einen schlechten Ruf hatten oder als Trunkenbolde galten, daß seine Mutter und seine beiden Großmütter schon lange Zeit vor ihrer Eheschließung schwanger gewesen waren und daß die Fauen in seiner Familie mit einigen wenigen Ausnahmen als Hausangestellte gearbeitet hatten.[17] Genau wie John Durbeyfield in *Tess von D'Urbervilles* war Hardy von der Vorstellung besessen, daß seine Familie einst eine wichtige Rolle gespielt habe, aber dann allmählich heruntergekommen sei. »Aufstieg und Fall der Hardys«, so nannte er es; »so gehen wir hinunter, hinunter, hinunter«.[18]

Ebenfalls offensichtlich ist die Tatsache, daß Hardy bis weit in seine sechziger und siebziger Jahre hinein der »Ebbe und Flut der Begierde« ausgesetzt war, daß er aber das Objekt seiner Sehnsucht, wenn er es einmal erreicht hatte, vernachlässigte. Daß er Florence Dugale liebte, scheint außer Frage zu stehen, und daß sie seine Geliebte gewesen war, ist wahrscheinlich. Hardy hatte sie als seine Sekretärin angestellt, sie kam gut mit Emma aus, und sie hatten zeitweilig unter demselben Dach als eine krisenanfällige *ménage à trois* zusammengelebt. Kurze Zeit, nachdem Emma gestorben war, zog Florence, die vierzig Jahre jünger war als Hardy, bei ihm ein (eine Tatsache, die die Gesellschaft von Dorchester schockierte), und etwas über ein Jahr später, 1914, heirateten sie. Aber danach vernachlässigte er Florence ebenfalls; er nahm anscheinend den Kummer, den seine hingebungsvolle Beschäftigung mit Emma und das Schweigen in der Erinnerung bei ihr hervorrief, überhaupt nicht wahr.

Sowohl als Mensch als auch als Schriftsteller war Hardy zutiefst pessimistisch. Seine Autobiographie »bietet eine erstaunliche Anthologie oder Nekrologie von Begräbnis-Situationen«.[19] Er erinnerte sich liebevoll an sämtliche Details berühmter Mordfälle und an die großen Leistungen von Henkern, und im Gespräch beschäftigte er sich unablässig mit der Hinrichtung von Frauen. Man spürt, daß er unter seinem Pessimismus weniger litt als daß er sich ihm hingab, und beim Lesen seiner Dichtungen wird man fortwährend eingeladen, diesen Pessimismus zu teilen. Man spürt auch, daß Hardys Suche nach »Begräbnis-Situationen« vor allem mit ihm selbst zu tun hat. Wenn er davon spricht, ein Gefühl vierzig Jahre lang zu vergraben und es dann wieder zu exhumieren, dann scheint es so, als wäre sein eigener Kopf ein Grab, allerdings eines, aus dem das Gefühl paradoxerweise »so frisch wie zu dem Zeitpunkt, als es beerdigt wurde«, emporsteigt.

Hardy beschäftigte sich nicht nur übermäßig mit dem Tod und mit dem Grotesken, er schien sich auch im voraus mit dem Wissen versöhnt zu haben, daß er »Ebbe und Flut der Begierde« nur in der Rückschau und mit einigem Abstand feiern konnte. Die Idealisierung Emmas nach ihrem Tod, die Klarheit der Äußerung, die er dadurch erreichte, seine Vernachlässigung von Florence, der Mythos der Hardys als einer großen Familie, die im Niedergang begriffen war, Hardys beharrliche Beschäftigung mit dem Monströsen und Morbiden: nichts davon ergibt einen Sinn, wenn man es nicht in dem Spannungsfeld betrachtet, das die Wunde schafft, und wenn man nicht das daraus resultierende leidenschaftliche Bestreben erkennt, diese Spannungen in symbolischen Begriffen zu lösen. Wie Millgate bemerkt, »es ist völlig klar, daß das …, was Hardy Schmerz verursachte, genau das war, was seiner Kunst Nahrung gab.« Entsprechend »blühte die Trauer um Emma … in einer Atmosphäre tiefer Melancholie, die bis zu einem gewissen Grade bewußt herbeigeführt, vorsätzlich kultiviert wurde

– eine Art eingezäunter mentaler Garten, in dem Hardys Kreativität auf einzigartige Weise zu blühen vermochte, den er aber auch fast willkürlich betreten oder verlassen konnte.«[20]

Pierre und Marthe

Hardys Leben und Werk sind natürlich durch sein depressives Temperament bedingt. In dieser Hinsicht steht er in einem deutlichen Gegensatz zu einer vitalen Gestalt wie Weston. Auch was das für seinen künstlerischen Ausdruck gewählte Medium anbetrifft, so ist er von Weston weit entfernt, denn während die Fotografie das nüchternste künstlerische Mittel ist und in diesem Sinne auch das, welches am schwierigsten in den Griff zu bekommen ist, so ist Sprache im Vergleich dazu eher leicht zu handhaben. Hardys Bezugnahme auf Emma in Gedichten wie *The Going* und *In Time of ›The Breaking of Nations‹* verlangt keinen Austausch zwischen dem Idealisierten und dem Gegenwärtigen, oder zumindest keinen jenseits der Erfordernisse, die sich ein Autor durch die Verpflichtung zur nüchternen Wahrheit selbst auferlegt.

Die dritte Künstlerpersönlichkeit, die wir ausgewählt haben, der Maler Pierre Bonnard, steht in der Mitte zwischen Weston und Hardy, sowohl was sein Temperament als auch was die Widerspenstigkeit des Mediums anbetrifft, das er sich wählte. Er wurde 1867 geboren; seine Eltern waren wohlhabend und lebten in einem Pariser Vorort, stammten aber vom Lande. Auf dem Gymnasium tat Pierre sich in der Literatur hervor und begann später, Jura zu studieren, brach das Studium jedoch ab und entschloß sich zu malen. In diesem Stadium seines Lebens pflegte er regen gesellschaftlichen Umgang, bewegte sich in den Pariser Maler- und Dichterkreisen und erwarb sich schnell einen Ruf als Illustrator. Sein Stil war dekorativ, nostalgisch. Ein Kritiker sagt, die Füße der Figuren von Bonnard scheinen Kontakt mit dem Boden nur widerwillig zu ertragen. Die Stimmung ist, nach den Worten eines anderen Kritikers, eine der zarten Verzückung.

In der Folge sollte Bonnard im Hinblick auf die revolutionären Umwälzungen in der Welt der Kunst – Kubismus, Surrealismus, Abstraktion – eine separate Position besetzen und einen eher privaten Weg verfolgen. Wie er gegen Ende seines Lebens von sich selbst sagte, schwankte er zwischen Intimismus und Dekoration und demonstrierte damit eine Sensibilität, die einem Kämpfer wie Picasso, der angeblich eines von Bonnards

Werken als »lächerlich« charakterisiert haben soll, zuwider war. »Das ist keine Malerei«, so verkündete Picasso. »Malerei ist keine Frage der Sensibilität; es geht darum, die Macht zu ergreifen, der Natur die Herrschaft zu entwinden, nicht zu erwarten, daß sie Sie mit Information und guten Ratschlägen versorgt.«[21] Bonnard wurde häufig als naiv genußsüchtig beschrieben, seine Persönlichkeit war jedoch komplexer als eine solche Charakterisierung andeutet. Während sein Werk sich entwickelte, zeigte sich, daß hier ein Paradox das andere überlagerte, eine Entwicklung, die eng damit verbunden ist, welche Rolle in seinem Leben Marthe, sein Modell, spielte.

Die beiden begegneten sich auf der Straße. Eine Quelle behauptet, er sei damals fünfundzwanzig gewesen, sie sechzehn, eine andere, daß sie beide Mitte Zwanzig gewesen seien.[22] Sie soll angeblich in einem Laden gearbeitet und künstliche Blumen verkauft haben; möglicherweise arbeitete sie auch zeitweise als Modell. Ihr eigentlicher Name war Maria (oder Marie) Boursin; allerdings nannte sie sich, etwas großspurig, Marthe de Meligny. Marthe hatte selbst einige Begabung zum Malen. Sie wußte Bonnards Talent zu schätzen, erwies sich aber als schwierig und, wie Emma Hardy, als wohl ein wenig verrückt. Oft von schlechter Gesundheit, folgte sie, was ihre Ernährung anbetraf, den bisweilen außerordentlich weit hergeholten Diät-Vorschlägen von Ärzten und Quacksalbern. Es gibt Beschreibungen von ihr, wie sie, feindselig und introvertiert, in einem Restaurant ihr eigenes Essen auspackte: Scheiben rohen Fleisches, die sie unter den empörten Blicken der anderen Gäste und des Besitzers verzehrte. Immer häufiger verbrachte sie ihre Zeit in ihrer Badewanne, ihrem Badezimmer und vor ihrem Spiegel.

Die Veränderungen im Leben des Paares zeigen sich in den Fotografien, die Bonnard aufnahm. Wie Degas, den er bewunderte, und wie sein Freund Eduard Vuillard war Bonnard in den frühen Jahren seiner Beziehung zu Marthe ein eifriger Fotograf. Seine weich fokussierten, häufig technisch fehlerhaften Schnappschüsse zeigen eine Welt des häuslichen Überflusses und Glücks: die Kinder von Freunden, die in einem Schwimmbecken herumplanschen, Erwachsene, die sich zu einer Mahlzeit zusammensetzen, Hunde, die Familienkatze und – manchmal angekleidet, aber häufiger noch nackt – Marthe.[23] Ihr ungewöhnlicher Körper wirkt auf diesen Fotos, inmitten der Grünpflanzen posierend, fast so, als sei sie aus einem Gedicht von Verlaine in den Garten hineingewandert. (Tatsächlich war es umgekehrt. Einige dieser Fotos von Marthe dienten als Grundlage für Illustrationen zu Verlaines Dichtungen.) Es gibt auch

Nacktfotografien von Bonnard, die von Marthe aufgenommen wurden, und eine Reihe von Fotos, auf denen Marthe in der Pariser Wohnung des Paares nackt auf dem Bett vor dem Ofen posiert. Marthe war damals entweder Mitte Zwanzig oder Anfang Dreißig. Ihr außerordentlich schlanker, schmaler Körper war auf dem Höhepunkt seiner Schönheit. Danach sieht man sie auf den erhalten gebliebenen Fotos von Bonnard nur noch angekleidet. Der Großteil der Nacktphotos von Marthe scheint in einem relativ kurzen Zeitraum aufgenommen worden zu sein, etwa zur Zeit der Jahrhundertwende. Fünf oder sechs Jahre später machte Bonnard zahlreiche, leider sehr viel schlechter erhaltene Aufnahmen von einem Modell (nicht Marthe), das in seinem Studio posierte. Dann, nach weiteren etwa zehn Jahren – er ging jetzt auf die Fünfzig zu –, wurden vier bemerkenswerte Fotos eines dritten Modells aufgenommen. Die Frau wurde in einer kunstvollen Pose und voll angekleidet dargestellt; allerdings ist sie auf einem der Fotos dabei, ihre Bluse auszuziehen. Während Marthes Gesicht gewöhnlich nur verschwommen sichtbar war und der Betrachter sich vor allem an ihren Körper erinnert, haben wir es hier mit Porträtaufnahmen zu tun, und das Modell ist wirklich schön. Beim Betrachten der Fotos drängt sich der Eindruck auf, daß der Fotograf die Frau zumindest halbwegs liebte – und sie ihn vielleicht auch.

Ohne Zweifel wurde das soziale Leben der Bonnards zunehmend öder. Marthe trieb mit ihrer wütenden Eifersucht Bonnards Freunde und Bekannte aus dem Haus. Immer häufiger waren die beiden allein und entwickelten sich in den Augen ihrer Mitmenschen zunehmend zu Exzentrikern. Obwohl es auch nicht an Geld mangelte, lebten sie in kahlen und häßlichen Räumen; er war schmuddelig und schweigsam, sie war protzig gekleidet und beklagte sich fortwährend; ihre Stimme war »wild und harsch«. Es heißt, Bonnard habe sie hingebungsvoll geliebt, auch habe er Angst vor ihr gehabt oder zumindest vor ihrer Eifersucht und ihren Launen. Schließlich, als er bereits Ende Fünfzig war, heirateten sie; auf seiner Seite offensichtlich mit der Haltung eines mürrischen Einverständnisses. Einmal verheiratet, reisten sie auf der Suche nach einer Kur für ihre vielen Leiden, in den Süden, was eine noch größere Isolation mit sich brachte. Marthe starb 1942, während der Zeit der deutschen Besatzung; es heißt, daß Bonnard untröstlich gewesen sei.

Was diese traurige Entwicklung bemerkenswert macht, ist ihr Einfluß auf Bonnards Malerei. Sechs oder sieben Jahre nachdem sie zusammengezogen waren und zum selben Zeitpunkt, als er die Aktaufnahmen von ihr machte, begann Bonnard eindeutig erotische Bilder von Marthe zu malen.

Wie Janet Hobhouse in ihrem Essay über dieses seltsame Paar bemerkt, sind die frühen Aktdarstellungen »schöne und weltliche Bilder, voller Sinnlichkeit, die ein Gefühl von Tüchern und Haut vermitteln, die stickige Atmosphäre von einander nahen Körpern in geschlossenen Räumen«.[24] Das vielleicht berühmteste, *Indolence*, befindet sich heute im Musée D'Orsay. Die eindrucksvolle Kraft des Bildes kommt aus der Nähe seines Mittelpunkts: die auf unbefangene Weise leicht gespreizten Beine, ein schmaler Streifen Schamhaar und der große Zeh des linken Fußes, der sich in das Fleisch auf der Innenseite des rechten Oberschenkels eingräbt, sind Details, die zu dem Eindruck einer starken erotischen Ausstrahlung beitragen. Der Betrachter erkennt sich kräuselnde Löckchen von cremiger Farbe, die auf den ersten Blick anscheinend ein beiseitegeworfenes Negligé darstellen, aber nur als Dampf, der aus einer Badewanne aufsteigt, sinnvoll in die Bildkomposition einzuordnen sind. Ohne im mindesten obszön zu sein, vielmehr anscheinend sogar auf seltsame Weise keusch, schaffen diese cremigen Wölkchen einen Eindruck verspielter, erotischer Sehnsucht, der sich im Hintergrund mit zerknitterten Bettüchern langsam auflöst. Weniger eine Einladung, sich erregen zu lassen, wie es bei erotischen Bildern gewöhnlich der Fall ist, ist *Indolence* eher eine Erinnerung an das Begehren – bereits entgleitend, und vielleicht sogar schon zum Zeitpunkt des Gemäldes nicht mehr im Mittelpunkt stehend oder unmittelbar genossen.

Was dieses Bild sogar noch mehr auszeichnet als seine Komposition ist die Farbe selbst. Bonnards Pinsel hat sich mühsam seinen Weg um die Formen herum gesucht, sie erforschend, aber sie zugleich auf beunruhigende Weise substanzlos zurücklassend. Inhalt und Form stehen im Widerspruch zueinander. Es war genau diese Spannung, die Bonnards beste Arbeiten charakterisieren sollte. Auf der einen Seite wurden Objekte dargestellt, die Vitalität und Lebenslust symbolisieren: nackte Frauen, sonnendurchglühte Landschaften, mit Speisen überladene Tische – alle in strahlenden Farben arrangiert, auf der anderen Seite lösen sich Bonnards Farben, wenn man ein wenig näher hinschaut, in eine Sprache von Zeichen auf, die so verführerisch sind wie Sandpapier.

Im Laufe der Jahre tritt das explizit erotische Element in Bonnards Aktporträts zurück. Ein Großteil der besten Bilder sind Darstellungen von Marthe in den Dreißigern, bevor ihr Körper die ersten Anzeichen des Alters zeigte. Häufig ist dieser Körper nur teilweise sichtbar, während der Rest beispielsweise durch eine Tür oder durch den Rand der Leinwand abgeschnitten ist. Aber während *Indolence* weitgehend monochromatisch war, sich aus Schattierungen von Braun, Schwarz und Beige zusammensetzte, versucht sich Bonnard später in zunehmendem Maße an neuen, leuchtenden Farben. In den großen Darstellungen von Marthe im Bad – z.B. dem in der Tate Gallery – erscheint sie als eine vom Wasser getragene Marionette, in schimmernden Schleiern farbigen Lichts treibend. Wie Hobhouse es ausdrückt: Es ist, als hätte die obsessive Erregung, die von Marthes Körper ausstrahlt, ihren Ursprungsort verlassen und Bonnards Wahrnehmungen ganz durchdrungen. Bei diesen späten Aktporträts hat man den Eindruck, daß Bonnard nicht länger das »Objekt der Verführungskraft der Nackten« ist. Bonnards eigene Reaktionen »wiegen nun schwerer; sie überwältigen ihn und löschen schließlich das aus, was er sieht.«[25]

Seine Freunde sahen Bonnards Reifezeit als ein Martyrium; er lebte in einer zerstörerischen Nähe mit einer Frau, die seelisch nicht gesund war. Dennoch verwandelte er diese streitsüchtige, nörgelnde Gefährtin in keusche Erscheinungen. Und wenn man der inneren Logik dieses Prozesses der Transformation nachgeht, dann wäre es vielleicht voraussagbar gewesen, daß Bonnard später, in den wenigen Lebensjahren, die ihm nach Marthes Tod noch blieben, eine der leuchtkräftigsten und formal radikalsten dieser Visionen darstellt, bei der Marthes Körper sich in die farbigen Streifen des Regenbogens auflöst, während ihr Hund wie ein personifiziertes Wappen auf der Bademaatte vor ihr sitzt.[26]

Zum Schluß

Es könnte kritisch angemerkt werden, daß die drei Männer, mit denen wir uns in diesem Kapitel befaßt haben, alle ein mehr oder weniger trauriges Leben führten. Zwar inspirierten die intimen Beziehungen, die diese Männer eingingen, große Kunstwerke, aber sie bescherten den Künstlern selbst kein häusliches Glück und keine Kinder.[27] Zu unserer Rechtfertigung möchten wir anführen, daß es den zufriedenen und glücklichen Mann und die zufriedene und glückliche Frau, die mit ihren Kindern zusammenleben und die aus ihrem innigen Zusammenleben heraus Bilder schaffen, die wir, die Betrachter, als hinreißend empfinden, nicht gibt – und außer in gelegentlichen, vereinzelten Stunden nicht geben kann.

Es könnte auch eingewandt werden, daß bei allen drei Künstlern der Eindruck der Opferung einer Frau für die inneren Zwänge eines Mannes entsteht. Zwar räumen wir ein, daß das tatsächlich der Fall ist, wir behaupten jedoch, daß es in der Intimität um mehr als um Zufriedenheit geht. Es gibt andere Möglichkeiten der Befriedigung, und das Gefühl, die Zwänge genährt zu haben, die ein Talent antreiben, gehört möglicherweise dazu. Charis Wilson war glücklich damit, dies erkannt zu haben. Es gibt in dem Bericht dieser jungen Frau über ihre Beziehung zu Weston keine Andeutung irgendeiner Art von Unterdrückung in einer Machtbeziehung. Offensichtlich war sie mit diesem Verhältnis ohne jedes eigennützige Interesse zufrieden. Die Aktaufnahmen, die Weston von ihr machte, so sagt sie, waren nicht »Bilder von *mir*«, sie waren »von *Edward* gemachte Fotos – Ausdruck seiner Wahrnehmungen und seiner Kunst«. Sie habe sich niemals so lebendig gefühlt wie zu der Zeit, als sie von ihm fotografiert wurde. Er bewirkte, daß sein Modell »sich vollständiger *präsent* fühlte als jemals zuvor in ihrem Leben«.[28] Bertha Wardell beschrieb ihre Gefühle mit einem recht krassen Bild: »Was Sie tun«, so schrieb sie an Weston, »ruft in mir eine so starke Reaktion hervor, daß ich Ihnen in aller Freude sagen muß: Ihre Fotos sind für den Geist eine so deutliche Erfahrung wie ein Peitschenschlag für den Körper.«[29]

Dies sind jedoch Aspekte der intimen Bezogenheit aufeinander, die voller ungelöster Rätsel sind. Selbst die arme Emma Hardy, die christliche Traktate auf ihrem Fahrrad ausfuhr, hat möglicherweise gespürt, daß sie für die Kreativität ihres Mannes unentbehrlich war. Wir wissen nicht, was letztlich das Gefühl ausmacht, daß eine Beziehung etwas wert sei, und wir können auch nicht mit letzter Gewißheit annehmen, daß die Einschätzungen der jeweiligen Partner immer wirklich realistisch sind. An einem dunklen Novembertag, kurz bevor Emma starb, schrieben beide, Emma und Thomas Hardy, Gedichte. Zu diesem Zeitpunkt sprachen sie nicht mehr miteinander, aber in ihrer beider Gedichte – Emma schrieb kurz und ein wenig überschwenglich, Hardy schrieb die erste Version von *The Bird-Catcher's Boy* – geht es um Vögel und Vogelmetaphern.[30]

Es ist so, als gäbe es noch immer einen Weg des intuitiven Verstehens zwischen den Ehepartnern. Imaginativ fruchtbare Verbindungen, so scheint es, sind möglicherweise *folies à deux*, bei denen ein gegenseitiges Verständnis vorausgesetzt werden kann. Worum gerungen und was geschützt werden muß, ist die gegenseitige Abgrenzung, eine Trennung voneinander. Eine klare Analyse solcher Beziehungen ist jedoch weitgehend unmöglich. Über die nach außen hin sichtbaren Zeichen und Symptome hinaus weiß man nur sehr wenig über die Ehe, und noch weniger über ihre Beziehung zur Imagination.

Das Gebiet, das wir in diesen letzten beiden Kapiteln beschritten haben, ist überschaubarer. Im Bereich der Kunst, so haben wir behauptet, kann sich die männliche Imagination von ihrer natürlichen Heimat in der Welt der Wissenschaft und Technik aus zum weiblichen Körper hinwenden, vor dem sie ursprünglich geflohen war. Von dieser betrachtenden Position aus kann sie Ausdrucksmöglichkeiten für jene Formen des erotischen Bewußtseins herstellen, von denen Männer sich am stärksten bewegt und berührt fühlen: nicht nur für das Begehren oder die einfache Erregung, sondern für die Erfahrung eines magischen Zugangs, des »Rohmaterials der Gnade«.[31] Männer wie Weston, Hardy und Bonnard scheinen die Frauen, die sie liebten, als Quellen für jenes Rohmaterial betrachtet zu haben, um es dann an sich zu nehmen und seine versteckte Leuchtkraft freizusetzen. Verglichen mit dem Bau einer Brücke oder der Erforschung des Innenlebens des Atoms, scheint dies eine ganz und gar private Handlung zu sein; dennoch erreicht das Licht, das dabei freigesetzt wird, uns alle.

In seinen Vierzigern benutzte Shakespeare *Ein Wintermärchen*, um die paradoxen Umkehrungen zu erforschen, von denen dieser künstlerische Taschenspielertrick abhängt; Umkehrungen, die auch in der Sichtweise von Menschen-als-Dinge und Dingen-als-Menschen enthalten sind. Er griff auf eine Romanze zurück, die einige Jahre zuvor von einem Zeitgenossen und Rivalen veröffentlicht worden war. Dieser Rivale war der leichtlebige Robert Greene, der, so heißt es, an einem Übermaß an sauren Heringen und Rheinwein gestorben war.[32] In Shakespeares Version der Geschichte wird die tugendhafte Königin, Hermione, von ihrem Mann Leontes, dem König von Sizilien, der sie fälschlicherweise der Untreue verdächtigt, ins Gefängnis geworfen. Als sie im Gefängnis mit einer Tochter niederkommt, befiehlt der König, den Säugling auf einem verlassenen Felsen zum Sterben auszusetzen. Hermiones Sohn stirbt aus Kummer über das Leiden seiner Mutter, und Hermione selbst bricht, als sie vom Tod ihres Sohnes erfährt, ebenfalls das Herz. Ihr Mann ist von Schmerz überwältigt. Jahre vergehen und dann, in einem entscheidenen Moment der Handlung, bringt man König Leontes zu einer Statue, die seiner toten Frau in allen Einzelheiten ähnelt. Sein Kummer wird unerträglich, aber plötzlich entdeckt er zu seinem Erstaunen, daß die Statue lebendig ist; Hermione ist am Ende doch nicht gestorben. Durch einen Kunstgriff des Dramaturgen, den Hardy vollkommen verstanden hätte, wird das Paar auf zauberhafte Weise wieder vereint.

Bilder der Lebenden-als-Tote und der Toten-als-Lebende gehen auch in die Gedanken der jüngeren Generation ein. Perdita, die zum Sterben ausgesetzte Tochter, wird gerettet und von einem Schäfer großgezogen. Das Mädchen verliebt sich später in Florizel, den Sohn von Polixenes, König von Böhmen, den Leontes verdächtigt hatte, Hermione verführt zu haben. Ihre Liebe wird erwidert. Er sagt zu ihr:

… when you do dance, I wish you
A wave o' the sea, that you might ever do
Nothing but that, move still, still so,
And own no other function.[33]

(… tanzt du, so wünsch ich,
Du seist 'ne Meereswell', und tätest nichts,
Als dies, stets in Bewegung, immerdar,
Dies dein Gebärden.)

Die Resonanzen und Dissonanzen von »move still, still so« kommen in Shakespeares Text zum Schwingen, und sie strömen in die Köpfe der Zuhörer. Shakespeare führt uns hier die Themen vor, mit denen sich, wenn wir recht haben, der männliche Geist auf Grund der Wunde zwanghaft beschäftigt: den Gedanken eines wiedergewonnenen Paradieses; die Idee des Liebesobjekts, das sowohl der Bewegung fähig als auch bewegungslos, lebendig und tot ist, und deshalb sicher vor den wechselnden Gefühlen, der Zeit und den Beutezügen fremder Männer; die Vorstellung eines Geschöpfs, das potentiell gefährlich ist, dem man jedoch den Stachel hat ziehen können; und die Wunschvorstellung, daß das Begehren die menschliche Imagination für alle Zeiten aktivieren könne. Der Dichter lockt uns in einen geheimen Raum, in dem das, was als real erscheint, sich gewöhnlich als substanzlos erweist und in dem nur das, was unserem Wissen nach illusionär ist, die Fähigkeit hat, real zu sein.

Die Schritte, durch die das männliche Kind ein Gefühl für seine eigene Männlichkeit entwickelt, geben ihm, so haben wir gezeigt, in zweierlei Hinsicht eine besondere Fähigkeit und Kraft. Sie bieten ihm die grundlegende Erfahrung von individueller Handlungsfreiheit, und sie machen ihm eine Quelle psychischer Energie verfügbar, an der es ihm ansonsten mangeln würde. Der Junge entdeckt, daß er für einen bestimmten Preis vom Körper seiner Mutter und den Tröstungen, die dieser ihm bietet, Abstand nehmen und seinen eigenen Standpunkt finden kann. Der Preis, den er zahlen muß, ist die Wunde. Wenn er sich entschließt, diese Wunde direkt, im Kontext sexueller Intimität, zu heilen, dann wird er vielleicht verwundbar gegenüber destruktiven Umwälzungen und Enttäuschungen, über die er keine Kontrolle hat. Dagegen kann er in der Welt der Kunst, imaginativ entfernt vom unmittelbar Körperlichen, aus solchen Widersprüchen Kapital schlagen. Dort wird das leidenschaftliche Denken auf befriedigendste Weise in Formen gebracht und seine besten Hervorbringungen gewinnen ein dauerhaftes Leben und eine eigene Integrität. Sie leben in unserem Geist und formen unsere Wahrnehmungen eben deshalb, weil sie jene formalen, schwer faßbaren und dennoch zutiefst berührenden Aspekte der Erfahrung einfangen, die die Liebe, den Verlust und das Begehren auszeichnen.

Anmerkungen

Einleitung

1 Vgl. z.B. Greenson (1968), Chodorow (1985).
2 Unser Interesse an der Wunde resultiert aus unseren Untersuchungen über die Karrierewahl von Heranwachsenden und Erwachsenen, über die Beziehung von öffentlichem zu privatem Leben und über die verschiedenen Manifestationen der Imagination. Unsere theoretischen Gedankengänge sind insofern psychologisch, als unsere Erklärungen nicht auf Mechanismen und schematischen Einteilungen aufbauen, die den Zuständen subjektiver Erfahrung zugrunde gelegt werden (wie der psychische Apparat der klassischen freudianischen Theorie), sondern wir mit den abgeleiteten Zuständen subjektiver Erfahrung selbst arbeiten (Stern, 1985).
3 Unseren eigenen Gedankengängen steht Keller am nächsten (1986).
4 Der Appell des Naturgeschichtlers, sich an »die Fakten« zu halten, ist, überflüssig zu sagen, immer verdächtig; vgl. »Hudsons Gesetz der selektiven Aufmerksamkeit gegenüber Daten« (Hudson, 1972). Dieses Gesetz wurde im Zusammenhang mit den Streitigkeiten über Rasse und Intelligenz formuliert, ist aber auf die Erforschung geschlechtsspezifischer Gegebenheiten gleichermaßen anwendbar. Die Psychologie bemüht sich um Exaktheit, aber sie hat gegenwärtig kein Rezept, um diese auch zu erreichen.
5 Allgemeiner gesprochen betrachten wir die Psychologie als dort am aufregendsten, wo ihre Argumente mit denen ihrer akademischen Nachbarn und Rivalen in Konkurrenz treten. Dies hat unter anderem zur Folge, daß die Psychologie als Diziplin in ihren Randbereichen reich entwickelt, in ihrem Kernbereich aber leer ist (Hudson, 1985a).
6 Bei der Verwendung von biographischem Material ist der Psychologe in einem beträchtlichen Maß der Willkürlichkeit der Mythen-schaffenden Tendenzen sowohl der Subjekte selbst als auch ihrer Biographen ausgesetzt. Wir werden gewiß zutiefst verärgert sein, wenn wir entdecken sollten, daß wir solchen Mythen aufgesessen sind. Andererseits ist unsere wirkliche Absicht eine stärker formale: allgemeinen theoretischen Feststellungen Faktenmaterial

entgegenzusetzen, das als »aus dem wirklichen Leben gegriffen« gelten kann – Material also, das für die Besonderheit und Verschiedenheit individueller Erfahrung steht (und sie in diesem Sinne repräsentiert).

Die Gefahren einer erzählenden Darstellung sind keinesfalls auf die Verwendung biographischen Materials beschränkt. In den stärker naturwissenschaftlich orientierten Zweigen der Psychologie hat man kaum jemals Zugang zum noch nicht verwerteten Faktenmaterial anderer Wissenschaftler, und es werden heroische Auswahlleistungen als selbstverständlich vorausgesetzt. Die Reduktion der Information über etwa 100 Menschen auf einen mittelgroßen Korrelationskoeffizienten ist eine solche Leistung. Solch eine Korrelation als Beweis für eine kausale Verbindung zu lesen, verlangt in den meisten Fällen einen imaginativen Sprung. Die Korrelation als Beweis dafür zu lesen, daß in jedem der 100 untersuchten Lebensläufe dieselbe kausale Verbindung aufgetreten sei, bedeutet, sich ins Reich der Phantasie zu begeben.

7 Die Intuition beeinflußt auf mysteriöse Weise die psychologische Gedankenführung. Material, das vom Psychologen als offensichtlich einleuchtend betrachtet wird, erweist sich als widerspenstig. Es ist, als würde in der Psychologie, ebenso wie in der Kunst, das Material genau deshalb als inspirierend betrachtet, weil es gegenüber der anstehenden Aufgabe auf subtile Weise fremd oder »anders« ist. Ein gutes Beispiel dafür ist Freuds Verwendung des »Irma«-Traumes in der *Traumdeutung* (GW II/III) (Hudson, 1985b).

1. Die Herstellung der Geschlechter

1 Hall (1978), S. 92, 138. Die Natur der Veränderungen, die von Reformern wie Marie Stopes in Gang gesetzt wurden, kann anhand der Briefe eingeschätzt werden, die ihr von gewöhnlichen Leuten beiderlei Geschlechts geschrieben wurden. Hall zitiert viele dieser Briefe.

2 Robinson (1969, 1976) hat Interessantes über die »sexuellen Radikalen«, unter ihnen Havelock Ellis, geschrieben.

3 Sulloway (1982) bleibt die beste Quelle für den Außenstehenden, der an den Fakten von Freuds intellektuellem Leben und an dem wissenschaftlichen Material, auf dem er seine Theorien aufbaute, interessiert ist. Roazen (1975) ist ebenfalls wertvoll.

4 Freud, GW VII, S. 157.

5 Roazen (1975), S. 162.

6 Jung (1962), S. 154 f. Jungs Erinnerungen an Freud waren nicht notwendigerweise akkurat oder objektiv.

7 Freud (1986), S. 41 (Brief 45).

8 Die mißlungene Operation an Emma Ecksteins Nase wurde zum zentralen Motiv von Freuds »Irma«-Traum: des Traumes, in dem, so glaubte er, die Geheimnisse des Unbewußten aufgedeckt wurden. Die Bedeutung dieses Trau-

mes war Gegenstand vieler Diskussionen; vgl. z.B. Eriksons Kommentare (1976), Kupers und Stones (1968) findige Re-Analyse des Traumes in strukturellen Begriffen und das entsprechende Kapitel in Hudson (1985b).

9   Darwin (1982).

10   Biographisches Material über Kinsey findet sich bei Robinson (1976) und Weinberg (1976). Es gibt starke Parallelen zwischen der Erziehung Kinseys und der von Carl Rogers, dem Erfinder der nicht-direktiven Therapie (Kirschenbaum und Henderson, 1990). Sie teilten sogar das leidenschaftliche Interesse für Naturgeschichte in ihren jüngeren Jahren.

11   Weinberg (1976), S. 55.

12   Rycroft (1979).

13   Erikson (1982), S. 260.

14   Freud behauptet später, daß Fliess, wie Adler, den Kampf zwischen den Geschlechtern als entscheidenden Grund für Verdrängung ansähe. Daher war den Theorien dieser beiden Wissenschaftler »die Sexualisierung des Verdrängungsvorganges gemeinsam«. Freud wies dies zurück. Es sei, so sagte er, »die archaische Erbschaft des Menschen«, die den »Kern des seelisch Unbewußten« bilde (Freud, GW XII, S. 223-225).

15   Mead (1983). Eineinhalb Jahrzehnte später machte sie in *Mann und Weib* (1972) ein interessantes Zugeständnis. In Feldern wie den Naturwissenschaften, der Mathematik und der Instrumentalmusik, so meinte sie, könnten Männer immer einen marginalen Vorteil haben. In diesen Bereichen wären es die Männer, die neue Entdeckungen machten, während Frauen ihnen folgten. Gleichermaßen könnten die Frauen immer einen Vorteil in jenen Humanwissenschaften haben, die die Art von Verständnis verlangen, das, bis es analysiert ist, als Intuition bezeichnet wird.

16   Meads Ideen wurden beispielsweise in Roger Browns *Social Psychology* (1965) erörtert, wohl das beste Psychologielehrbuch, das bis jetzt geschrieben wurde. Wenn in unseren Bemerkungen in diesem Abschnitt eine gewisse Wärme spürbar ist, dann gibt es dafür eine einfache Erklärung: Wir haben zwei Jahrzehnte lang in zwei Universitäten mit Anthropologen und Soziologen zusammengearbeitet.

17   Dieses ethnographische Faktenmaterial wurde von D'Andrade (1967) zusammengefaßt, aber seine Bedeutung scheint weitgehend ignoriert worden zu sein.

18   Eine heftige, noch nicht abgeschlossene Diskussion konzentriert sich jetzt auf das Konzept der »Differenz« (Rhode, 1990). Es gibt:
     – jene, die akzeptieren, daß die Geschlechter biologisch verschieden sind, die aber darauf bestehen, daß sie moralisch und politisch als gleich behandelt werden sollten,
     – jene, die akzeptieren, daß die Geschlechter biologisch verschieden sind, die aber Frauen als den Männern von Natur aus überlegen betrachten,
     – jene, die an die wesentliche Gleichheit von Männern und Frauen glauben, wobei Unterschiede als trivial oder illusionär betrachtet werden, und

– jene, die Unterschiede zwischen Männern und Frauen als real betrachten, aber als Produkt von historisch begründeter Unterdrückung des einen Geschlechts durch das andere.

Die vorgeschlagenen Gegenmittel sind jeweils andere: Die Feministinnen setzen traditionell auf politischen Druck und Bewußtseinsbildung. Ein radikalerer Ansatz (z.B. Hare-Mustin und Maracek, 1990) geht dahin, konventionelle Vorstellungen von Leistung abzubauen und Bereiche wie die Naturwissenschaften, die traditionell von Männern dominiert werden, für Frauen zu öffnen. Bisweilen wird der Beitrag, den Frauen in diesen Bereichen leisten sollen, als spezifisch »weiblich« betrachtet, bisweilen nicht. Die Wirkung, so hofft Keller (1986), wird das Ende der »Hegemonie« in den Naturwissenschaften sein – das Ende der Annahme, daß Naturwissenschaften nur auf eine Art erfolgreich betrieben werden können. Noch radikaler ist die systematische Destabilisierung aller Formen des auf biologischem und sozialem Geschlecht basierenden Denkens (Butler, 1991).

19 Butler (1991), S. 9-12. Es ist ein interessantes Paradox, daß die »Dezentrierung des Subjekts« von Männern wie Lacan, Foucault und Derrida – den »Allzwecksubversiven« des französischen intellektuellen Lebens (Skinner, 1985) – in Angriff genommen wurde, die charismatische Persönlichkeiten sind und in der Folge ein deutliches Geschick an den Tag gelegt haben, den speziellen Status auszubeuten, den ihr Image ihnen verschaffte.

20 Siehe z.B. Feyerabend (1991). Das wegweisende Werk, das häufig zitiert wird, ist Thomas Kuhns *Die Struktur wissenschaftlicher Revolutionen* (1991, orig. 1962), ein Text, in dem die Geschichte der Wissenschaft durch die Brille der Soziologie betrachtet wird. Nach Kuhns Ansicht können naturwissenschaftliche Fakten nur im Licht von Systemen von Annahmen oder Paradigmen festgestellt werden, so daß es keinen objektiven Grund dafür geben kann, eine bestimmte wissenschaftliche Erklärung z.B. der Struktur des Atoms allen anderen vorzuziehen. Kuhn erarbeitet eine genaue Charakterisierung des wissenschaftlichen Alltags und bietet damit ein wertvolles Korrektiv zu den Exzessen des logischen Positivismus. Auf der anderen Seite bringt sein Ansatz Schwierigkeiten mit sich, die nicht weniger schwer zu überwinden sind. Eine der wichtigsten ist, daß nur wenige praktizierende Naturwissenschaftler seine Darlegungen für glaubwürdig halten. Die Standardantwort der Soziologen darauf lautet, daß Wissenschaftler durch ihre eigenen Paradigmen begrenzt seien, daß es also nicht sinnvoll sei, ihren Ansichten über ihre eigenen Paradigmen überhaupt Gehör zu schenken. Dieselbe Logik wird jedoch nicht als auf Kuhns eigenes Gedankengebäude anwendbar betrachtet. Kuhn und seine Schüler glauben leidenschaftlich daran, daß ihre Ansicht korrekt und die anderer falsch sei.

Im Nachhinein gesehen wird deutlich, daß Kuhns Theorie ihre Bedeutung durch ihre dialektische Beziehung zum logischen Positivismus erhält. Von dieser Beziehung abgelöst und als Wahrheit behandelt, führt sie zum Absurden: zu der Annahme, daß Soziologen und Philosophen die Wahrheit eindeutig zu fassen vermögen, während Naturwissenschaftler darauf niemals hoffen können.

21 Marcuse (1973), Henry (1966). Sowohl Marcuse als auch Henry betrachteten sexuelle Permissivität als den Interessen des Marktes dienend, und Marcuse sprach von »repressiver Desublimation«: dem Prozeß, durch den eine kapitalistische Kultur ihren Bürgern Karrieren als befreite, ihrem Vergnügen lebende Menschen anbietet, um sie von der Möglichkeit einer effektiven politischen Aktion abzulenken. Er betrachtete zudem die Beschränkung des erotischen Vergnügens auf die Genitalien und die »Desexualisierung« aller anderen Bereiche des Körpers, als eine Voraussetzung für die Transformation des Körpers in ein Instrument der Arbeit. Hirschmans Essay über die Enttäuschung (in: 1984) ist ebenfalls wichtig. Marketing ist, so führt er aus, erfolgreich insofern, als es Kunden dazu ermutigt, etwas zu kaufen, was sie sich wünschen, aber was sie enttäuscht –und sie so dazu bringt, erneut etwas zu kaufen. Sexuelle Beziehungen mit einer großen Anzahl attraktiver Partner entsprechen sehr präzise diesem Kaufzyklus.

22 Technologische Metaphern hatten einen bedeutenden Einfluß auf die Modernisierung unserer sexuellen Einstellungen; der englische Begriff des »turn on« beispielsweise wird von Brown (1986) dem Sexualexperten John Money zugeschrieben.

23 Zwar sind die Psychoanalytiker bekannt dafür, daß sie sich untereinander streiten, aber die Taxonomen sind es ebenfalls, wobei die in jüngster Zeit erfolgte Reklassifizierung des Genus *Rhododendron* eine ganz besonders strittige Angelegenheit gewesen zu sein scheint (Royal Horticultural Society, 1980).

24 Keller (1986), S. 175.

2. *Einfache Entscheidungen, komplexe Lösungen*

1 Brown (1986). Der Bereich von Sexualität und Geschlecht ist, im Hinblick auf die Terminologie, ein einziges Minenfeld. Kinsey und andere haben beispielsweise darauf bestanden, daß die Begriffe »homosexuell« und »heterosexuell« nur benutzt werden sollten, um Handlungen, nicht um Personen zu beschreiben. Wir selbst gehen im Hinblick auf Begriffe nicht allzu rigide vor, sind aber bei allem, was damit vorausgesetzt oder impliziert wird, sehr vorsichtig. Bei der Verwendung der Begriffe »biologisches Geschlecht« (*sex*) und »soziales Geschlecht« (*gender*) halten wir uns an eine provisorische Körper/Geist-Unterscheidung, wobei »biologisch« sich auf solche Aspekte der Erfahrung bezieht, die eine verhaltensbezogene oder reproduktive Komponente haben, »sozial« dagegen auf Aspekte der Selbstwahrnehmung und Identität. Von biologischen, psychologischen und sozialen Thesen und Fakten wird jedoch angenommen, daß sie auf beide Begriffe gleichermaßen anwend-

bar sind. Es war zufällig John Money, der im Jahre 1955 zuerst den Begriff
»*gender*« von der Philologie für die Psychatrie auslieh.

»Begehren«, »Erotik« und »Leidenschaft« scheinen uns noch immer sinnvolle und nützliche Begriffe. Andererseits ist »Sexualität« (wie »Kreativität«) so gedankenlos benutzt worden, daß der Begriff weitgehend jeder Bedeutung beraubt ist. Wir tun unser Bestes, um dieses Wort zu vermeiden.

2 Hudson (1982).

3 Tanner (1978), S. 57.

4 Ibid., S. 56, 70. Schiebinger (1989) verfolgt die gedanklichen Schritte, die es im 17. und 18. Jahrhundert ermöglichten, mit Hilfe neuen anatomischen Wissens eine Beziehung der Komplementarität zwischen den Geschlechtern herzustellen: das breithüftige Weib mit dem kleinen Schädel wird als nährend und fürsorglich betrachtet, der schmalhüftige Mann mit dem großen Schädel als das Geschöpf des Willens und der Tat. Wilson (1989) zitiert deutsche Forschungsarbeiten, in denen eine klare Beziehung zwischen der Weite des Beckens und den Scheidungsraten hergestellt wird. Männer mit breiten und Frauen mit schmalen Becken lassen sich, so wird behauptet, viel häufiger scheiden. Die Erklärung, die dazu angeboten wird, baut auf Faktenmaterial auf: daß schmalhüftige Männer und breithüftige Frauen zu konventionellen sexuellen Ansichten und Einstellungen neigen und daß Ehen zwischen Partnern mit konventionellen Ansichten tendenziell nicht auseinanderbrechen.

5 Bell und Weinberg (1978); Brown (1986).

6 Die Soziobiologie findet in jüngster Zeit offensichtlich aus ihrer primitiven, stark vereinfachenden Anfangsphase heraus, und die Ansichten, die von Evolutionsbiologen, behaviouristischen Zoologen und Ethologen angeboten werden, verdienen inzwischen gesteigerte Beachtung. Hinde (1987) hat die These aufgestellt, daß die Entwicklung von Geschlechtsunterschieden von einer »dialektischen Wechselwirkung« zwischen biologischen Tendenzen und sozialen Kräften abhängt. Er meint, daß diese sozialen Kräfte durch Familienbeziehungen vermittelt würden, daß sie aber von den geschlechtlichen Stereotypen der fraglichen Kultur abgeleitet seien – Stereotypen, in denen widerum biologische Tendenzen stark übertrieben werden. Obwohl diese Formulierung aus einer Forschungsrichtung kommt, die unserer eigenen sehr fern steht, halten wir sie für stichhaltig und wirklich mangelhaft nur insofern, als sie keinen Raum für kausale Prozesse läßt, die genuin psychologisch sind. Ebenfalls hilfreich sind die Erörterung »sensitiver Perioden« bei Bateson und Hinde (1987) und die klare Formulierung der Beziehung zwischen dem Genetischen und dem Umweltbedingten bei Bateson (1987).

7 Die verblüffenden Phänomene der Transsexualität sind im Detail von Stoller (1968) untersucht worden. Über die Bemühungen der Zuordnung von hermaphroditischen Kindern zu dem einen oder anderen Geschlecht berichten Money und Ehrhardt (1972).

8 Brown (1986).

9 Fälle von fötaler Androgenisation werden von Money und Ehrhardt (1972)

beschrieben; zusammen mit ähnlichen Fehlentwicklungen werden sie von Bancroft (1983) diskutiert. Die Geschichte der Erforschung des Turner-Syndroms (s. z.B. Money, 1964, Jensen, 1969, Hudson, 1970) hat jedoch vor allem eines deutlich gemacht: wie unklug es ist, Argumente über den Einfluß von Erbanlagen auf das Studium von Individuen zu stützen, die körperlich abnorm sind und auch von der Umwelt so wahrgenommen werden.

10 Stoller (1968), S. 173.

11 Ellmann (1985), S. 71, ebenso Baker (1969, 1981). Wie die Menschen des viktorianischen Zeitalters glaubte Hemingway nicht nur, daß der Mann durch die Ejakulation geschwächt werde, sondern daß darüber hinaus sein Vorrat an Samen begrenzt sei. Physiologisch gesehen ist dies ein Irrglaube. Wenn jedoch der Samen als eine Metapher für die psychischen Kräfte betrachtet wird, dann wird diese Ansicht besser verständlich. Unsere Fähigkeit, mit einem Menschen oder auch einem Text eine intime Beziehung einzugehen, mag möglicherweise begrenzt sein. Wenn die Grenze erst einmal erreicht ist, dann wird möglicherweise alle Erfahrung zu einer Wiederholung.

12 S. z.B. Beardslee und O'Dowd (1962), Hudson (1968). Stereotypen enthalten keinesfalls immer ein auch noch so kleines Körnchen Wahrheit. Wie Vorurteile sind sie dennoch äußerst einflußreich. Statistisch gesehen produzieren sie einige der verblüffendsten Regelmäßigkeiten, die ein Psychologe überhaupt finden kann.

13 Hudson (1967a, 1967b).

14 Marcus (1966), S. 16.

15 Hudson (1975).

16 In früheren Erörterungen dieser Daten vermuteten wir, daß die Stereotypen der Naturwissenschaften und der Künste Karrikaturen der Interessen der Latenzzeit respektive der Adoleszens seien (Hudson, 1975, S. 131-143). Diese Ansicht möchten wir hier gern präzisieren. Gegenwärtig geht unsere Meinung dahin, daß mit dem Geschlecht zusammenhängende Stereotypen sehr viel früher, in der Kleinkindzeit, Gestalt annehmen und daß sie ein Produkt der Schritte sind, durch die Eltern und Kind gemeinsam ihre Erfahrungen in Bereiche der Verantwortung und des Vergnügens einteilen. Im nächsten Kapitel wird die charakteristische Beschaffenheit dieser Schritte untersucht.

Die Rolle solcher stereotyper Wahrnehmungen für die Entwicklung von Theorie ist, dessen müssen wir uns bewußt sein, schwierig einzuschätzen. Wer es sich einfach machen will, betrachtet die Angelegenheit so, als gäbe es kein Problem: Stereotypen sind einfach Nebenprodukte der mentalen Prozesse, die in psychologischen Theorien beschrieben und erklärt werden sollen. Eine vorsichtigere Interpretation zieht die umgekehrte Möglichkeit in Erwägung, nämlich, daß psychologische Theorien die Form annehmen, die sie annehmen, weil die Psychologen in ihren Lehnstühlen der Macht von stereotypen Gedankensystemen anheimfallen. Diese sorgen dafür, daß unsere theoretischen Denkmuster eine »richtige Gestalt« haben, daß die Wahrheit in ihnen durchklingt. Der Prozeß des theoretischen Denkens wird auf diese Weise zu einer Art Schlafwandeln. Aus diesem Schlaf können wir erweckt werden, allerdings nicht durch intensives Lesen von Lehrbuchtexten, sondern durch die Konfrontation mit unangenehmem und widersprechendem Faktenmaterial.

17 Hudson (1967a).

18 Das Konzept der Androgynität, das hier als Mosaik von »männlichen« und »weiblichen« Eigenschaften erörtert wird, wurde in den 70er Jahren politisch verwendet. Bem (1976) benutzte es, um die Rechte der Frauen (wie Mrs. Thatcher) auf Machtpositionen und die Rechte von Männern auf eine fürsorgliche Rolle einzuklagen. Beide Geschlechter sollten beide Rollen abwechselnd übernehmen können. Androgynität, so wurde behauptet, sei eine eigene Dimension der Persönlichkeit und ein Zeichen für gute geistige Gesundheit. Diese Frage wurde nicht weiter verfolgt und blieb in technischen und semantischen Unklarheiten hängen.

In der Praxis scheinen androgyne Kulturen in eben demselben Maße zu Stereotypisierungen, Zwang und unwillentlicher Selbstparodie zu tendieren, wie eindeutig männliche oder weibliche Kulturen. Dies wird an einer Institution wie dem King's College, Cambridge, sichtbar. Als ein männliches College mit einer auffällig bisexuellen Tradition brachte es – vor allem in den Jahren zwischen den Kriegen – eine Konformität hervor, die auf ihre Art ebenso bedrückend ist wie die eines Fußballclubs oder die eines Geschäfts für Damenunterwäsche.

19 In seiner einfachsten Form funktioniert unser Schema wie ein Entscheidungsbaum mit vier Ebenen, wobei der Mensch auf jeder dieser Ebenen eine grundlegende Entscheidung trifft (Hudson, 1982, fig. 6). Unser Schema hat zwei offensichtliche Schwächen: Von Entscheidungen zu sprechen, ist zu rational; die wenigsten Entscheidungen trifft das Individuum bewußt. Das Schema impliziert auch, daß Entscheidungen in einer festen Reihenfolge getroffen werden, wobei z.B. die Entscheidung über die Geschlechtsidentität immer der über die Objektwahl vorausgeht. Ein flexibleres und realistischeres (aber weniger kontrollierbares) Modell bietet das zwei- oder dreidimensionale Netz oder Gitterwerk, innerhalb dessen die Kräfte frei spielen können, wobei sie Vorurteilen und Zwängen unterworfen sind, die entweder immanent oder vom System erlernt sind. Es sind Fragmente solcher Gitterwerke, die wir in den Diagrammen in den Kapiteln 7 und 8 darstellen.

20 Siehe z.B. Woodcock und Davis (1980). Die Humanwissenschaften sind nirgendwo stärker der Mode unterworfen als im Bereich der Theorie. Dissonanztheorien, in den 60er Jahren populär, sind heute nicht mehr modern; dennoch so meinen wir, sollten sie noch einmal hervorgeholt werden, auch weil psychodynamische Erklärungen sehr häufig dürftig verkleidete Dissonanzerklärungen sind. In der ersten Ausgabe der *Social Psychology* (1965) bezeichnete Brown die Theorien der kognitiven Dissonanz als »wahrscheinlich die einflußreichsten Ideen in der Sozialpsychologie«. In der zweiten Ausgabe werden sie nicht mehr erwähnt. Sollte eine dritte Ausgabe im Jahre 2007 veröffentlicht werden, dann könnten diese Theorien noch einmal eine zentrale Bedeutung gewinnen.

3. Die männliche »Wunde«

1 Tanner (1978), S. 56. Rose, Kamin und Lewontin (1984) weisen andererseits darauf hin, daß es vielleicht auch aktiv feminisierende Einflüsse gibt.

2 Stoller (1985a), S. 74.

3 Held (1989), Geschwind und Galaburda (1987).

4 Keller (1986) entwickelt einen Gedankengang, der unserem eigenen verwandt ist. Als mathematisch orientierte Biologin empfand sie das Bedürfnis, die »Männlichkeit« der beruflichen Laufbahn, der sie sich verschrieben hatte, zu verstehen, und verwendete dazu psychoanalytische und feministische Argumente.

   Auf dem Gebiet, wo Psychoanalyse und Feminismus sich begegnen, gibt es viele Einschüchterungsversuche und Kämpfe. In den 60er Jahren verurteilten die feministischen Kritiker(innen) Freuds Ansichten über die Geschlechter in Bausch und Bogen als sexistisch. Mitchell (1976) schalt sie dafür, Freuds Schriften nicht gelesen zu haben. Chodorow wiederum charakterisierte Mitchell als »Apologetin«, die »eine diensteifrige Verteidigung aller Behauptungen Freuds« betreibe und voraussetze, daß alle diese Behauptungen »den gleichen empirischen und methodischen Status besitzen und immer stichhaltig sind« (1985, 184 f). Wie Sulloway (1982) zeigt, betrachtete Freud die psychoanalytische Theorie als eine Theorie der Instinkte, und er erklärte die Unterschiede zwischen den Geschlechtern zum natürlichen (im Gegensatz zu einem symbolischen) Phänomen. In welchem Ausmaß psychoanalytisch orientierte Feministinnen diese Ansichten teilen, ist gegenwärtig unklar.

5 Greenacre (1952), S. 31, Grunberger (1989), S. 68.

6 Harlow und Harlow (1965), Bowlby (1979), Rutter (1981). Wichtige Tatsachen bleiben dennoch ungeklärt. Man weiß nur wenig über die langfristigen Auswirkungen des Umstands, mehrere »Mütter« anstatt nur einer einzigen zu haben, oder eine »männliche« Mutter anstatt einer weiblichen. Es ist auch nicht klar, ob zwischen »zu viel« und »zu wenig« Bemutterung ein Ausgleich gefunden werden muß. Eine distanzlose oder erstickende Mutter richtet möglicherweise mehr Schaden an als eine vernachlässigende (Stoller, 1974).

7 Greenson (1968).

8 Bower (1989) und Stern (1985) vertreten die These, daß in der frühen Kindheit komplexe Entwicklungsprozesse stattfänden. Von Beobachtungen an Kindern ausgehend stellt vor allem Stern die These auf, daß das Selbstgefühl des Kleinkindes während der ersten 18 Lebensmonate entwickelt und festgelegt wird, wobei jedes Stadium mit einer formativen Phase korrespondiert: »entstehendes Selbst« (0-2 Monate), »Kern-Selbst« (3-6 Monate), »subjektives Selbst« (7-15 Monate) und »verbales Selbst« (15-18 Monate). Jeder dieser Differenzierungsschritte des »Selbst« vom »Anderen« entwickelt sich vor – oder parallel zu – der Bildung einer stabilen Geschlechtsidentität.

9 Im Alter von 3 bis 6 Monaten, so betont Stern, sind Säuglinge bereits fähig, mit Hilfe ihrer Blicke die »Kontrolle über die Einleitung, Aufrechterhaltung,

Beendigung und Vermeidung sozialen Kontaktes mit der Mutter auszuüben. Mit anderen Worten: Sie beeinflussen durch ihre Blicke das gefühlsmäßige Engagement. Darüber hinaus gelingt den Säuglingen, indem sie ihre eigene Blickrichtung bestimmen, eine Selbstregulierung der Intensität und der Menge sozialer Stimulation, der sie unterworfen sind. Sie können ihren Blick abwenden, ihre Augen schließen, vorbeistarren, mit glasigem Blick schauen.« (Stern, 1985, S. 21).

10 Rosenthal (1984).

11 Hinde und Stevenson-Hinde (1987).

12 Tanner (1978), S. 58.

13 Greenacre (1952), S. 110.

14 Die meisten Psychoanalytiker, so behauptet Stoller (1979b, S. 109), teilen Freuds Ansicht, »alle Psychopathologie, nicht nur die sexuellen Abweichungen, resultiere – auf Grund solcher Mechanismen wie Kastrationsangst und Penisneid – aus dem ödipalen Konflikt, aus Störungen des Gefühls für die Geschlechtsidentität, das heißt für Maskulinität und Feminität«.

Es sind diese Mechanismen des Penisneids und der Kastrationsangst, die Chodorow im Kontext dessen, was wir die Wunde genannt haben, zur Bestätigung ihrer Thesen heranzieht. Obwohl sie eingesteht, sich selbst damit nicht wohl zu fühlen, folgt sie der orthodoxen These: daß der Sohn, wenn er entdeckt, daß seiner Mutter der Penis fehlt, von Kastrationsangst gepackt wird und sich infolgedessen von seiner Mutter trennt (Chodorow, 1985, S. 107). Zwar sind wir ebenfalls der Meinung, daß die Beziehungen zwischen Mutter und Säugling möglicherweise stark erotisierend sind, aber wir betrachten diesen Teil der orthodoxen psychoanalytischen Lehre mit Skepsis. Unsere eigene Sichtweise der Wunde hat weder einen Bezug zur Kastrationsangst noch zu der Vorstellung der weiblichen Genitalien als der Wunde, die entsteht, wenn in der Phantasie das männliche Geschlechtsteil abgeschnitten wird. Obwohl unsere These zu der großen Familie der psychodynamisch inspirierten Ideen gehört, gibt es nur wenige Verbindungen zur klassischen freudianischen Theorie.

15 Siehe z.B. Bronfenbrenners (1972) Vergleich der Zwänge, die auf amerikanische und russische Schulkinder ausgeübt werden.

16 Sozialpsychologen (z.B. Tajfel, 1981) sind der Ansicht, daß die Selbstbilder von Menschen zwei Komponenten haben: eine persönliche Idenität und soziale Identitäten, die mit jeder der Gruppen, zu denen das fragliche Individuum gehört, korrespondieren. Es wird im Rahmen dieser Theorie angenommen, daß, wann immer Individuen sich einer Gruppe anschließen, diese automatisch zu einer »in-group« wird, die man als allen anderen überlegen wahrnimmt. Eine solche Theorie kann jedoch nicht die Fakten der akademischen Spezialisierung erklären. Junge Naturwissenschaftler wählen nämlich einen Beruf, den sie selbst fortwährend in einem ungünstigen Licht wahrnehmen (Hudson, 1967a).

17 Diese These scheint von Lacan vertreten zu werden (Bowie, 1987, S. 117). Ob-

wohl auf den ersten Blick überzeugend, hat sie einen offensichtlichen Mangel. Insofern, als Jungen und Mädchen der elterlichen Autorität unterworfen sind, darauf läuft diese These hinaus, werden beide sich selbst als »männlich« erfahren – so daß als Determinanten der Geschlechtsidentität nur die relativ oberflächlichen Aspekte der wahrgenommenen Ähnlichkeiten und Unterschiede der äußeren Erscheinung, der Namen, der zugeschriebenen Rollen und so fort verbleiben. Es gibt bestimmt eine Lösung, aber die Schwierigkeit ist typisch für die Rätsel, die die Theorien der Identifikation aufgeben.

18 Im großen und ganzen läßt die psychoanalytische Theorie vier Arten der Identifikation zu: (1) die primäre Identifikation – der primitive Zustand, in dem sich das Bewußtsein von Kleinkindern befindet, bevor sie sich selbst von anderen Menschen unterscheiden können; (2) die sekundäre Identifikation – der normale Entwicklungsprozeß, in dem sich Kinder nach dem Modell der Eltern, die sie als von sich selbst getrennt sehen, richten; (3) die introjektive Identifikation – der Prozeß, durch den Individuen andere Menschen (oder Aspekte anderer Menschen) als »für sich selbst« sehen, und (4) die projektive Identifikation – der Prozeß, durch den Individuen sich selbst als »für andere« betrachten. Primäre und sekundäre Identifikation sind unumstritten, zumindest insoweit, als sie für den gesunden Menschenverstand nachvollziehbar sind. Die Konzepte der introjektiven und der projektiven Identifikation sind dagegen sehr umstritten.

In vielen psychoanalytischen Denkmodellen geht man auch davon aus, daß die frühen introjektiven und projektiven Identifikationen des Säuglings und Kleinkinds in semantisch stereotypisierten und binären Mustern ablaufen, daher die psychoanalytische Kurzformel, nach der die Mutter in den Augen ihres Säuglings als in eine »gute« und eine »schlechte Brust« geteilt betrachtet wird. Es ist leicht zu sehen, wie solche primitiven Unterscheidungen sich in die Kategorien hineinentwickeln könnten, die die stereotypen Wahrnehmungen von Heranwachsenden und Erwachsenen strukturieren: »aufregend«/ »langweilig« z.B. und »wertvoll«/»wertlos«. Aber während, wie Sterns Arbeiten zeigen, die Methoden der Beobachtung von Müttern und ihren Kleinkindern immer mehr verfeinert werden, werden solche semantischen Aktivitäten wohl niemals direkt bestätigt werden. Das Phänomen retrospektiv von den Phantasien Erwachsener abzuleiten, ist schlicht unakzeptabel, weil jene Phantasien (wie die Theorien des Psychoanalytikers) sehr wohl von Systemen stereotyper Wahrnehmung, die zu einem späteren Entwicklungsstadium erworben wurden, geformt worden sein könnten.

19 Dieser Austausch erlaubt wiederum den »Export« komplexer Systeme von Angst und Bedürftigkeit von einer Person zur anderen; daher Eriksons Behauptung, »daß, was immer für tiefe ›psychische Reize‹ im Leben eines kleinen Kindes wirksam werden, sie identisch sind mit den neurotischen Konflikten der Mutter «(Erikson, 1982, S. 24). Darüber hinaus besteht, wie Goffman beharrlich betont, die Schwierigkeit, daß so große Teile unseres Selbstgefühls dramaturgischer Natur sind.

20 Brown (1986), S. 551.

21 Greenson (1968).

22 Clark (1960), S. 300.

23 Osten und Vey (1969), S. 30; Hibbard (n.d.), S. 66, 220.

24 Clark (1960), Tafel 260; ebenso Hudson (1982), wo Meits Darstellung ausführlicher erörtert wird.

25 Es gibt weibliche Psychologen und Psychoanalytiker (z.B. Levenson, 1984, Aries und Over, 1985), die das Fehlen einer entsprechenden Abgrenzungsleistung bei Frauen als einen deutlichen Nachteil ansehen. Frauen haben, so ihre These, charakteristischerweise Schwierigkeiten, nicht nur sich von ihren Eltern zu trennen, sondern auch innerhalb ihrer eigenen erwachsenen intimen Beziehungen autonom zu funktionieren. Chodorow kommt zu dem gegenteiligen Schluß. Sie sieht die »Getrenntheit« des Mannes als sehr viel problematischer an, als die »Verbundenheit« der Frau (Chodorow, 1990, S. 120). Wenn unsere eigene These zutreffend ist, dann fehlt Frauen nicht ein Penis, sondern ein grundlegendes Gefühl für individuelle Handlungsfreiheit (als dessen Symbol bisweilen der Penis angesehen wird). Es ist dieses Gefühl, das eine Frau in der Folge entwickeln muß und um das sie – ganz besonders, wenn ihr Gefühl für ihre eigene Weiblichkeit unsicher ist – den Mann möglicherweise beneidet.

26 Indem wir uns die Vorstellung eines psychischen Raums aneignen, der sich zwischen dem Gefühl des männlichen Kindes für sich selbst und seiner Mutter öffnet, übernehmen wir Winnicotts (1971) Konzept des »potentiellen Raums«. Winnicott stellte sich diesen als den »intermediären Bereich der Erfahrung« vor, der als Modell und Vorläufer imaginativer Aktivitäten bei Erwachsenen dient. Unserer Meinung nach müssen dennoch Unterscheidungen gemacht werden. Winnicotts potentieller Raum wird im Geist des Kindes in einem Stadium der Entwicklung etabliert, das viel früher liegt als das durch die Wunde eingeleitete und das auch bei beiden Geschlechtern gleichermaßen eintritt. Unsere Vermutung geht dahin, daß unter dem Einfluß der männlichen Wunde der potentielle Raum eine Bedeutung annimmt, die geschlechtsabhängig ist.

Lacans Vorstellung des *nom-du-père* ist in diesem Zusammenhang ebenfalls wichtig. »Freuds essentielle Entdeckung«, so glaubte Lacan, war, daß »der Mensch das Anders-Sein in sich selbst trägt«; daß er in der Beziehung des Unbewußten zum Bewußten mit seiner eigenen *»excentricité radicale de soi à lui-même«* (Bowie, 1987, S. 118) konfrontiert wird. Lacan folgt Freud insofern, als er die ödipale Triade von Mutter-Vater-Kind als gegeben betrachtet und als er vermutet, daß alle Autorität vom Vater kommt: nicht vom eigentlichen Vater und auch nicht einmal von einem phantasierten, sondern von dem symbolischen, *le nom du père.* »Der *nom-du-père*, der ursprüngliche Andere reißt einen Abgrund zwischen dem Begehren und dessen Objekte, durch die und an die das Subjekt sein ganzes Leben lang und auf allen Ebenen seiner Erfahrung gebunden ist. Diese ursprüngliche Entfremdung ist ihrer

Natur nach dazu bestimmt, sich zu wiederholen und umgewandelt zu werden, allgegenwärtig ...« Wiederum jedoch sind Differenzierungen vonnöten. Wie Winnicotts potentieller Raum entsteht Lacans *nom-du-père* im ersten Lebensjahr, die Wunde später. Der *nom-du-père* ist untrennbar von der »Symbolischen Ordnung«; die Wunde bezieht sich nur indirekt auf die symbolische Kapazität des Jungen. Der *nom-du-père* ist ein typisches Rüstzeug des Theoretikers, der große Sprünge macht, die Theorie der Wunde ist typisch für die, die schon glücklich sind, sich mühsam voranzubewegen.

27 Storr (1988). Nach Chodorow sind die Identifikationsprozesse des Jungen und der Erwerb der männlichen Rolle kaum »in eine echte affektive Beziehung zum Vater eingebettet«, eher »neigt ein Knabe dazu, seine Identifikation und Beziehung mit der Mutter zu leugnen«. (1985, S. 228).

28 Vermutlich aus diesem Grund wird im Englischen nicht nur die Erde als weiblich wahrgenommen – »Mutter Erde« –, sondern auch so »männliche« Maschinen wie Boote und Automobile.

29 Keller (1986, S. 172, 176) besteht zu Recht darauf, daß eine »Welt der Differenz« zwischen der Objektivität desjenigen Wissenschaftlers, der sein ausgewähltes Stück der natürlichen Welt beherrscht und ihm eine Ordnung aufzwingt, und der desjenigen – und hier nennt sie als Beispiel die Genetikerin Barbara McClintock –, der »auf das Material hört« und ein Gefühl dafür entwickelt, liegt. Es gibt, mit anderen Worten, einen Unterschied zwischen dem Denken, das objektiv im Sinne von abstrakt oder analytisch ist, und dem Denken, das objektiv im Sinne von aufgeschlossen oder leidenschaftlich ist.

30 Die Umkehrung der kleinkindlichen Identität, die zur Wunde gehört und durch die der Vater (zuvor unterschiedlich) als ähnlich und die Mutter (zuvor ähnlich) als unterschiedlich gesehen wird:

ÄHNLICHKEITEN IM UNTERSCHIEDLICHEN –
UNTERSCHIEDE IM ÄHNLICHEN,

führt auf diese Weise zu einer Gabelung der imaginativen Beschäftigung, deren beide Komponenten einander spiegeln:

DINGE-ALS-MENSCHEN – MENSCHEN-ALS-DINGE.

Der Schritt ist für unsere Gedankenführung von wesentlicher Bedeutung, und er ist der erste der drei Punkte, an denen unsere grundlegenden Annahmen durchschimmern. Auf dieser Verbindung einer Umkehrung der Identität mit einer Spaltung der imaginativen Beschäftigung beruht alles weitere, was wir über die männliche Imagination zu sagen haben. Während es die Beschäftigung mit Dingen-als-Menschen ist, die unsere Erörterung von Wissenschaft und Technik beherrschen wird, ist es die Trennung der beiden Beschäftigungen – mit Dingen-als-Menschen und Menschen-als-Dingen –, die die sexuelle Aktivität des Mannes reguliert, und dies wird am deutlichsten, wenn seine sexuellen Bedürfnisse und Handlungen pervers sind. Nur im letzten Teil unserer Erörterung, wo wir den spezifischen Beitrag des Mannes zu den kreativen Künsten beschreiben, gelangen die Herangehensweisen an Menschen-als-Dinge und Dinge-als-Menschen zu einem wie auch immer prekären Ausgleich.

31 Der entwicklungsbezogene Einfluß von Dis- und Gegen-Identifikation wird bei verschiedenen Kosten und verschiedenen Nutzen variieren. Diese offensichtlich komplexen Zusammenhänge sind am leichtesten zu begreifen, wenn sie in einer Tabelle dargestellt sind:

		Der entwicklungsbezogene Einfluß von:	
		Dis-Identifikation	*Gegen-Identifikation*
Kosten	– Unsensibilität	– notwendig	– verstärkend
	– Frauenhaß	– notwendig	– entgegenwirkend
Nutzen	– Individuelle Handlungsfähigkeit	– notwendig	– notwendig
	– Energiequelle	– notwendig	– irrelevant
	– Abstrakte Leidenschaft	– notwendig	– verstärkend

Diese Tabelle deutet an, daß das Entwicklungsmuster, das eine abstrakte Leidenschaft entstehen läßt, auch persönliche Unempfindlichkeit hervorrufen wird – aber nicht Frauenhaß. Wo derselbe Mann abstrakte Leidenschaft und Frauenhaß empfindet, da würden wir erwarten, daß die daraus resultierende Spannung sein imaginatives Leben bestimmt (wie – und wir werden das im nächsten Kapitel zeigen – es im Fall des Philosophen Schopenhauer gewesen zu sein scheint).

32 Hudson und Jacot (1971). Diese Daten sind dem *Who's Who* entnommen. Da eine große Menge von Fallbeispielen vorlag, wurde ein sehr hohes Maß an statistischer Signifikanz erreicht. Siehe auch Hudson (1973), wo das britische Faktenmaterial von den amerikanischen Daten, entnommen den *National Surveys of Higher Education* (gefördert von der Carnegie Commission), bestätigt wird.

33 Kuhn (1991).

34 Dies sind Wirkungen der Art, die Freuds Kollege, der Psychoanalytiker Ferenczi als »bioanalytisch« bezeichnete. Winnicotts Idee des potentiellen Raums fällt in diese Kategorie.

Stern (1985, S. 26) führt das Argument ins Feld, daß man im Rahmen der psychoanalytischen Theorie annimmt, der psychische Apparat operiere getrennt von subjektiver Erfahrung – nach den Mustern z.B. der Verdrängung, der Abwehr, der Strukturen von Ich und Es und so fort – und erzeuge subjektive Erfahrung als Nebenprodukt. Seine eigene Erklärung des Selbsts und des Anderen ist insofern einzigartig, so glaubt Stern, als ihr »Hauptbestandteil« die subjektive Erfahrung von Kleinkindern selbst ist.

Unser eigener Eindruck ist der, daß einige Psychoanalytiker eher der Auffassung der Erfahrung als Nebenprodukt anhängen als andere: Melanie Klein z.B. mehr als Winnicott. In dieser Hinsicht schlagen wir uns jedoch auf die

Seite von Stern. Wenn sich die Trennungen von Dis- und Gegen-Identifikation erst einmal manifestiert haben, dann gibt es, so glauben wir, einen Apparat, der wahrgenommene Gleichklänge und Dissonanzen zwischen emotional befrachteten Alternativen zu lösen versucht und der nicht von der subjektiven Erfahrung getrennt ist, sondern eine ihrer zentralen Komponenten darstellt.

35 Gitterwerke werden in Hudson (1982) in einen Entwicklungskontext gestellt und in Hudson (1985b) in einen Kontext von Bedeutungssystemen wie Träumen und Gedichten, die strukturiert, aber nur zum Teil determiniert sind.

36 Bei Voraussagen, entweder über Individuen oder über Stichproben, erweist sich, daß naive Erwartungen hinsichtlich der Daten (wie man sie für Korrelationskoeffizienten oder den Chi-Quadrat-Test voraussetzt) häufig aufgegeben werden müssen (Hudson, 1977). Es ist auch wichtig zu begreifen, daß die Differenzierungen von Verhaltensweisen oder Wahrnehmungen in der Praxis sehr viel deutlicher innerhalb einer sozialen Gruppe als zwischen verschiedenen Gruppen zutage treten können. In einer Studie über Studenten der Universität von Edinburgh und ihre Ehefrauen entdeckten wir die markantesten Unterschiede nicht zwischen den extremen Enden des akademischen Spektrums, sondern innerhalb der biologischen Fakultät, zwischen den »Naturhistorikern« und den »physikalischen Biologen« – beispielsweise zwischen den Ökologen und den Genetikern (Hudson, Johnston und Jacot, 1972).

Diese Studie illustriert sehr anschaulich einen weiteren Punkt, der an sich offensichtlich ist, der aber dann, wenn es daran geht, quantitative Daten zu analysieren, leicht übersehen wird. Vor allem, daß eine Ehe ein dynamisches System ist, innerhalb dessen Unterschiede sich herauskristallisieren können. Obwohl in dieser Studie die Stichproben im Hinblick auf die Arbeit des Ehemannes ausgewählt wurden, wurden die Unterschiede am stärksten hinsichtlich der Ehefrauen beider Gruppen deutlich. Die »Naturgeschichtler« hatten Universitätsabsolventinnen geheiratet die, ebenso wie ihre Ehemänner, eine Karriere verfolgten, die »physikalischen Biologen« hatten Frauen ohne Universitätsabschluß geheiratet, und ihre Ehen entsprachen dem eher konventionellen Muster. Bei den Ehefrauen zeigte sich sogar ein deutlicher Unterschied im Hinblick auf die Zeit der sexuellen Reife: Bei den Ehefrauen der »Naturgeschichtler« hatte die erste Menstruation relativ spät eingesetzt, bei den Ehefrauen der »physikalischen Biologen« dagegen relativ früh.

37 Die Disziplinen, in denen »männliche« Denkformen am umstrittensten sind, sind die des mittleren Bereichs: Philosophie, Sozialwissenschaften und natürlich Psychologie. Es ist z.B. nicht klar, wie weit Freuds Unterteilung des Geistes in bewußt, vorbewußt und unbewußt trägt, und auch nicht, welche Reichweite Entwicklungsmodelle haben, die deutlich in Phasen unterteilbar sind, z.B. Freuds Sicht der Imagination als sexuelle Erkundung, bei der die Angst (z.B. die bösen Ahnungen des Kleinkindes hinsichtlich der Herkunft der Babies) sich schrittweise auflöst (Freud, GW VIII).

Bei Derrida findet sich die interessante Vermutung – die er Nietzsche zuschreibt –, daß der Prozeß der Differenzierung, der Gedankengängen wie denen Freuds innewohnt, mit der Idee der Gewalt verbunden ist (Derrida, 1986).

4. Der familiäre Kontext

1   Sears, Maccoby und Levin (1957), Kagan und Moss (1962). Die psychologischen und sozialen Auswirkungen einer strengen Erziehung von Söhnen sind seither detaillierter erforscht worden (s. Hinde, 1987, S. 48). Hinde berichtet auch über Untersuchungen bei Vorschulkindern, die gezeigt haben, daß es die schüchternen Jungen und die nicht-schüchternen Mädchen waren, die eine angespannte Beziehung zu ihrer Mutter hatten, und daß die nicht-schüchternen Jungen und die schüchternen Mädchen zu ihrer Mutter eine eher ausgeglichene Beziehung hatten.

Kagan und Moss entdeckten auch langfristige Wirkungen in bezug auf das Abschneiden von Söhnen und Töchtern bei Intelligenztests. Aufgrund von Langzeitstudien schätzte Bloom (1964) daß 50% der Varianz, die Heranwachsende in Bezug auf ihre Aggression, ihre Abhängigkeit und die Intellektualität ihrer Interessen zeigen, durch Messungen erklärt werden können, die bereits im Alter von fünf Jahren gemacht wurden. An den für die Psychologie normalen Maßstäben gemessen ist dies ein eindrucksvoller Erfolg.

2   Whiting, Kluckhohn und Anthony (1966).

3   Stoller (1974), S. 170.

4   Stoller (1968). Zustände exzessiver Intimität zwischen Müttern und ihren Söhnen, ebenso wie zwischen Vätern und ihren Töchtern, werden möglicherweise durch die Unfähigkeit der Mutter, inzestuöse Wünsche zu verdrängen, hervorgerufen. Es könnte sich, mit anderen Worten, erweisen, daß es einen wichtigen Unterschied gibt zwischen symbiotischen Intimbeziehungen, die von seiten der Mutter erotisch gefärbt sind, und denen, die es nicht sind – zwischen denen, die den Sohn durch Inzest bedrohen, und denen, die ihn durch eine Verschlingung bedrohen.

5   Die Aspekte der Imitation, der stereotypen Wahrnehmung, der sozialen Identität, der persönlichen Identität gehören alle hierher. Siehe Brown (1986), S. 551-74, der eine wohl ausgewogene Erörterung liefert.

6   Dieser Bereich ist in jüngster Zeit durch Mackintosh und Mascie-Taylor (1986) einer außerordentlich sorgfältigen Überprüfung unterzogen worden. Leistungsunterschiede an englischen Schulen – z.B. zwischen Kindern aus westindischen und aus asiatischen Familien – könnten sich vielleicht nicht auf rassische Unterschiede oder selektive Einwanderung zurückführen lassen, sondern auf die verschiedenen Familienstrukturen der fraglichen Gruppen und Gemeinschaften: eine matriarchalisch, die andere patriarchalisch, eine locker, die andere eng geknüpft.

7   Carlsmith (1964). Retrospektive Analysen dieser Art sind außerordentlich überzeugend und auch lohnend. Unglücklicherweise scheint dieses Forschungsdesign niemals ganz unanfechtbar zu sein. Bei Carlsmiths Studie ist es wohl so, daß die Abwesenheit der Väter die intellektuelle Entwicklung der Söhne beeinflußte, nicht weil die Väter während der ersten drei Lebensjahre der Söhne nicht anwesend waren, sondern weil bei ihnen als heimgekehrten Soldaten der reibungslose Verlauf ihrer Ehe in der Folge gestört war. Die Literatur über Geschlechtsunterschiede im nonverbalen, räumlichen und mathematischem Verständnis ist noch nicht eindeutig: S. z.B. Coltheart, Hull und Slater (1975), Harris (1978), Nyborg (1983) und Benbow (1988); ebenso Kapitel 5 unten.

8   Hudson (1960).

9   Dieses biographische Material haben wir Leishman (1964) und Leavy (1965) entnommen.

10 Leavy (1965), S. 178 f.

11 Ibid., S. 6.

12 Ibid., S. 11-25.

13 Ibid., S. 8, 124.

14 Ibid., S. 168.

15 Andreas-Salomé (1983), S. 170.

16 Ibid., S. 155, 182.

17 Snow (1987) sieht in der Entwicklung von Rilkes Werk einen entscheidenden Schnitt zwischen den beiden Bänden der Neuen Gedichte. Diese wurden ebenfalls sehr schnell niedergeschrieben, nämlich 1907 und 1908, als Rilke in den frühen Dreißigern war.

18 Die Begleitumstände dieses schöpferischen Ausbruchs werden detaillierter bei Hudson (1972, 1985 b) erörtert.

19 Painter (1962-68).

20 Baker (1969).

21 Roe (1951, 1953).

22 McClelland (1962). Dieser Artikel selbst ist ein Musterbeispiel für McClellands eigene Art der Genialität. Was als ein literarischer Rückblick beginnt, entwickelt sich zu einer Überprüfung der unterschiedlichen Vorlieben von Wissenschaftlern und von Nicht-Wissenschaftlern bei der Auswahl von Naturmetaphern.

23 Wolpert und Richard (1988), Regis (1989).

24 Stern (1966).

25 Der Geist/Körper-Parallelismus und die ihn begleitende Unterscheidung zwischen Aussagen, die eindeutig den Geist, und Aussagen, die eindeutig Gehirne betreffen, konnte weder von Descartes, noch von später lebenden Philosophen befriedigend aufgelöst werden. Mit der Entstehung assoziativer Netzwerke und »intelligenter« Maschinen wird dieses Feld auch im Alltag immer öfter beschritten.

26 Stern (1966), S. 117.

27 Magee (1983), S. 10.

28 Ibid., S. 11.

29 Ibid., S. 7, 24-25.

30 Zwar wies Freud gewöhnlich mit peinlicher Genauigkeit auf seine Quellen hin, leugnet jedoch seine Abhängigkeit sowohl von Schopenhauer als auch von Nietzsche. Sulloway (1982) führt allerdings aus, daß Freud fünf Jahre lang Mitglied einer Lesegesellschaft war, in der die Ansichten von Schopenhauer, Nietzsche und Wagner eifrig diskutiert wurden. Freud war, mit anderen Worten, mit Schopenhauers Überzeugungen in allen Einzelheiten vertraut. Schopenhauer war, wie Magee ausführt, auch einer der wenigen Philosophen, die Wittgenstein gelesen hat.

31 Magee (1983), S. 18.

32 Stern (1966), S. 112. Aufgrund von Schopenhauers Frauenhaß werden er und seine Mutter für Feministinnen zu einem interessanten Studienobjekt, s. z.B. Battersby (1989).

33 Selbst der Biograph einer erst unlängst verstorbenen und berühmten Persönlichkeit kann sich vor unüberwindliche Probleme der Dokumentation gestellt sehen, wie der Skandal um Cyril Burt beweist (Hearnshaw, 1979; Joynson, 1989; Hudson, 1989).

34 Storr (1988).

35 Kirschenbaum und Henderson (1990), S. 384.

36 Hudson (1966). Die Kreativitätsbewegung blühte in den 60er Jahren auf, war jedoch schon mehr als ein Jahrzehnt früher entstanden, wie Guilfords Bericht (1950) zeigt. In dieser Hinsicht scheinen die Antennen der wissenschaftlichen Psychologen sehr sensibel gewesen zu sein. Was auf der anderen Seite Fragen von biologischem und sozialem Geschlecht anbetrifft, so ist der Berufsstand vorsichtiger gewesen und hat häufig Anthropologen, Soziologen und englische und französische Literaturexperten den Schritt angeben lassen. Es ist überflüssig zu sagen, daß es wie immer zwei Paar Schuhe sind, der erste zu sein und recht zu haben.

37 Rosenberg (1963), S. 1.

38 Ibid., S. 4.

39 Ibid., S. 20.

40 Ibid., S. 21.

5. Männliche Stärken

1 Erikson (1982), S. 259.

2 Die Daten wurden von der Equal Opportunities Commission 1989 zur Verfügung gestellt.

3 Building Industry Council (1989).

4 Die British Psychological Society hat fünfmal soviele Männer wie Frauen in ihrer mathematischen und statistischen Sektion. Auch im Hinblick auf Leh-

rer und Lernende ist die Disziplin an britischen Universitäten gespalten: Vier von fünf Studienanfängern sind weiblich, vier von fünf akademischen Lehrern sind männlich (Morris, Holloway und Noble, 1990).

5 S. z.B. Allen (1988).

6 Zuckermann (1977), Hudson und Jacot (1986). Bei der Ernennung von Richtern in England und Wales bleibt ein massives Vorurteil sowohl gegen Frauen als auch gegen den *solicitor* (ein Anwalt, der nur vor bestimmten niederen Gerichten plädieren darf, d.Ü.). Von den zehn Law Lords, den 27 Lord Justices und den 83 High Court Judges sind nur drei Frauen, und keiner ist, der Ausbildung nach, ein *solicitor* (Gilvarry, 1991).

7 Steiner (1983), Hodges (1983).

8 S. z.B. Crick und Mitchison (1983). Steiner hält dagegen, es könne sich erweisen, daß viele Wissenschaftler, von denen man annimmt, sie seien heterosexuell, letztlich doch homosexuell seien. Es könnte auch sein, daß sich bestimmte Bereiche der Wissenschaft für Homosexuelle als ganz besonders attraktiv erweisen. Wenn Turings Beispiel signifikant ist, dann könnten sie eine besondere Begabung in den Bereichen der Theorie des Rechnens an den Tag legen, wo die Ideen von intelligenten Menschen und intelligenten Maschinen sich vermengen. Ein solcher Brennpunkt der Begabung könnte jedoch selbst ein temporäres Phänomen sein, das die Auswirkungen der Stigmatisierung auf die Imagination homosexueller Männer reflektiert. Im Laufe von ein oder zwei Generationen könnten, in dem Maße wie solche Stigmatisierung schwindet, solche Wirkungen immer stärker zurückgehen, wobei die Kulturen der exakten Wissenschaften und der Technik sich als das erweisen, was sie zu sein scheinen: das Revier der markant »männlichen« und heterosexuellen Männer.

Turing, während des Krieges ein routinierter Gesetzesbrecher in Bletchley Park und zugleich einer der unsichtbaren Kriegshelden der Nation, wurde mit vierzig wegen einer »krassen unzüchtigen Handlung mit einer männlichen Person« angeklagt. Es sagt viel über die soziale und rechtliche Misere des Homosexuellen am Rande einer heterosexuellen Gemeinschaft aus, daß Turing zwei Jahre später, als er noch immer auf der Höhe seiner Kräfte war, Selbstmord beging. Sogar noch aussagekräftiger ist die Behauptung, daß er, um sich umzubringen, einen Apfel aß, den er zuvor in Zyanid getaucht hatte.

9 Jay (1988).

10 Van Hasbroeck (1983, 1989), Hicks (1984), Matanle (1986).

11 Schumann (1977), Bruton (1986). Für eine Einführung in die Geschichte des Juwels als Schmuck siehe Tait (1986). In allen Fragen der Gemmologie sind wir Christopher Cavey für seine Führung und seinen Rat dankbar.

12 Zucker (1984), S. 53. Es ergibt eine aufschlußreiche Fußnote zur Geschichte des Frauenhasses, daß Isaac Newton seinen Hund »Diamond« nannte (Balfour, 1987, S. 91).

13 Wir vermuten, daß Männer und Frauen auf unterschiedliche Weise sowohl auf das Ausscheiden aus dem Arbeitsleben, als auch auf schmerzlichen Verlust reagieren. Eine Bestätigung der ersten Annahme kommt von Matthews

und Brown (1987). Sie fanden heraus, daß, je mehr Lebenskrisen ein Mann hinter sich hat, er umso schlechter mit dem Ausscheiden aus dem Arbeitsleben umgehen kann, wohingegen eine Frau umso besser reagiert, je größer die vorausgegangene Anzahl von persönlichen Lebenskrisen war. Diese Resultate deuten darauf hin, daß Männer von negativen Erfahrungen stärker gebrochen werden, während Frauen dadurch an Stärke gewinnen. Die Literatur über Trauer haben wir nicht im einzelnen ausgewertet. Es gibt jedoch Hinweise darauf, daß unsere Annahme hier ebenfalls durch die Fakten gestützt wird.

14 Schiebinger (1989). Die Italiener waren in dieser Hinsicht atypisch, da die Akademien in Bologna, Padua und Rom regulär Frauen als Studentinnen zuließen.

15 In der Wissenschaft haben die meisten außergewöhnlich erfolgreichen Praktiker, obwohl sie im Hinblick auf ihre Herkunft und ihr Temperament häufig Außenseiter waren, zum Zeitpunkt ihres Examens gewöhnlich schon den Weg in eine der größeren Institutionen der wissenschaftlichen Forschung gefunden. Dies ist gewiß bei zukünftigen Nobelpreisträgern der Fall (Zuckermann, 1977; Hudson und Jacot, 1986). Bei dieser Gruppe gibt es auch eine starke Tendenz, ohne Zweifel verstärkt durch die Mechanismen der Patronage und des Nepotismus, zu gegenseitigen Beziehungen als Meister und Schüler. Obwohl die akademischen Zeugnisse der außerordentlich Erfolgreichen sich häufig als wenig glänzend erweisen, nicht nur in der Naturwissenschaft, sondern auch in den Rechts- und Politikwissenschaften (Hudson, 1958, 1976), haben die meisten gute Arbeit geleistet, wenn sie motiviert waren, und kaum ausreichende Leistungen gezeigt, wenn das nicht der Fall war (MacKinnon, 1962).

16 Das Vermeiden einer Entdeckung kann aus einer tieferliegenden Entfremdung der Wahrnehmung vom Begehren entstehen, die durch die Wunde verfestigt wird. Lacan weist auf eine solche Entfremdung hin, aber er erklärt nicht, wie es eine Minderheit von Menschen schaffen kann, ihr, für wie kurze Zeit auch immer, zu entfliehen; siehe Kapitel 8 unten.

17 Mitscherlich (1963), S. 354 (Hervorhebung der Autoren). Anthony Trollope hat die Richtung vorgegeben, aber eine adäquate Psychopathologie des institutionellen Lebens muß noch geschrieben werden. Im Falle moderner Naturwissenschaft, so wird bisweilen angedeutet, sind die dominanten Themen noch immer die von Barchester: Eitelkeit und Rachsucht.

18 Mant (1983). Die Beobachtung deutet darauf hin, daß »räuberische Angreifer« entweder über ungewöhnlich effiziente Mittel verfügen, um mit Angst fertigzuwerden, oder dieser Angst gegenüber weitgehend unempfindlich (und in diesem Sinne psychopathisch) sind. Wir vermuten allerdings, daß nach einem erfolgreichen Überfall ein signifikanter Anteil der Angreifer von einer Depression überwältigt wird – die die meisten in den Griff bekommen, indem sie einen weiteren Überfall starten.

19 Dieser Isomorphismus entsteht vermutlich, weil moderne Institutionen, nach Kellers Worten, nicht durch die Menschheit, sondern durch Menschen ent-

wickelt worden sind. Inwieweit die Wissenschaft Fragestellungen aufnehmen kann, die dem »männlichen« Mann nicht natürlich zufließen, muß sich noch erweisen. Wenn sie sie nicht aufnehmen kann, dann geschieht das möglicherweise aus Gründen, die aus den Aufgaben der Wissenschaft selbst resultieren, und nicht aus einer Verschwörung von Insidern gegen das Weibliche, Androgyne oder Homosexuelle heraus.

Das »Zusammenpassen« des Charakters einer Institution und der psychischen Bedürfnisse der Menschen, die darin arbeiten, wurde zuerst auf überzeugende Weise von Menzies (1961) in ihrer Untersuchung über Krankenschwestern erforscht.

20 S. z.B. Harris (1978).

21 Die japanische Kultur bringt wohl eine Reihe von Eigenschaften hervor, die den Anforderungen, die die Hochtechnologie stellt, gut entsprechen. Die Japaner schrecken vor Introspektion zurück und empfinden es als natürlich, in einem Team zu arbeiten. Traditionellerweise, so wurde behauptet, betrachten sie den Geist »nicht als eine Maschine der Wahrnehmung und Erkenntnis, sondern als den psycho-spirituellen Anteil der Person, der eine Identifizierung mit der letztendlichen Realität sucht« (Gregory, 1987).

22 Shilts (1987). Ebenfalls umstritten ist die Frage, ob AIDS eine einzige Krankheit mit verschiedenen Manifestationen ist oder ein lose zusammengeknüpftes Bündel von untereinander nicht in Verbindung stehenden und jeweils entsprechend dem Anlaß ausbrechenden Infektionen. Relevant sind in dieser Hinsicht die Erhebungen von Beral et al. (1991). Sie zeigen, daß bei den AIDS-Patienten das Kaposi-Sarkom nur über den Geschlechtsverkehr übertragen wird.

23 Hudson (1990a). Dieser Bericht betont, in welchem Maße, trotz konventioneller Einstellungen und Überzeugungen, die Reaktionen auf AIDS verwirrend und paradox sind, und zwar auf Seiten der Patienten, Verwandten und Ärzte gleichermaßen.

24 Biologisch und sozial bedingte Geschlechtsunterschiede in der Leistung mögen immer noch deshalb entstehen (Rhode, 1990), weil häßliche Vorurteile gegen Frauen noch weit verbreitet sind; weil, historisch gesehen, Frauen ihre Talente denen der Männer untergeordnet haben und sich möglicherweise noch immer dazu gezwungen fühlen und weil eine Gesellschaft, die tendenziell von Männern und maskulinisierten Frauen verwaltet wird, automatisch jene Arten von Leistung schätzt, die eher der Natur des Mannes als der der Frau entsprechen.

Die Schwierigkeiten, denen emanzipierte Frauen begegnen, haben eine feine ebenso wie eine grobe Struktur: z.B. das Problem der Nachnamen – anscheinend trivial, aber dennoch hartnäckig. Ein Mädchen nimmt den Nachnamen seines Vaters an. Wenn eine Frau den Nachnamen ihres Mannes in der Ehe nicht annimmt, dann bewahrt sie sich ihre Identität, befreit sich aber nicht aus dem patriarchalischen Muster: Was sie behält, ist der Name ihres Vaters, oder, wenn sie den Namen ihrer Mutter annimmt, der ihres Großvaters. Sie gerät darüber hinaus in häusliche Schwierigkeiten, und sie lockert die Identität der Familieneinheit, in der ihre eigenen Kinder aufwachsen. Wenn sie in der Ehe den Namen ihres Ehemannes annimmt, aber weiterhin unter ihrem Mädchennamen arbeitet, dann signalisiert eine Frau damit eine Trennung zwischen ihrem arbeitenden Selbst und ihrem häuslichen Selbst auf eine Weise, wie Männer das nicht tun. Wenn Männer und Frauen sich zusammentun, um einen Doppelnamen anzunehmen, dann bleibt das Problem für ihre Töchter noch immer existent. Sollen sie den »männlichen« oder den »weiblichen« Teil ihres aus zwei Wörtern bestehenden Nachnamens annehmen, wenn sie heiraten? Wenn der Mann den Namen der Ehefrau annimmt, dann wiederholen sich dieselben Probleme, aber in umgekehrter Form, wobei das Muster matrilineal und nicht patrilineal wird. Und so fort.

Wir stehen ohnehin erst am Anfang. Wenn wir uns auf unsere eigenen Biographien beziehen, so hatten in dem Land, in dem wir aufwuchsen, die Frauen erst weniger als zehn Jahre vor unserer Geburt das Wahlrecht erhalten. Mehr als ein Jahrzehnt, nachdem wir unsere Examen gemacht hatten, wurde einer von uns von den Abendessen im Cambridge College ausgeschlossen, wo der andere ein Forschungsstipendium hatte, mit der Begründung, daß die Gegenwart einer Frau bei den unverheirateten Männern des College Anstoß erregen könnte.

25 Mackintosh und Mascie-Taylor (1986).

26 Altus (1966).

27 In einem einfachen Experiment baten Coltheart und seine Kollegen (1975) Studenten beider Geschlechter das Alphabet zweimal durchzugehen, wobei einmal die Buchstaben, die mit einem (englischen) ›ee‹-laut gesprochen werden (wie B, C, D, E, und G, aber nicht A, F und H) gezählt werden sollten, und beim zweiten Mal die, die in ihrer Form gebogene Linien enthalten (wie B, C, D und G, aber nicht A, E, F und H). Die erste ist eine phonetische, die zweite eine visuelle Aufgabe. Während Frauen sich tendenziell eher bei der zweiten Aufgabe irrten, machten die Männer sehr viel mehr Fehler bei der ersten Aufgabe.

28 Das Faktenmaterial ist durchaus nicht eindeutig. Vgl. McGlones Rezensionsartikel (1980) und die Reaktionen darauf.

29 Harris (1978).

30 Levy (1974) berichtet über eine deutliche verbale Schwäche unter linkshändigen Studenten im California Institute of Technology; inzwischen stellten Critchley und Critchley (1978) einen hohen Prozentsatz von Linkshändern unter den unter einer Lesestörung leidenden Kindern fest. Brown (1986) erwähnt die aufschlußreiche Entdeckung, daß bei tauben Menschen die Zeichensprache – obwohl sie eher visuell als verbal ist – von der linken, nicht der rechten Gehirnhälfte kontrolliert wird.

Es wird weit und breit als elitär, sogar als faschistisch angesehen, solche Muster von Stärke und Schwäche als angeboren anzusehen; es sei vielmehr human, sie als ein Produkt des sozialen Lernens zu behandeln. In der Praxis erscheint es nicht mehr sehr human, von einem Kind mit einem schlechten verbalen Gedächtnis zu erwarten, daß es Gedichte auswendig lernt, und es ist auch eher inhuman, von einem tauben Kind zu erwarten, daß es singt. Es ist auch nicht besonders lobenswert, Menschen nahezulegen, eine bestimmte Laufbahn einzuschlagen, die sie schließlich als enttäuschend empfinden – wenn man z.B. Frauen in den Ingenieurberuf drängt, um ein kürzlich veröffentlichtes Beispiel zu nennen. Weit entfernt davon, vorauszusetzen, daß jeder alles tun kann, hilft eine adäquate Pädagogik dem Einzelnen, aus seinen Stärken Kapital zu schlagen und seine Schwächen zu umgehen, wobei gelegentlich jene Schwächen in Stärken verwandelt werden.

31 S. z.B. Hudson (1983). Unsere Interviews mit Designern wurden von dem verstorbenen Robert Wetmore gesammelt, dem wir zu Dank verpflichtet sind.

32 Geschwind und Galaburda (1987). Oliver Zangwill, ein Pionier im Bereich der Untersuchungen über zerebrale Dominanz, glaubte, daß uneindeutige Muster der Dominanz mit einem rebellischen Temperament in Zusammenhang stehen.

33 Whitelson (1988) erörtert, inwieweit anatomische Unterschiede bei Gehirnen mit dem biologischen Geschlecht in Zusammenhang stehen.

34 Benbow (1988).

35 Dasselbe gilt für die Beziehung der Geschwisterfolge zur akademischen Leistung. Was intellektuelle Einstellungen anbetrifft, darauf deutet das Faktenmaterial hin, so sind die erstgeborenen und einzigen Söhne tendenziell konservativer, die jüngeren Söhne radikaler (Hudson 1975b).

36 Nyborg (1983, 1988). Er zieht eine Erklärung durch einen Androgen/Östrogen-Ausgleich vor, wobei er meint, daß Abweichungen in die eine oder andere Richtung – ob intrauterin oder später – eine hemmende Wirkung auf räumliches Vorstellungsvermögen haben. Bei erwachsenen Frauen, so scheint es, korrespondiert der niedrigste Grad mit den Zeitpunkten im Menstruationszyklus, zu denen die höchsten Östrogenmengen vorhanden sind.

In ähnlicher Weise haben einige unserer Kollegen in Edinburgh herausgefunden, daß Frauen tendenziell als »Abweichende« (Divergierende) eingeordnet wurden, wenn sie in der Woche vor der Ovulation getestet wurden, und als »Annähernde« (Konvergierende), wenn sie in den zwei Wochen danach getestet wurden (Cormack und Sheldrake, 1974). Wenn Originalität bedeutet, auf subtile Weise von den vorherrschenden Ansichten des betreffenden Wissenschaftszweiges abzuweichen, dann könnten Frauen infolgedessen in der Woche vor dem Eisprung am kreativsten im Bereich der Naturwissenschaften sein, und sie wären künstlerisch am kreativsten in den beiden Wochen danach (Hudson, 1985b).

37 Mädchen, die sehr früh zu menstruieren beginnen, neigen anscheinend dazu, konventionelle weibliche Rollen zu übernehmen (s. Hudson, Jacot und Sheldrake, 1973). Es ist möglich, daß sie das aus biologischen Gründen tun, aber solche Persönlichkeitsmuster können auch leicht psychologisch oder sozial erklärt werden.

38 Harris (1978). Der britische Schachmeister Alexander hat einmal in einem Ge-
    spräch behauptet, daß höchstrangige Spieler sich durch Qualitäten auszeich-
    nen, die nicht intellektuell, sondern »moralisch« sind.

6. Leidenschaftliche Abstraktion

1   Keynes (1951), S. 311.
2   Storr (1985a, 1988).
3   Christopher Zeeman berichtet über die unterschiedlichen Persönlichkeiten
    bei Mathematikern und die verschiedenartigen Probleme, vor die sie ihn als
    Besucher seiner Warwick Symposia gestellt haben: »Die Experten auf dem
    Gebiet der Geometrie und die Topologen bringen im allgemeinen ihre Fami-
    lien mit, feiern eine Menge Parties und bleiben häufig länger, als sie zunächst
    beabsichtigten. Die Experten für Algebra sind sehr präzise, kommen häufig
    allein, ohne ihre Familien, an genau dem Tag, für den sie sich bereits drei Jahre
    zuvor angesagt hatten. Und die Analytiker sind völlig unzuverlässig. Sie sa-
    gen, sie würden ihre Familien mitbringen und tauchen dann mit ihren Ge-
    liebten auf, und sie kommen niemals an den Tagen, die sie als Ankunftstag
    festgelegt hatten.« Sie sind, so schlußfolgert er, »charakterlich ganz andere Ty-
    pen« (Wolpert und Richards, 1988, S. 56).
        Es sind genau diese Wirkungen, die ein differentialer Ansatz uns heraus-
    zuschälen erlaubt und die ein korrelativer Ansatz verdunkelt. Wenn Men-
    schen sich zu einer bestimmten Disziplin (etwa der Mathematik) durch einen
    oder mehrere psychologische Faktoren (etwa die, die mit der Wunde zusam-
    menhängen) hingezogen fühlen, dann würde man von ihnen – wenn sie
    einmal innerhalb jener Disziplin etabliert sind – erwarten, daß sie sich hin-
    sichtlich anderer psychologischer Faktoren voneinander unterscheiden (ihre
    Verranntheit oder ihre unkonventionelle Lebensweise beispielsweise). Aus
    diesem Grund sind psychologische Unterschiede häufig im Rahmen einer
    Disziplin markanter als zwischen der einen und der anderen Disziplin.
4   Skinner (1976).
5   Ibid., S. 241, 256.
6   Ibid., S. 288.
7   Skinner (1961), S. 420.
8   Skinner (1976), S. 42.
9   Ibid., S. 270.
10 Ibid., S. 269.
11 Ibid., S. 43.
12 Ibid., S. 47.
13 Skinner (1961).
14 Nachdem er zwei Jahre in Harvard studiert hatte, schrieb Skinner eine auf-
    schlußreiche Arbeit über die historischen Ursprünge der Idee des »Reflexes«
    (Skinner, ibid., S. 319). Er beschrieb Descartes als den ersten, der »einen Me-

chanismus vorgestellt hat, der die Charakteristika lebender Organismen auf plausible Weise hervorbringen konnte«: nicht eine »bloße belebte Puppe«, sondern *la bête machine*. In seinem *Traité de l'Homme*, so behauptete Skinner, behandelt Descartes zum ersten Mal Tiere als Reflexsysteme, die durch äußere Stimuli aktiviert werden. Beim Menschen ließ Descartes jedoch Raum für die Seele, wobei er den menschlichen Körper als einen Mechanismus ansah, der der Intervention der Seele unterworfen ist. Genau wie die Maschinen, die damals von Männern wie Salomon de Caus für die Springbrunnen des französischen Königs geschaffen wurden, von den verantwortlichen Ingenieuren an- und ausgestellt werden konnten, so könne die Tätigkeit der menschlichen Maschine von der Seele an- und ausgestellt werden. Wenn Skinner recht hat, dann war Descartes' Dualismus des Geistes und des Körpers in der Tat subtiler und moderner (obwohl weniger »skinnerianisch«), als gewöhnlich angenommen wird.

15 Wittgenstein (1989, 1977). Isoliert und von außerhalb der Philosophie aus gesehen ist der philosophische Standpunkt, der im *Tractatus* ausgedrückt wird, philisterhaft. (Wenn alle wahren Feststellungen sich auf Tatsachen beziehen, was wird dann aus den Wahrheiten der Kunst?) Im Gegensatz dazu geben die *Untersuchungen* den Philosophen in die Hände des Psychoanalytikers und Kritikers. (Wenn es die Art des Gebrauchs ist, die die Bedeutung eines Wortes festlegt, dann bedarf es des Psychoanalytikers und des Kritikers, festzustellen, was verborgene Elemente halbbewußter und unbewußter Bedeutung, z.B. des Traumberichts oder eines Gedichts, vermitteln oder ausdrücken können.)

16 Hugh-Jones (1989), S. 28.

17 Hudson (1968).

18 Hugh-Jones (1989), S. 28.

19 Sulloway (1982).

20 Wisdom (1953).

21 In Jean-Paul Sartes Denken, so führt Stern (1966) aus, gibt es Hinweise auf einen sehr starken Widerwillen gegen alles »Klebrige«; allgemeiner gesprochen eine intensive Beschäftigung mit Gefühlen des Ekels und des Widerwillens. Der Gegensatz zwischen Reinheit und Schmutz hat darüber hinaus natürlich sowohl soziale als auch kulturelle Dimensionen (Douglas, 1970).

22 In wissenschaftlichen Untersuchungen über die Erblichkeit von Intelligenz werden genetische Erklärungen augenblicklich mit Umwelterklärungen durcheinandergebracht. Obwohl eineiige Zwillinge gelegentlich zum Zeitpunkt ihrer Geburt getrennt und an verschiedenen Orten aufgezogen werden, können die Familien, in denen sie aufgezogen werden, in wesentlicher Hinsicht ähnlich sein. Es gibt keine einfachen Antworten auf dieses Problem, weil wir im voraus kein Mittel haben, um festzustellen, welche Umweltfaktoren eine wesentliche Bedeutung haben und welche nicht.

23 Der Begriff »g« wurde ursprünglich von Spearman geprägt. Gould (1983) erläutert den historisch bedeutsamen Sprung der Psychologen von der Messung

der Gehirne zur Messung von Verstandeskräften, er legt die Annahmen dar, die in den verschiedenen Formen der Faktorenanalyse implizit enthalten sind und unterscheidet deutlich zwischen den unterschiedlichsten Einstellungen zu ›g‹, die Experten wie Spearman, Thurstone, Guilford und Burt eingenommen haben.

Anders als dies bei der Geschwisterfolge der Fall ist, verschlechtert sich die Vorhersagetreffsicherheit von Tests, bei denen der Anteil von »g« hoch ist, erheblich, wenn die Stichproben stark eingegrenzt werden. Wenn wir beispielsweise eine Gruppe begabter Sechzehnjähriger haben, dann können die hinsichtlich »g« erreichten Testergebnisse kaum Aufschluß darüber geben, welchen akademischen Grad der Einzelne erreichen wird (Hudson, 1966).

24 Burt (1937), S. 10; Jensen (1969).

25 Jensen (1969). Diesem Argument mangelte es in zweifacher Hinsicht an Logik. (1) Wäre es schlüssig, dann sollte es auf alle Kinder mit einem relativ niedrigen IQ ohne Rücksicht auf die rassischen Unterschiede anwendbar sein, nicht auf alle schwarzen Kinder ohne Rücksicht auf den IQ. (2) Aus der Tatsache, daß einige Kinder (aus welchem Grund auch immer) niedrigere IQs haben als andere, folgt durchaus nicht, daß man für sie auch eine schlechtere Ausbildung vorsehen sollte. Vielmehr ist auch eine Vorgehensweise denkbar, bei der mehr finanzielle Mittel für die Ausbildung von Kindern bereitgestellt werden, die einen besonders niedrigen IQ-Wert erreichen.

Die Heftigkeit der Auseinandersetzungen um Rasse und IQ war für jemanden, der nicht direkt daran beteiligt war, schwer vorstellbar. Und ebenso schwer vorstellbar war die Unzugänglichkeit der Protagonisten gegenüber dem ganz normalen Vorgehen, zu argumentieren und zu folgern (Hudson, 1970).

26 Serebriakoff (1965).

27 Die Technik der Argumentation spielt eine entscheidene Rolle für die Stabilisierung wissenschaftlicher Visionen. Burt verließ sich vor allem auf das Schreiben von Briefen, höflich, aber von einer bedrückenden Länge und Häufigkeit. Skinners Methode war besonders effektiv. Wenn man ihn zur Rede stellte, dann wiederholte er seine ursprüngliche Position bis sein Gesprächspartner den Mut verlor. In einem Gespräch während eines Mittagessens hielt einer von uns Skinner entgegen, daß seine Lernmaschinen zwar nach dem Prinzip einer ständigen positiven Verstärkung arbeiteten, daß er aber an anderer Stelle für das Prinzip einer intermittierenden positiven Verstärkung eingetreten sei. Geduldig begann er, seine Lernmaschinen erneut zu beschreiben, bis seine Zuhörer schließlich schwiegen.

28 Die Debatte darüber, ob Burt vorsätzlich fälschte oder nur grob nachlässig war, ist noch nicht abgeschlossen (Hearnshaw, 1979; Joynson, 1989).

29 Westfall (1973).

30 Koestler (1959), S. 225.

31 Ibid., S. 225-238.

32 Ibid., S. 232.

33 Ibid., S. 247.

34 Ibid., S. 336. Wir haben dies nicht bis zu den Quellen zurückverfolgt, aber es heißt, daß Kepler ebenfalls seine Beobachtungen an den Schluß anpaßte, zu dem er gekommen war.

35 Einige der spektakuläreren wissenschaftlichen Betrügereien werden von Broad und Wade dokumentiert (1985).

36 Moralisch ist die Position komplexer. Viele der wichtigsten Köpfe der Wissenschaft spielen genau deshalb eine so herausragende Rolle, weil bei ihnen die üblicherweise vorhandenen »männlichen« Ambivalenzen in einem ungewöhnlichen Maße gesteigert sind. (Im Grunde ist das, was sie suchen, persönlich: nicht Ordnung, sondern *ihre* Ordnung – eine Ordnung, die den Stempel ihrer persönlichen Identität trägt.) Ihre Bedürfnisse drücken sich nicht nur in leuchtenden Visionen wie denen Keplers aus, sondern in unbesonnenen Loyalitäten, unerklärbaren Fehlurteilen, ermüdenden persönlichen Querelen und anscheinend sinnlosen Akten von öffentlichen und privaten Gesetzesübertretungen. Diese Personen sind nicht im gewöhnlichen Sinne betrügerisch oder psychopathisch. Ihre Verfehlungen sind weniger echte Gesetzesübertretungen, ähneln weniger dem Fälschen von Schecks als dem Kritzeln auf Toilettenwände. In das Kraftfeld der wissenschaftlichen Disziplinen sind solche Energien dennoch schwer zu integrieren.

37 Brown (1959, 1979), McClelland (1963). Brown zog, indem er sich auf Freuds späte Theorien bezog, den Schluß, daß Wissenschaft und Technik Ausdruck des Todesinstinkts seien, des Impulses, das Leben in einen Grabesfrieden zurückzuführen.

38 Hudson und Jacot (1986). Latour und Woolgar (1979) vollziehen die Schritte nach, durch die Guillemins und Schallys Ansichten über die chemische Struktur des TRF schließlich als korrekt akzeptiert wurden. Die Idee, daß der TRF das Peptid Pyro-Gen-His-Pro-NH2 war (im Gegensatz zu Pyro-Gen-His-Pro-OH beispielsweise oder Pyro-Gen-His-Pro-OMe) wurde zunächst als Behauptung aufgestellt und erwies sich dann als die Wahrheit, als Guillemins und Schallys Rivalen keine andere Möglichkeit finden konnten, um die zu der Zeit verfügbaren experimentellen Daten zu interpretieren. Als entscheidend wurden die Beweise mit Hilfe des Massenspektrometers akzeptiert, bei dem TRF und eine synthetische Form des Peptids Pyro-Gen-His-Pro-NH2 sich als ununterscheidbar erwiesen.

39 Latour und Woolgar (1979), S. 119.

40 Ibid., S. 118. Es ist schwierig, sich vorzustellen, daß eine gleichermaßen qualifizierte weibliche Wissenschaftlerin wie Dorothy Hodgkin von ihren Forschungen in solchen Begriffen spricht. Sie beschreibt die Analogien zwischen Chemie und Kristallographie und den Erfahrungen, die sie in ihrer Kindheit während eines Aufenthaltes mit ihren Eltern in Transjordanien machte (es geht um archäologische Funde): »Du findest, was da ist, und du bist nicht Herr der Situation. Du findest, was da ist, und gibst dann dem, was du findest, einen Sinn« (Wolpert/Richards, 1988, S. 79). Wie Keller (1986) andeutet, könnte

diese Freiheit – das zu finden, was da ist, und ihm dann einen Sinn zu geben
– eine der typischen Einstellungen sein, die begabte Frauen gegenüber der
Wissenschaft einnehmen. Es ist möglicherweise kein Zufall, daß die in letzter
Zeit entstandenen Karten der schwamm-ähnlichen Struktur des Kosmos
ebenfalls die Arbeit einer Frau sind – Margaret Geller. Die Aufmerksamkeit
einer Frau auf das, »was da« ist, – die nach unserer Erfahrung vielen männlichen Ingenieuren seltsamerweise fehlt – könnte sehr gut auch die groteske
Fehlleistung verhindert haben, die die NASA sich erlaubte, als sie im Hub-
ble-Teleskop einen nicht korrekt eingerichteten Spiegel in den Weltraum
brachte.

41 Sampson (1977), S. 34.
42 Ibid., S. 35.
43 Jones (1974), Regis (1989). Unsere eigenen Beobachtungen und Überlegun-
    gen als Besucher des Institute for Advanced Study während der Jahre 1974-
    75 werden, so hoffen wir, zur entsprechender Zeit ebenfalls gedruckt werden.
44 Regis (1989). Es gibt einen speziellen Platz für das Mysteriöse in der Mathe-
    matik, aber erst dann, wenn die formale Richtigkeit außer Frage steht, wie die
    mystische Aura, die Gödels Unvollständigkeitstheorem umgibt, beweist.
    Nach einer Ära heroischen Experimentierens scheinen die theoretischen Na-
    turwissenschaften sich ebenfalls in die Richtung des Phantasievollen zu be-
    wegen, wobei Murry Gell-Manns »Quark« in dieser Hinsicht ein Vorläufer
    war. Der Name »Quark« wurde James Joyces *Finnegans Wake* entnommen;
    es ist damit ein Elementarteilchen gemeint, von dem die Forscher niemals eine
    Spur gefunden haben.
45 Jones (1974), S. 42.
46 Regis (1989), S. 99.

7. Männliche Laster

1 Sexuelle Intimität bietet, wenn wir mit unserer These recht haben, der erwachsenen Frau keine entsprechende Phantasie einer magischen Rückkehr.
   Im Vergleich mit dem Mann ist sie freier, sexuelle Erfahrung ihren eigenen
   Zwecken entsprechend zu gestalten. Im einen Extrem kann sie den Schauder
   genießen, zum Objekt zu werden – als ein sexuell stark begehrenswertes Objekt behandelt zu werden. Am anderen Ende kann Sex für sie der Preis sein,
   den sie um physischer Annehmlichkeiten willen zu zahlen bereit ist. Es gibt
   natürlich für die Frau auch Gefahren, aber sie sind von anderer Art als die, mit
   denen der Mann konfrontiert ist. Die bedrückendste ist wahrscheinlich die,
   daß sie sich in eine Beziehung mit jemandem begibt, der sie, anscheinend völlig willkürlich, abwechselnd als begehrenswert und als gefährlich wahrnimmt.
2 Criminal Statistics, S. 99. Hier sind, wie andernorts auch, die Kriminalstati-
   stiken nur schwer präzise zu interpretieren, da z.B. »sexuelle Übertretungen«
   in der Weise definiert werden, daß dazu auch Entführung gehört.

3   Bancroft (1983). Zwar ist Vergewaltigung ein sexueller Akt und beinhaltet eine Entladung sexueller Energie, aber sie dient charakteristischerweise nicht-sexuellen ebenso wie sexuellen Zwecken. Es kann dadurch Ablehnung oder Haß ausgedrückt werden; sie kann zum Zweck der Machtbestätigung oder des »Zurechtstutzens« vorgenommen werden, und im Falle von Gruppen-vergewaltigungen kann sie ein Gefühl der Kameraderie oder der homosexu-ellen Verbundenheit vermitteln. Selbst bei erzwungenem sexuellem Verkehr (im Gegensatz zu direkter Vergewaltigung) deutet das Beweismaterial darauf hin, daß der Akt nur selten wirklichen sexuellen Genuß zum Ziel hat.

4   Black und Kaplan (1988).

5   Criminal Statistics, S. 73. Leider werden die Daten nicht so aufgeschlüsselt, daß man das Geschlecht des Opfers zum Geschlecht des Mörders in Bezie-hung setzen könnte: Daher kann man keine Aussage darüber machen, wie-viele der männlichen Opfer, die vom »Partner oder Geliebten« getötet wur-den – 1989 10% von insgesamt 342 – in der Tat homosexuell waren.

6   Mailer (1979). Dieses Buch ist, wie Capotes *Kaltblütig* ein Beispiel für einen »Tatsachenroman« – für die imaginative Wiedergabe und Gestaltung realer Vorgänge. Soweit wir wissen, gibt es keinen grundsätzlichen Unterschied der Konzeption zwischen Tatsachenroman, Biographie, den Schilderungen des ausgebildeten Klinikers oder des naturalistischen Romanschreibers und den scheinbar unpersönlichen Unternehmungen des Theoretikers. Alle sind (1) interpretative Unternehmungen insofern, als sie versuchen, ansonsten chao-tischem menschlichen Material eine Ordnung aufzuzwingen und dadurch die Wahrheit zu finden; (2) sehr leicht in Gefahr, in Stereotypisierungen und Il-lusionen abzugleiten und (3) Einladungen an den Praktiker, seine Autobio-graphie aus einigem Abstand heraus zu erkunden. In der Praxis existieren enge Verbindungen zwischen den Welten des Faktums, der Tatsachenliteratur und der Dichtung, die oft äußerst verwirrend sind: so war Ralph Greenson zum Zeitpunkt ihres Todes Marilyn Monroes Psychoanalytiker (Mailer, 1980).

7   Capote (1985).

8   Mailer (1979, S. 347) zitiert eine Passage aus einem psychologischen Gutach-ten über Gilmore, das nach seiner Festnahme erstellt worden ist. Darin wird ein Grad an Intelligenz dokumentiert, der weit oberhalb der Schwelle liegt, die Wissenschaftler für eine erfolgreiche Karriere in der Forschung über-schreiten müssen (Roe, 1953; MacKinnon, 1962). Es ist dort die Rede von ei-nem »35-jährigen unverheirateten Mann ... von kaukasischem Typus und hoher Intelligenz«. Der im »Verbal-Test erreichte IQ« wird mit 140 angege-ben, der »Grad seiner Abstraktionsfähigkeit« mit 120 und sein »Gesamt-IQ« mit 129 – zwei Standardabweichungen über dem nationalen Durchschnitt.

9   Ibid., S. 636.

10 Ibid., S. 371.

11 Ibid., S. 747.

12 Ibid., S. 445. All dieses ist himmelweit entfernt von der rückhaltlosen Liebe, die Nicole ihm entgegenbrachte: »Dir gehört meine ganze Liebe. Ich glaube,

das weißt Du. Und ich weiß, daß mir Deine gehört. Wenn Du stirbst – sobald – werde ich es wissen und fühlen, wie Deine Seele meine Gedanken umhüllt und diese, meine Seele, die Dich so unsagbar liebt. Leb wohl mein Liebster / Jetzt und für immer / Wohin ich auch gehe / Ich werde allein gehen / Bis ich wieder an Deiner Seite bin.«

13 Kinsey et al. (1954), S. 533.

14 Brown (1986), S. 328.

15 Bell und Weinberg (1978).

16 Ibid., S. 308. Obwohl anscheinend objektiv, lassen solche Daten doch viele methodologische Zweifel offen, wie die AIDS-Seuche in jüngster Zeit deutlich gemacht hat, s. z.B. Anderson und May (1988).

17 Bell und Weinberg (1978), S. 244. Das Charakteristikum der Getriebenheit bei einem solchen Verhalten spiegelt sich im jüngst gesammelten britischen Faktenmaterial wider. Hunt et al. (1991) zeigen, daß die Risikobereitschaft bei homosexuellen Männern, die in Reaktion auf die Bedrohung durch AIDS gesunken war, erneut gestiegen ist. Sowohl die Anzahl von Männern in ihrer Gruppe, die analen Verkehr hatten, als auch die Anzahl der Partner jener Männer ist in den Jahren 1988 und 1989 signifikant gestiegen.

18 Simenon (1958), Bresler (1983).

19 Simenon heiratete zweimal und hatte vier Kinder. Aber, so deutet sein Biograph an, er hatte nur zwei wirklich innige Beziehungen zu Angehörigen des anderen Geschlechts, zu seiner Mutter und zu seiner Tochter; beide waren unbefriedigend. Simenons Tochter beging in ihren Zwanzigern Selbstmord. In emotionaler und vielleicht auch in körperlicher Hinsicht war ihre Beziehung inzestuös (Bresler, 1983, S. 244-251).

20 Mailer (1980), S. 21.

21 Rosen (1979).

22 Bancroft (1983), S. 185.

23 Comfort (1990), S. 352. Die Bedeutungen von Begriffen wie »Abnormität« und »Perversion« sind komplex, und man ist versucht, sie entweder ganz und gar zurückzuweisen oder ihnen eine quasi-legale Basis durch den Begriff des freien Willens zu geben. Diesem zweiten Pfad folgend kann man homosexuelle Akte als normal betrachten, wenn sie aus freiem Willen zwischen Erwachsenen stattfinden, als anomal, wenn das nicht der Fall ist. Pädophilie muß, wenn man dieser Definition folgt, immer als abnorm betrachtet werden, weil man von Kindern nicht wirklich behaupten kann, daß sie aus freiem Willen mitmachen. Obwohl es als ein erster Annäherungswert hilfreich sein mag, erweist sich dieses Argument sehr bald als nicht stichhaltig. Es berücksichtigt weder die getriebene (und in dem Sinne unfreiwillige) Natur eines großen Teils des sexuellen Verhaltens, noch die überspannten Geisteszustände, die dieses Verhalten so häufig ausdrückt. Ebenso wie es entartete, sexuelle Akte zwischen Erwachsenen gibt, die sich freiwillig darauf einlassen, so gibt es auch unschuldige erotische Begegnungen zwischen Erwachsenen und denen, die vom englischen Gesetz als Minderjährige betrachtet werden (z.B. zwischen

einem pakistanischen Ehemann in seinen Zwanzigern und seiner dreizehn-
oder vierzehnjährigen Ehefrau). Im Bereich des sexuellen Verhaltens ist die
Frage des Motivs von großer Bedeutung.

24 Rycroft (1972), S. 116.

25 Stoller (1979c).

26 Stoller (1985b).

27 Khan (1979).

28 Grunberger (1989) berichtet über einen homosexuellen Mann, der als bereit-
williges Opfer einer besonders beunruhigenden Perversion ein »tiefes, be-
glückendes Gefühl der Gemeinschaft, eine Art der Komplizenschaft, erfüllt
von Leidenschaft und Liebe« empfand. Die düsteren Begleitumstände solcher
»stark unkörperlichen Gefühle« drücken sich, so meint Grunberger, nicht in
Erfahrungen von Schmerz und Ekel aus, sondern in den darauf folgenden Re-
gungen der Illoyalität und des Betrugs.

29 Hopkins (1984). Viele empirisch orientierte Forscher, unter ihnen Kinsey
(1954), nehmen an, daß Männer leichter als Frauen für die psychologischen
Stimuli, die mit sexuellem Vergnügen in Zusammenhang stehen, ansprechbar
sind. Ein damit zusammenhängender Gedankengang läuft darauf hinaus, daß
Männer nur insofern perverser sind als Frauen, als sie weniger emotional sind,
und daß sie deshalb stärker dazu neigen, ihre Phantasien auszuagieren. Es ist
diese Tendenz der Sachlichkeit und des Zum-Objekt-Machens in Verbindung
mit einem Gefühl individueller Handlungsfreiheit, was wir als das Erbe der
Wunde betrachten.

  Die orthodoxe psychoanalytische Sichtweise geht dahin, daß »Fetischismus deutlich mit einem sehr schweren Kastrationskomplex in Zusammenhang steht« (Greenacre, 1979, S. 83). Die Psychoanalytiker betrachten – in unseren Augen wenig einleuchtend – den Penis als abgetrennt – sei dies nun vom
weiblichen oder vom männlichen Körper – und in diesem abgetrennten Zustand als Modell und Vorläufer aller Objekte (Menschen, Fetische, Kunstwerke), die eine intensive erotische Bedeutung tragen. Die behaviouristischen
und psychoanalytischen Ansichten, das sollte festgehalten werden, schließen
sich keinesfalls gegenseitig aus. Männer sind möglicherweise genau deshalb
leichter für sexuelle Stimuli ansprechbar als Frauen, weil sie für die Arten der
Angst, die mit Kastrationsphantasien zusammenhängen, anfällig sind.
Wir haben den Eindruck, unterstützt darin durch das klinische Material aus
Hopkins' Untersuchung ihrer Patientin Sylvia und – allerdings eher indirekt
– durch experimentelle Studien über das Denken von Kleinkindern (z.B. Bower, 1989), daß schon in der Vorstellungswelt von sehr kleinen Kindern ausgeprägte Perversionen nachweisbar sind. Sie werden zwar in den Jahren des
Heranwachsens verdrängt, kommen dann aber im Erwachsenenleben wieder
an die Oberfläche.

30 Stewart (1971), S. 25.

31 Weit entfernt davon, natürlich und unproblematisch zu sein, ist die Sequenz
von Reaktionen, die Männer und Frauen vom Begehren zur Verführung führt,

von der Verführung zum Geschlechtsverkehr und vom Geschlechtsverkehr zu weiterem Begehren, eine, die Komplexität in jedem Stadium zuläßt. Das Phänomen wird bei John DeLillo in *The Names* (1983) sehr deutlich dargestellt. Der erzwungene Verkehr des Erzählers mit Janet Ruffing bedeutet nichts und führt zu nichts: im Rahmen von DeLillos Text dient er als ein Mikrokosmos der Spannung zwischen dem Über-Zivilisierten und dem Barbarischen, der das Thema des gesamten Buches ist. Als der Geschlechtsverkehr schließlich vollzogen wird, im Dunkeln, gegen eine Wand gedrückt, drängt jeder der beiden Partner den anderen »in einen Rhythmus und in ein Bedürfnis« (»*into a rhythm and a need*«). DeLillos Worte sind wie immer sorgfältig gewählt. Es geht hier nicht um zwei mit Begehren angefüllte Gefäße, die endlich überschwappen. Nach dem überreizten Hin- und Her der Präliminarien, ist es der Akt selbst, der Begehren schafft. Erst der Rhythmus, dann das Bedürfnis. Geschlechtsverkehr ist das einzige, jeder der beiden Parteien verfügbare Mittel, um eine ansonsten gefährlich anomale soziale Episode zu einem Ende zu bringen.

Gegenwärtig hat die Psychologie keine Sprache, um solchen Phänomenen gerecht zu werden. In der wissenschaftlichen Standardsprache – allerdings ist das Idiom in einem mehr als gewöhnlichen Ausmaß komisch – ist das, was jetzt gefragt ist, eine Versöhnung zwischen den Betrachtungsweisen »von unten nach oben« und »von oben nach unten«. Die »von unten nach oben« ist die der radikalen Soziobiologen, die annehmen, daß alle subtileren Erfahrungen, die Menschen bei ihren sexuellen Handlungen machen, Begleiterscheinungen sind. Wie Spuren am Strand werden sie von der heranrollenden Flut der Biologie fortgespült. »Von oben nach unten« sehen die Poststrukturalisten und Dekonstruktivisten. Sie sind der Ansicht, daß unsere Erfahrung nur dann für uns verfügbar wird, wenn sie im Lichte eines der Diskurse, die unsere Kultur für diesen Zweck bereitstellt, strukturiert wird. In sich und an sich sind unsere Körper bedeutungslos. Es kann nicht so etwas wie einen Körper geben, bevor uns ein entsprechender Diskurs mit dem Konzept »Körper« versorgt. Es gibt nicht so etwas wie Sex. Es gibt nicht so etwas wie eine Person. Es gibt, mit anderen Worten, nichts außerhalb des »Texts« – außer, natürlich, einen anderen Text.

Die »Von oben nach unten« – Sprache des Dekonstruktivisten wird für die, die damit nicht vertraut sind, von den Charakteren in David Lodges *Nice Work* (1989) präzise eingefangen. Wie Lodge bemerkt hat, stehen hier das Exaltierte und das Vulgäre Seite an Seite. »Als ich jünger war«, so räumt seine Heldin Robin Penrose ein, »habe ich es zugelassen, daß ich eine Weile lang vom Diskurs der romantischen Liebe bestimmt wurde.« Aber »das war bloß ein Fick«, so informiert sie auch ihren unglücklichen Liebhaber mittleren Alters, »nicht mehr und nicht weniger« (S. 293, 301). Soziobiologie, Poststrukturalismus und das Vulgäre haben also eines gemeinsam; sie sind Polemiken gegen die Themen der Psychologie, so wie sie traditionell verstanden wurde: gegen den Glauben, in diesem Fall, daß Sex ein Weg ist, auf dem Männer und

Frauen, wenn sie das für richtig halten, ihre Fähigkeit zur ästhetischen und moralischen Einschätzung voll einsetzen können.

32 Bowie (1987), S. 118. »Es gibt nicht so etwas«, so erklärt Lacan auch, »wie eine sexuelle Beziehung« (Bowie, 1991, S. 154). Indem er das tut, weist er auf das Anders-Sein hin, dem die beiden Partner beim Geschlechtsverkehr ausgesetzt sind.

33 Lucie-Smith (1970), S. 142.

34 Obwohl wir es hier benutzen, ist »nicht wahrgenommen« (*unacknowledged*) nicht ganz das richtige Wort. Es stimmt nur dann, wenn man weitere Konnotationen von Anders-Sein zuläßt: die des Unterschieds, des Seltsamen oder Fremden, des Verleugneten oder Unterdrückten und des Wilden, Barbarischen oder potentiell Verschlingenden.

35 Ähnliche Diagramme werden bei Hudson (1982, 1990b) benutzt. Das vorliegende – und es ist wichtig, das festzustellen – paßt nicht ganz genau auf die freudianischen Unterscheidungen zwischen bewußt, vorbewußt und unbewußt. Die interessantesten Phänomene der Erotik – die in Peinlichkeit gehüllt sind, über die man versteckte Witze macht, die in einem Zusammenhang als unwichtig dargestellt werden und die man in einem anderen Zusammenhang aufbauscht – erstrecken sich über alle drei.

Diagramme wie das unsere schaffen nicht nur Beziehungen, sondern auch *Meta-Beziehungen*. Konsonanzen und Dissonanzen entstehen nicht nur zwischen dem einen und dem anderen Selbst, sondern auch zwischen Paaren von Selbsts – das heißt, zwischen Beziehungen. Wo das Diagramm sechs Wege zwischen den Selbsts zuläßt, da erlaubt es auch Meta-Beziehungen zwischen Paaren (und Trios) von Selbsts. Die Muster sind solche, wie sie uns von Streichholzpuzzles vertraut sind.

36 Stoller (1974).

37 Solche Entdeckungen sind, so nehmen wir an, »paarspezifisch«: sie folgen nicht aus den individuellen Eigenschaften jedes der beiden Partner, sondern aus der Natur ihrer »Verbindung«, wenn sie aufeinandertreffen.

Die Entwicklung sexueller Erfahrung hat nichts mit den Körperstellungen zu tun, die in Sex-Handbüchern empfohlen werden. Sie beruht vielmehr auf Vertrauen. Vertrauen hängt wiederum, so glauben wir, von der Entdeckung einer Symbiose ab, die ein Widerhall der Säuglings- und Kleinkinderfahrungen des Einzelnen ist, die aber kategorisch von den beängstigerenden Erinnerungen an jene Erfahrung getrennt wird. Im Kern von sexueller Langeweile und Promiskuität beim Mann steht, mit anderen Worten, die Furcht vor Intimität, die verschlingend oder inzestuös ist.

8. *Jenseits des Begehrens*

1 Wie wir bereits in Kapitel 5 dargelegt haben, nehmen wir nicht an, daß Männer eine größere Begabung zum Komponieren haben als Frauen, sondern daß

das Komponieren in den Händen begabter Frauen deutlich neue Formen annehmen kann.

2 Von Beethovens *Großer Fuge* wurde gesagt: »Was den Zuhörer packt, ist die dramatische Erfahrung des Zusammenzwingens – denn die Meisterschaft hat hier oft eine Spur von Gewaltsamkeit an sich –zweier Themen, die ihrer Natur nach nichts gemeinsam haben, um eine Rasse von Giganten zu züchten, Episoden oder Variationen hervorzubringen, die in der Geschichte der Musik nicht ihresgleichen haben« (Martin Cooper zitiert nach Storr, 1985b, S. 56).

3 Hudson (1990b). Männliche Wissenschaftler beschreiben Arbeit, die sie befriedigend finden, nicht nur als »schön«, sondern auch als »süß« oder »sexy«. Sie unterscheiden das Schöne von dem nur »Hübschen« und weisen Arbeit, die leer oder prätentiös ist, als »aufgedonnert« von der Hand. Die Sprache könnte die eines Bildhauers oder Architekten sein.

4 Unsere Behauptung ist, kurz gefaßt, folgende: (1) die kreativen Künste erkunden Vieldeutigkeiten und nutzen sie, und sie haben eine lebendige Vergangenheit; (2) die Geisteswissenschaften vermeiden Doppeldeutigkeiten, haben aber, vor allem in Form von Bezugstexten, eine Vergangenheit, die in wichtiger Hinsicht lebendig bleibt; und (3) die Naturwissenschaften vermeiden Vieldeutigkeiten, und ihre Vergangenheit ist für alle praktischen Zwecke der gegenwärtigen Forschung ohne Belang. Wenn, aus welchem Grund auch immer, eine Disziplin ihre Position in dieser Gedankenlandschaft verlagern muß, dann findet die Verschiebung in diesen beiden Dimensionen statt. So standen im Oxford der 50er Jahre sowohl die Psychologen als auch die Philosophen unter starkem politischen Druck, sich ein exaktes, wissenschaftliches Gepräge zu geben, und deshalb verlangten sie von ihren Studenten, sich mit den historischen Quellen nur flüchtig zu beschäftigen (Hudson, 1972).

5 Eher auf der Ebene der Metaphern, die die Erfahrung organisieren, als auf der Ebene der Erfahrung selbst, nutzt der erfolgreiche Künstler eine Parallele zwischen zwei Arten von imaginiertem Raum: dem des sexuellen Aktes, im Rahmen dessen sich erotische Erfahrung spontan ausformt, und dem des Kunstwerks, der es der Vieldeutigkeit erkennbarer Bedeutung möglich macht, sich auszubreiten und mitzuschwingen. Gleichermaßen gibt es natürlich – zumindest implizit – eine Parallele zwischen der Erfahrung des sexuellen Akts als getrieben und sich ständig wiederholend und dem Bemühen der Wissenschaft, symbolische Rahmen zu schaffen, die Vieldeutigkeiten ausschließen.

Wenn man sich Wissenschaft als eine Forschungslokomotive vorstellt, die von der Hypothese zur Vorhersage, von der Vorhersage zur Beobachtung und dann wieder zur Hypothese rollt, dann wird der natürlichen Welt keine Gelegenheit gegeben, »ein Widerwort zu geben«. Imaginierter Raum – das Äquivalent von Keats' »negativer Fähigkeit« (Rycroft, 1979) – erlaubt dem Praktiker, zu »finden, was da ist«; und es ist, so glauben wir, die Dialektik zwischen dem Begehren als Strukturen schaffend und dem Begehren als Räume schaffend, die hinter den feministischen Hoffnungen steht, auf eine weniger getriebene, weniger kolonialisierende Art Wissenschaft betreiben zu können.

6 Freud (GW XIX, S. 399). Nach Freud hat sich die Beziehung von psychoanalytisch inspirierten Texten zu Kunstwerken verändert (Wright, 1984). In
einigen Fällen spielt die Theorie noch immer die erklärende Rolle, nach dem
Vorbild der Naturwissenschaften. Andere Texte – etwa von Lacan und Barthes – stehen Seite an Seite mit dem Kunstwerk, wobei jeder der beiden den
anderen destabilisiert (und, indem er das tut, ihn auch erhellt). Im besten Falle,
so Lacan über diese unbequeme Beziehung, würden die beiden nicht als ein
verpflichtender Spiegel dienen, sondern »als eine beharrliche und ungefällige
›andere Szene‹« (Bowie, 1987, S. 163).

7 Wie jeder, der mit einem anderen zusammengearbeitet hat, weiß, hängen solche partnerschaftlichen Unternehmungen davon ab, daß man unähnliche und
bisweilen einander entgegenstehende Fertigkeiten in ein Geschirr zusam-
menspannt. Wie in der Ehe oder beim Gespannfahren können dabei gefähr-
liche Augenblicke entstehen und diese Partnerschaft kann, ganz plötzlich, auf
unumkehrbare Weise eine falsche Richtung einschlagen.

8 In Hudson (1982, 1990 b) wird gezeigt, daß jeder der sechs Wege zwischen
Künstler, Modell, Bild und Betrachter Überraschungen und, in einigen Fällen, Paradoxien enthält.

9 Hobhouse (1988), S. 94, 119. Zu einem früheren Zeitpunkt seiner künstlerischen Laufbahn hat Matisse häufig seine Modelle realistisch und verlockend
dargestellt, was für die Modernisten relativ ungewöhnlich war. Picasso schien
dagegen um der Verzerrung willen verzerrt zu haben, seine Malerei war, wie
er selbst sagte, das Ergebnis von Zerstörungen.

10 Campbell (1981), S. 205. Obwohl Brassai, der ein Freund Picassos und der
Surrealisten und, bevor er Fotograf wurde, selbst ein Maler war, in Matisses
Augen einen speziellen Status innehatte, erinnert die Beziehung zwischen Maler und Fotograf an die zwischen einem Wissenschaftler und einem Laboran-
ten, oder die zwischen einem Staatsmann und einem Journalisten. In jenen Tagen mußte der Fotograf damit rechnen, daß sein Werk nur anonym veröffentlicht würde – ein Schicksal, das Brassai zutiefst verbitterte. Brassai, ein
Ungar, der zur Zeit der Jahrhundertwende in Transsylvanien geboren worden war, lebte seit Mitte der 20er Jahre in Paris. Jene Fotografie stammt aus
einer Porträtserie, die berühmte Künstler in ihren Studios zeigte, und scheint
von *Harper's Bazaar* in Kommission genommen worden zu sein.

11 Schematisch gesehen ordnen sich die Ideen, die unsere These über die Wunde
und deren Folgeerscheinungen stützen, in Konjunktionen, nicht in klare und
unzweideutige Arrangements, wie die Teile einer Maschine, sondern in komplexe und unbestimmte, das konzeptionelle Äquivalent persönlicher Beziehungen. (Wie Menschen sich von Beziehung zu Beziehung fortbewegen, so
tun es auch Ideen.) Zwei Konjunktionen sind ganz besonders einflußreich gewesen. Die erste wurde in Kapitel 3, Anmerkung 30 gezeigt. Dort wurde die
Unterscheidung zwischen den Wahrnehmungen von Unterschieden im Ähnlichen und von Ähnlichkeiten im Unterschiedlichen neben die Unterscheidung der beiden imaginativen Beschäftigungen mit Dingen-als-Menschen

und mit Menschen-als-Dingen gesetzt. Die zweite Konjunktion, die hier dargestellt wird, setzt sinnverwandte Diagramme und die Wege, die sie ermöglichen, nebeneinander:

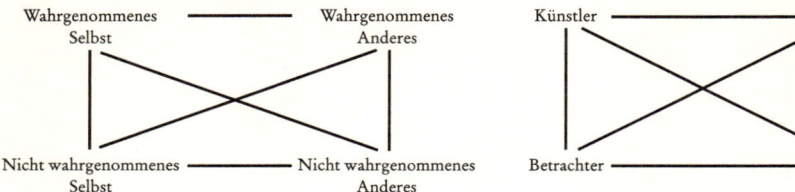

Weit entfernt davon, nichts miteinander zu tun zu haben, haben die beiden Konjunktionen – die, die in Kapitel 3 gezeigt wurde, und die, die hier gezeigt wird – einen fruchtbaren Einfluß aufeinander.

Wie die, die an ihnen Vergnügen haben, bereits wissen, haben selbst die bescheidensten Diagramme ihr geheimes Leben. Wenn unsere wie hier nebeneinander gestellt werden, ist es möglich, ihre Elemente so zu betrachten, als hätten sie eine interessante Verlagerung durchgemacht; eine Verlagerung, die erhellen kann, was einen Mann dazu führt, die Frau, die er begehrt, zu malen oder zu fotografieren anstatt mit ihr Geschlechtsverkehr zu haben. Es ist möglich, das wahrgenommene und das nicht wahrgenommene Selbst des Diagramms auf der linken Seite als in sich vereinigt in dem Diagramm rechts als den Künstler wiederzufinden. Die Position, die zuvor von dem nicht wahrgenommenen Anderen besetzt wurde, ist jetzt vom Bild besetzt, und die, die zuvor vom nicht wahrgenommenen Selbst besetzt wurde, wird jetzt vom Betrachter besetzt. Die letzte dieser Veränderungen deutet auf einen klar umrissenen Aspekt der psychologischen Entwicklung des Künstlers (und speziell des erotischen Künstlers): daß er, um den Aufruhr, den das Begehren in ihm hervorruft, zu regulieren, zu einem Betrachter dieses Begehrens wird. Aber, da er sich in der Nähe aufhält, lernt er, die Schritte zu machen, die ein erotisiertes Wesen in einen Betrachter und den Betrachter wieder zurück in ein erotisiertes Wesen verwandeln. Es sind genau die Dissoziationen und Objektifikationen, die in derartigen Manövern enthalten sind, die er dank der Wunde ausführen kann.

12 In seinem vielleicht bemerkenswertesten Buch, *Sexual Excitement*, beschreibt und analysiert Stoller ein solches System von Phantasien. Es war seine Patientin »Belle«, die ihm davon erzählte. Die junge Frau war zu Beginn ihrer Analyse 24 Jahre alt, »ruhig, intelligent, attraktiv, gepflegt, feminin«. Belle vermittelte den Eindruck einer »leicht konfusen, jedoch erfrischenden Unschuld; einer weichen, runden, träumerischen Erotik, einer klaren sexuellen Konzentration auf Männer, Romantik, seidene Gewänder, Blumen und Bienen, Busen, nackte Hintern und Babies«. Diese äußere Sanftheit stand jedoch deutlich im Widerspruch zu den Inhalten ihrer erotischen Phantasien. Etwa ein Jahr nach Beginn ihrer Analyse kam die stärkste ihrer erotischen Phantasien

an die Oberfläche, und Stoller widmet sich in einem Großteil seines Buches der Aufgabe, diese zu verstehen. Belles Tagtraum wird beherrscht von »Dem Direktor«, einem grausamen, Nazi-ähnlichen Mann. In ihrer Phantasie wird Belle von einem Hengst vergewaltigt, der durch eine Stute, die in einem sicheren Abstand steht, wild erregt ist. In einem Kreis darum herum steht eine Zuschauerschaft von masturbierenden Männern, die, während sie sich selbst befriedigen, einander, den Direktor, Belle, den Hengst und die Stute ignorieren. Belle wird bis zu einem Punkt von hilfloser sexueller Erregung gereizt; man demütigt sie und sie wird in eine Situation gebracht, in der sie lächerlich erscheint. Schließlich gerät Belles Erregung dadurch völlig außer Kontrolle, daß ein entscheidendes Detail verändert wird. Der Hengst wird beispielsweise durch einen schmutzigen alten Mann ersetzt, oder ein Spotlight wird auf ihre Genitalien gerichtet (Stoller, 1979a, S. 59).

13 Bersani (1986). Bersanis Unbestimmtheit ist beabsichtigt. In moderner Manier möchte er etwas erhellen, anstatt Thesen hinsichtlich bestimmter Ursachen aufzustellen.

14 Barthes (1986), S. 7.

15 Ibid., S. 48.

16 Ibid., S. 218.

17 Barthes (1992). Literaturexperten widmen der Form von Barthes' Texten eine ganz besondere Aufmerksamkeit. Wenig ist, im Vergleich dazu, zu Barthes' letztendlicher Wahl gesagt worden: der Fotografie, deren Bedingungen von denen des Satzes grundsätzlich verschieden sind (Hudson, 1990b).

18 Schopenhauer behandelt, wie wir bereits gesehen haben, den Willen als ein sexuelles Phänomen. Damit in Zusammenhang steht auch die Diskussion über die Linie und das Licht und über das Bild bei Lacan (1978). In »Lacans brillanter und eingebildeter Prosa« (Bowie, 1987, S. 125) wird vor den Augen des Lesers mit den Rudimenten einer Psychologie der visuellen Kunst jongliert. Die interessanteste der Behauptungen, die Lacan dort aufstellt – »was ich anschaue ist niemals das, was ich zu sehen wünsche« – reflektiert, wenn wir ihn richtig gelesen haben, eine unausweichliche Entfremdung der Erfahrung vom Begehren (unausweichlich, weil sie verwurzelt ist in dem ursprünglichen Schritt des Kleinkindes fort von der symbiotischen Intimität und hin zur »Symbolischen Ordnung«). In der Trennung von *punktum* und *studium* deutet Barthes an, daß diese Entfremdung letztlich doch nicht unausweichlich ist.

19 Barthes (1992), S. 35.

20 Ibid., S. 35.

21 Ibid., S. 68.

22 Ibid., S. 82.

23 Wie einige seiner französischen Zeitgenossen investiert Derrida (1986) sehr viel Energie in Wortspiele. Er unterscheidet zwischen *différence* und *différance*, wobei der erste Begriff ungefähr das bedeutet, was man erwarten könnte, und der zweite einen fundamentaleren und philosophisch pauschaleren »Prozeß der Differenzierung« bezeichnet. Derrida macht auch ein Wort-

spiel mit den Begriffen *texte* und *textile* (Stoff). Wenn wir lesen, so deutet er an, treffen wir auf ein Gewebe, das selbst fortwährend mit anderen Geweben verwoben ist. Jedes besteht aus Spuren, die selbst sowohl verlagert als auch verlagernd sind. Sein Begriff der *dissemination* basiert auf der zufälligen Ähnlichkeit, der rein simulierten gemeinsamen Elternschaft von *seme* (Zeichen, Markierung) und *semen* (Samen).

Über all diesen Wortspielen und Einzelheiten vergißt Derrida das Offensichtliche: daß die Feststellung von Unterschieden formal abhängig ist von der Feststellung von Ähnlichkeiten und umgekehrt. Jedes unterscheidende System, das ausschließlich mit Unterschieden befaßt ist, erzeugt keine fruchtbare Vielfalt, sondern eine nominalistische Wildnis.

24 Gibson (1976).

25 *Das Buch Jeremia* 51:20. Bailey (1970, S.421) spürt hier auch ein Echo von Gottes Versprechen an Noah nach der Flut auf: »*Solange die Erde besteht, sollen nicht aufhören Aussaat und Ernte, Kälte und Hitze, Sommer und Winter, Tag und Nacht.*« (*Genesis 8, 22*).

26 Hardy (1962), S. 378.

27 Millgate (1985), S. 128. Die beiden Zeichnungen sind bei Gittings abgebildet (1980).

28 Hudson (1982), S. 70-83.

29 Zu sagen, daß ein Bedeutungssystem wie *In Time of ›The Breaking of Nations‹* mehrdeutig und instabil ist, bedeutet weder, daß jede Interpretation dieses Systems ebenso vertretbar ist wie alle anderen, noch, daß je größer die Mehrdeutigkeit oder Instabilität, desto größer der potentielle ästhetische Wert der Arbeit sei. Hier wie anderswo auch scheint das Prinzip der »guten Gestalt« anwendbar zu sein, denn die formalen Eigenschaften vieler großer Werke sind relativ einfach.

9. *Ein Fotograf, ein Dichter und ein Maler*

1 Gass (1976), S. 86-89. Zwei kleine Makel hat Gass' ansonsten brillant sachkundige Darlegung. Er erkennt nicht, daß die Fotografie Bewußtsein in sehr ähnlicher Weise enthalten kann wie ein Satz. Ebensowenig kann er adäquat plausibel machen, daß unsere sexuellen Akte selbst ein Bewußtsein enthalten, erotisches und nicht-erotisches gleichermaßen. Es ist ein Aspekt der Verarmung unserer Zeit, daß die Feinheiten dieses zweiten Phänomens unter Adjektive wie »bedeutungsvoll« und Metaphern wie »*turn-on*« eingeordnet werden.

Stoller, einer der wenigen Psychiater und Psychoanalytiker, die an der Beziehung zwischen Sex (im Gegensatz zu Sexualität) und Kunst interessiert sind, betrachtet beide als abhängig von der Suche nach »kontrollierter, handhabbarer Vieldeutigkeit« (1975, S. 117).

2 Krauss und Livingston (1986).

3 Maddow (1977), S. 221.

4 Wie Gass spricht Susan Sontag von der Kamera als einem Stück fremder Technologie, das sich in Geisteszustände, die an sich human sind, hineindrängt. »... das Abfotografieren eines anderen (ist) ein sublimierter Mord«, sagt sie, »ein sanfter, einem traurigen und verängstigten Zeitalter angemessener Mord« (1980, S. 20). Sie erklärt nicht, warum die Kamera in dieser Weise jenseits der Grenzen des Erlaubten stehen sollte, während die Schreibmaschine offensichtlich noch innerhalb dieser Grenzen steht. Unsere eigene Ansicht geht dahin, daß traditionelle handwerkliche Fertigkeiten und Fähigkeiten (wie die der Ölmalerei), Technologien (wie die Kamera) und elektronische Hilfen (wie das Textverarbeitungsgerät) jeweils Seinsweisen und Beziehungsmuster herauskristallisieren, die ansonsten nur als Potentiale existieren können. Die relevanten Unterscheidungen sind hochspezifisch. In der Fotografie rufen eine motorisierte 35mm-Kamera und eine 8 x 10in-Plattenkamera jeweils ganz andere Reaktionen von Fotograf und Modell gleichermaßen hervor (Campbell, 1981). In der Bildhauerei ist das Schnitzen und Steinebehauen sowohl ästhetisch als auch psychologisch von anderer Art als das Modellieren aus Ton (Stokes, 1967). In der Malerei ist das Arbeiten mit Aquarellfarben anders als das Arbeiten mit Ölfarben, und das Benutzen eines Spachtels beim Arbeiten mit Ölfarben unterscheidet sich vom Benutzen eines Pinsels.

Die Muster der imaginativen Kosten und Nutzen, die spezifischen Darstellungstechniken zu eigen sind, sind ein seltsam vernachlässigtes Thema. Hätte Hardy *In Time of ›The Breaking of Nations‹* geschrieben, wenn er Zugang zu einem Textverarbeitungsgerät gehabt hätte? Oder wäre er auch ein Opfer der »Amstradschen Fazialislähmung« geworden?

5 Maddow (1977), S. 416.

6 »Ich war verloren und bin seither immer verloren gewesen«, so schrieb Weston; aber er sagte auch, »ein neues und wichtiges Kapitel meines Lebens hat sich am Sonntagnachmittag geöffnet.« Insofern als diese Behauptung davon ausgeht, daß eine Erzählung in Episoden aufteilbar ist, war dies eine unglückliche Formulierung (Wilson, 1977, S. 81).

7 Ibid., S. 13.

8 Sontag (1980), S. 104.

9 Wilson (1977), S. 115. Verblüffend in dieser Hinsicht ist die in Westons Geist vollzogene Verbindung zwischen dem Technischen und dem intim Sexuellen. Es gibt in seinem Tagebuch eine wohlbekannte Passage, die, ein Jahrzehnt bevor er Charis traf, seine problematische Beziehung zu Tina Modotti beschreibt, einer Schauspielerin, die selbst eine bedeutende Fotografin und ebenso eine trotzkistische Revolutionärin wurde. Der Stil ist mehr als nur einen Hauch peinlich, aber die inhaltliche Bedeutung ist kristallklar: »Sie lehnte gegen eine weiß getünchte Wand – mit bebenden Lippen – sich weitenden Nüstern – die Augen schwer von der Düsternis dunkler Regenwolken – ich näherte mich ihr – flüsterte etwas und küßte sie – eine Träne rollte ihre Wange hinab – und dann fing ich für alle Zeiten den Augenblick ein – mit Blende 8,

1/10 sec., K1 Filter, panchromatischem Film – wie brutal mechanisch und kalkuliert das klingt – aber in Wirklichkeit wie spontan und echt … der Augenblick unseres intensiven Gefühlsaustausches wurde auf dem silbernen Film festgehalten … die Entladung jener Gefühle folgte – wir bewegten uns von der gleißenden Helle auf weißen Wänden in Tinas dunkles Zimmer – ihre olivfarbene Haut und ihre dunklen Brustwarzen zeigten sich unter einer schwarzen Mantille – ich zog den Spitzenstoff beiseite …« (Maddow, 1977, S. 419).

10   Dunlop (1979), S. 72.

11   Hudson (1982).

12   Farova (1986), S. 33 f. Es ist nicht überraschend, daß diese und andere flehentliche Bitten nicht auf fruchtbaren Boden fielen. Wenig später begegnete Drtikol einer Tänzerin und heiratete sie. Sie hatten eine gemeinsame Tochter, aber seine Frau verließ ihn für ein Abenteurerleben in der Sowjetunion. Das Scheitern seiner Ehe machte ihm keinen großen Kummer, aber es erwies sich als ein Wendepunkt. Er war damals in den Vierzigern, und in den vier oder fünf Jahren nach dem Auseinanderbrechen seiner Ehe genoß er eine Periode größter Schaffenskraft.

13   Ibid., S. 54. Offensichtlich war sein Entsetzen insbesondere sexuell begründet, denn er fährt fort: »Für mich hat es immer etwas Schmerzliches, mit einer Frau geschlafen zu haben. Es ist, als wäre man ein ausgepeitschter Hund, aber zur selben Zeit schrecklich komisch. Die Frau geht, körperlich und psychologisch, immer befriedigt daraus hervor. Sie ist befriedigt, und sie hat ihn befriedigt. Der Mann dagegen hat das Gefühl, als hätte er etwas verloren.« In dem Zeitraum zwischen der Niederschrift dieser Zeilen und der Entscheidung, das Fotografieren ganz aufzugeben, verbrachte Drtikol eine gewisse Zeit damit, hochstilisierte Frauenmodelle aus Holz herzustellen und sie anstatt lebendiger Modelle zu fotografieren.

14   Stokes (1967), S. 36.

15   Gittings (1980), S. 203. Zwei hervorragende Biographen haben sich in jüngster Zeit mit Hardy beschäftigt: Gittings (1978, 1980), der direktere, deutlichere, und Millgate (1985), der umfassendere. Zwar beschreibt Millgate Faktenmaterial, das Hardy schadet, aber er scheint sich einer ausgeglicheneren Darstellung und Analyse von Hardys Motiven verpflichtet zu fühlen.

16   Bailey (1970), S. 444.

17   Gittings (1978).

18   Es ist unklar, ob Hardy an seinen Familienmythos, den er selbst ins Leben gerufen hatte, glaubte (Bygn-Hall, 1979). Ebenso verwirrend, vor allem, wenn man sich das Leben von Schriftstellern wie Hardy und Simenon betrachtet, ist die Frage, welchen Zwecken solche Vernebelungen dienen.

19   Stewart (1971), S. 6.

20   Millgate (1985), S. 488.

21   Fermigier (o.D.), S. 9, und Gilot und Lake (1966), S. 263.

22   Hobhouse (1988) behauptet, daß das Paar sich zum ersten Mal 1894 traf, als Marthe sechzehn war. Heilbrun und Neagu (1987) meinen, daß sie sich 1893

begegneten, und geben Marthes Geburtsdatum als 1869 an. Nichts in der Welt der Kunstgeschichte und Kritik ist, so entdeckt man, schwerer zu fassen als Tatsachen.

23 Heilbrun und Neagu (1987). Bis 1906 benutzte Bonnard eine Kodak-Pocket-Kamera und wechselte erst später zu einem größeren Format. Die Bilder von Marthe, die er bei seiner graphischen Arbeit benutzte – z.B. für die Verlaine-Illustrationen – waren, so deuten Heilbrun und Neagu an, keine Vergrößerungen, sondern winzige juwelenähnliche Abzüge, die wenig mehr als 35 x 50 mm maßen.

24 Hobhouse (1988), S. 38.

25 Ibid., S. 36.

26 Dieses Gemälde befindet sich heute in Pittsburgh, und Bonnard hat angeblich fünf Jahre lang daran gearbeitet. Wie Hardy war Bonnard ein eingefleischter Perfektionist, und er nahm an seinen Gemälden heimlich Änderungen vor, sogar während sie schon in Museen hingen. Zu diesem Zweck trug er immer einen winzigen Malkasten mit sich herum und einmal wurde er im Musee du Luxembourg festgenommen.

27 Weston hatte aus einer früheren Ehe vier Kinder und Wilson zwei aus einer folgenden. Die Hardys waren kinderlos, und Bonnard und Marthe hatten, soweit wir wissen, ebenfalls keine Kinder. Es ist möglich, daß diese Beziehungen nicht geschlechtlich ausgelebt wurden und daß sie aus diesem Grund ästhetisch produktiv waren.

28 Wilson (1977), S. 8-11.

29 Ibid., S. 10.

30 Gittings (1980), S. 200.

31 Clark (1966), S. 130. Clark unterscheidet zwischen katholischer und protestantischer Porträtmalerei. Tizian, so glaubt er, »sah jeden für ein Porträt Posierenden als einen Typus, den man verbessern mußte, bis er seinen perfekten Zustand erreichte, in etwa so, wie (nach den Theologen) unsere Körper am Tag des Jüngsten Gerichts sein werden«. Rembrandt dagegen »sah jeden für ein Porträt Posierenden als eine individuelle Seele, deren Schwächen und Unvollkommenheiten nicht verborgen werden durften«, – wobei diese Schwächen und Unvollkommenheiten »das Rohmaterial der Gnade« seien.

32 Pafford (1990). Greenes *Pandosto, the Triumph of Time* wurde 1588 publiziert; *Ein Wintermärchen*, eines der letzten Schauspiele, die Shakespeare verfaßte, scheint in den Jahren 1610-1611 geschrieben worden zu sein. 1592, in seinem Todesjahr, hatte Greene ein autobiographisches Traktat, *A Groatsworth of Wit bought with a Million of Repentance*, publiziert, in dem er Shakespeare attackierte – die »emporgekommene Krähe, verschönt mit unseren Federn« – weil dieser gewohnheitsmäßig auf die Ideen zeitgenössischer Dramenschreiber zurückgriff. Trotz dieser offensichtlichen Feindseligkeit hielt sich Shakespeare sehr eng an Greenes Version der Handlung. In *Pandosto* stirbt die Königin allerdings. In Shakespeares Version wird sie mit ihrem bekümmerten und reumütigen Ehemann wieder vereint.

33 *Ein Wintermärchen*, IV., IV., 140-143 (in der Übersetzung von Schlegel/Tieck).

Danksagung

Die Idee der männlichen »Wunde« kam uns zuerst in den späten 60er Jahren, im Laufe einer Untersuchung über Eheschließungen zwischen Akademikern. Aus Gründen der Vertraulichkeit wurde diese Untersuchung nicht veröffentlicht, aber das vorliegende Buch baut auf dem Material auf, das wir damals gesammelt haben, und wir möchten unseren Gesprächspartnern für das, was sie uns erzählten, danken. In jüngerer Zeit wurde der Gedanke von Mitgliedern des Forschungsinstituts an der Tavistock Klinik diskutiert, und eine Reihe von Freunden waren so freundlich, frühere Versionen dessen, was dann der gegenwärtig vorliegende Text werden sollte, zu lesen: Bernard Barnett, John Broadbent, Roger Dean, Robert Hale, Peter Hildebrand, Anthony Storr und Michael Wright. Ihre Kommentare waren unschätzbar wertvoll. Die Verantwortung für Mängel und Fehler des veröffentlichten Buches liegt natürlich ganz allein bei uns.

Wir danken Kingsley Amis und dem Penguin Books Verlagshaus für die Erlaubnis, »*A Point of Logic*« aus *British Poetry Since 1945*, herausgegeben von E. Lucie-Smith, abzudrucken.

London, Mai 1991

Liam Hudson
Bernadine Jacot

Literatur

Allen, I., *Doctors and their Careers*, Policy Studies Institute, 1988.

Altus, W.D., Birth order and its sequelae, *Science*, 151, 44, 1966.

Anderson, R.M. und May, R.M., Epidemiological parameters of HIV transmission, *Nature*, 333, 514, 1988.

Andreas-Salomé, Lou, *In der Schule bei Freud. Tagebuch eines Jahres 1912/1913*, Frankfurt/M., 1983.

Aries, E.J. und Olver, R.R., Sex differences in the development of a separate sense of self during infancy, *Psychology of Women Quarterly*, 9, 515, 1985.

Bailey, J.O., *The Poetry of Thomas Hardy*, University of North Carolina Press, 1970.

Baker, C., *Ernest Hemingway*, Collins, 1969.

Baker, C., *Hemingway, Selected Letters 1917-1961*, Granada, 1981.

Balfour, I., *Famous Diamonds*, Collins, 1987.

Bancroft, J., *Human Sexuality and its Problems*, Churchill Livingstone, 1983.

Barthes, R., *Fragmente einer Sprache der Liebe*, Frankfurt/M. 1986.

Barthes, R., *Die helle Kammer. Bemerkung zur Fotografie*, Frankfurt/M. 1992.

Bateson, P., Biological approaches to the study of behavioural development, *International Journal of Behavioural Development*, 10, 1, 1987.

Bateson, P. und Hinde, R.A., Developmental changes in sensitivity to experiences, in: *Sensitive Periods in Development*, ed. M.M. Bornstein, Erlbaum, 1987.

Battersby, C., *Gender and Genius*, Women's Press, 1989.

Beardslee, D.C. und O'Dowd, D.D., Students and the occupational world, in: *The American College*, ed. N. Sanford, Wiley, 1962.

Bell, A.P. und Weinberg, M.S., *Homosexualities*, Simon & Schuster, 1978.

Bern, S.L., Probing the promise of androgyny, in: *Beyond Sex-Role Stereotypes*, ed. A.G. Kaplan and J.P. Bean, Little, Brown, 1976.

Benbow, C.P., Sex differences in mathematical reasoning ability in intellectually talented preadolescents, *Behavioral and Brain Sciences*, 11, 169, 1988.

Beral, V. et al., Is risk of Kaposi's sarcoma in AIDS patients in Britain increased if sexual partners came from United States or Africa?, *British Medical Journal*, 302, 624, 1991.

Bersani, L., *The Freudian Body*, Columbia University Press, 1986.

Black, D. und Kaplan, T., Father kills mother, *British Journal of Psychiatry*, 153, 624, 1988.

Bloom, B.S., *Stability and Change in Human Characteristics*, Wiley, 1964.

Bower, T.G.R., *The Rational Infant*, Freeman, 1989.

Bowie, M., *Freud, Proust and Lacan*, Cambridge University Press, 1987.

Bowie, M., *Lacan*, Fontana, 1991.

Bowlby, J., *Das Glück und die Trauer*, Stuttgart, 1982.

Bresler, Fl., *The Mystery of Georges Simenon*, Heinemann/Quixote, 1983.

Broad, W. und Wade, N., *Betrayers of the Truth*, Oxford University Press, 1985.

Bronfenbrenner, U., *Zwei Welten. Kinder in USA und UdSSR.* Stuttgart 1972

Brown, N.O., *Life Against Death*, Wesleyan University Press, 1959.

Brown, N.O., *Love's body. Wider die Trennung von Geist und Körper, Wort und Tat, Rede u. Schweigen*, F. a.M., Berlin, Wien, 1979.

Brown, R., *Social Psychology, The Second Edition*, Free Press, 1986.

Bruton, E., *Legendary Gems*, NAG Press, 1986.

Building Industry Council, *Educational Futures for the Construction Industry*, Proceedings of the first heads of courses meeting, 24 May 1989.

Burt, C., *The Backward Child*, University of London Press, 1937.

Butler, J., *Gender Trouble*, Routledge, 1990 (dt. *Das Unbehagen der Geschlechter*, Frankfurt/M. 1991).

Byng-Hall, J., Re-editing familiy mythology during family therapy, *Journal of Family Therapy*, 1, 103-16, 1979.

Campbell, B., *World Photography*, Hamlyn, 1981.

Capote, T., *Kaltblütig. Wahrheitsgemäßer Bericht über einen Mord und seine Folgen*, Berlin 1985.

Carlsmith, L., Effect of early father-absence on scholastic apitude, *Harvard Educational Review*, 34, 3, 1964.

Chodorow, N.J., *Das Erbe der Mütter. Psychoanalyse und Soziologie der Geschlechter*, München 1985.

Chodorow, N.J., What is the relation between psychoanalytic feminism and the psychoanalytic psychology of women?, in: *Theoretical Perspectives on Sexual Difference*, ed. D.L. Rhode, Yale University Press, 1990.

Clark, K., *The Nude*, Penguin, 1960.

Clark, K., *Rembrandt and the Italian Renaissance*, Murray, 1966.

Coltheart, M., Hull, E. und Slater, D., Sex differences in imagery and reading, *Nature*, 253, 438, 1975.

Comfort, A., Has sexual behaviour really changed with time? *Journal of Obstetrics and Gynaecology*, 10, 351, 1990.

Cormack, M. und Sheldrake, P.F., *Cognitive Bias and Patterns in Dream Recall*, Occasional Paper 18, Centre for Research in the Educational Sciences, Edinburgh University, 1974.

Crick, F.H.C. und Mitchison, G., The function of dream sleep, *Nature*, 304, 111, 1983.

Criminal Statistics, England and Wales (1989), HMSO, 1990.

Critchley, M. und Critchley, E.A., *Dyslexia Defined*, Heinemann, 1978.

D'Andrade, R., Sex differences and cultural institutions, in: *The Development of Sex Differences*, ed. E.E. Maccoby, Tavistock, 1967.

Darwin, Charles, *Die Abstammung des Menschen*, Stuttgart, 4. Aufl. 1982.

DeLillo, D., *The Names*, Vintage, 1983.

Derrida, J., *Positionen. Gespräche mit Henri Donse, Julia Kristeva, Jean-Louis Hondebine, Guy Scarpetta*. Graz, Wien 1986.

Douglas, M., *Reinheit und Gefährdung. Eine Studie zu Vorstellungen von Verunreinigung u. Tabu*. Frankfurt/M. 1988.

Dunlop, I., *Degas*, Thames & Hudson, 1979.

Ellmann, R., Freud and literary biography, in: *Freud and the Humanities*, ed. P. Horden, Duckworth, 1985.

Erikson, E., *Kindheit und Gesellschaft*, 8. Aufl., Stuttgart, 1982.

Erikson, E., *Identität und Lebenszyklus*, Frankfurt, 1976.

Farova, A., *Frantisek Drtikol*, München, 1986.

Fermigier, A., *Bonnard*, Thames & Hudson, o.D.

Feyerabend, P., *Wider den Methodenzwang*. Frankfurt/M. 1991

Freud, S.: *Traumdeutung*, 9 W II/III, Frankfurt.

Freud, S., *Die kulturelle Sexualmoral und die moderne Nervosität*, GW VII, S. 143-167.

Freud, S., *Eine Kindheitserinnerung des Leonardo da Vinci*, GW VIII, S. 128-211.

Freud, S., »*Ein Kind wird geschlagen*«, GW XII, S. 197-226.

Freud, S., *Dostojewski und die Vatertötung*, GW XIV, S. 399-418.

Freud, S.: Briefe an Wilhelm Fliess 1887-1904, hg. von Jeffrey Moussaieff Masson, Frankfurt, 1986

Gass, W., *On Being Blue*, Godine, 1976.

Geschwind, N. und Galaburda, A.M., *Cerebral Dominance*, Harvard University Press, 1987.

Gibson, J. (ed.), *The Complete Poems of Thomas Hardy*, Macmillan, 1976.

Gilot, F. und Lake, C., *Life with Picasso*, Penguin, 1966.

Gilvarry, E., Selection changes to be urged, *Law Society's Gazette*, 6, 20 February, 1991.

Gittings, R., *Young Thomas Hardy*, Penguin, 1978.

Gittings, R., *The Older Hardy*, Penguin, 1980.

Goffman, E., *Wir alle spielen Theater. Die Selbstdarstellung im Alltag*. München, Zürich, 1991.

Gould, S.J., *The Mismeasurement of Man*, Penguin, 1984 (dt.: *Der falsch vermessene Mensch*, Basel u.a., 1983).

Greenacre, P., *Trauma, Growth and Personality*, International Universities Press, 1952.

Greenacre, P., Fetishism, in: *Sexual Deviation*, ed. I. Rosen, Oxford University Press, 1979.

Greenson, R.R., Dis-identifying from mother: its special importance for the boy, *International Journal of Psycho-Analysis*, 49, 370, 1968.

Gregory, R.L. (ed.), Japanese concept of mind, *The Oxford Companion to the Mind*, Oxford University Press, 1987.

Grunberger, B., *New Essays on Narcissism*, Free Association Books, 1989.

Guilford, J.P., Creativity, *American Psychologist*, 5, 444, 1950.

Hall, R., *Dear Dr. Stopes*, Deutsch, 1978.

Hardy, F. E., *Life of Thomas Hardy*, Macmillan, 1962.

Hare-Mustin, R.T. und Maracek, J., *Making a Difference*, Yale University Press, 1990.

Harlow, H.F. und Harlow, M.K., The affectional systems, in *Behaviour of Non-human Primates*, ed. A.M. Schrier, H.F. Harlow and F. Stollnitz, Academic Press, 1965.

Harris, L.J., Sex differences in spatial ability, in: *Asymmetrical Function of the Brain*, ed. M. Kinsbourne, Cambridge University Press, 1978.

Hearnshaw, L.S., *Cyril Burt: Psychologist*, Hodder & Stoughton, 1979.

Heilbrun, F. und Neagu, P., *Pierre Bonnard, Photographe*, Réunion des Musées Nationaux, 1987.

Held, R., Perception and its neuronal mechanisms, *Cognition*, 33, 139, 1989.

Henry, J., *Culture Against Man*, Tavistock, 1966.

Hibbard, H., *Masterpieces of Western Sculpture*, Chartwell, o.J.

Hicks, R., *A History of the 35mm Still Camera*, Focal Press, 1984.

Hinde, R.A., *Individuals, Relationships and Culture*, Cambridge University Press, 1987.

Hinde, R.A. und Stevenson-Hinde, J., Implications of a relationships approach for the study of gender differences, *Infant Mental Health Journal*, 8, 221, 1987.

Hirschman, A., *Engagement und Enttäuschung. Über das Schwanken der Bürger zwischen Privatwohl und Gemeinwohl*, Frankfurt/M. 1984.

Hobhouse, J., *The Bride Stripped Bare*, Cape, 1988.

Hodges, A., *Alan Turing: the Enigma*, Burnett 1983.

Hopkins, J., The probable role of trauma in a case of foot and shoe fetishism, *International Review of Psychoanalysis*, 11, 79, 1984.

Hudson, L., The undergraduate academic record of Fellows of the Royal Society, *Nature*, 182, 1326, 1958.

Hudson, L., A differential test of arts/science aptitude, *Nature*, 186, 413, 1960.

Hudson, L., *Contrary Imaginations*, Methuen, 1966.

Hudson, L., The stereotypical scientist, *Nature*, 213, 228, 1967(a).

Hudson, L., Arts and sciences: the influence of stereotypes on language, *Nature*, 214, 968, 1967(b).

Hudson, L., *Frames of Mind*, Methuen, 1968.

Hudson, L., Intelligence, race, and selective attention to data, *Race*, 12, 283, 1970.

Hudson, L., *The Cult of the Fact*, Cape, 1972.

Hudson, L., Fertility in the arts and sciences, *Sciences Studies*, 3, 305, 1973.

Hudson, L., *Human Beings*, Cape, 1975.

Hudson, L., The singularity of talent, in: *Individuality in Learning*, ed. S. Messick, Jossey-Bass, 1976.

Hudson, L., Picking winners; a case study in the recruitment of research students, *New Universites Quarterly*, 88, Winter, 1977.

Hudson, L., *Bodies of Knowledge*, Weidenfeld & Nicolson, 1982.

Hudson, L., *The Great Miscegenation*, Society of Industrial Artists and Designers, 1983.

Hudson, L., Psychology, in: *Social Sciences Encyclopaedia*, ed. A. Kuper and J. Kuper, Routledge, 1985(a).

Hudson, L., *Night Life*, Weidenfeld & Nicolson, 1985(b).

Hudson, L., Rezension von Joynson ›*The Burt Affair*‹, *Times Literary Supplement*, 3 November 1989.

Hudson, L., *AIDS, Paradoxical Attitudes, and Professional Education*, paper given to the conference on Supervision as a Way of Learning, Tavistock Clinic, London, 2 August 1990(a).

Hudson, L., The photographic image, in: *Imagery; Current Developments*, ed. P.J. Hampson, D.F. Marks and J.T.E. Richardson, Routledge, 1990(b).

Hudson, L. und Jacot, B., Marriage and fertility in academic life, *Nature*, 229, 531, 1971.

Hudson, L. und Jacot, B: The outsider in science, in: *Personality, Cognition and Values*, ed. C. Bagley and G.K. Verma, Macmillan, 1986.

Hudson, L., Johnston, J. und Jacot, B., *Perception and Communication in Academic Life*, Occasional Paper 8, Centre for Research in the Educational Sciences, Edinburgh University, 1972.

Hudson, L., Jacot, B. and Sheldrake, P., *Lieben und Arbeiten; Patterns of Work and Patterns of Marriage*, Occasional Paper 12, Centre for Research in the Educational Sciences, Edinburgh University, 1973.

Hugh-Jones, S., *Edmund Leach 1910-1989*, King's College, Cambridge, 1989.

Hunt, A.J. et al., Changes in sexual behaviour in a large cohort of homosexual men in England and Wales, 1988-9, *British Medical Journal*, 302, 505, 1991.

Jay, B., Portfolio, *Photography*, October 1988.

Jensen, A.R., How much can we boost IQ and scholastic achievement? *Harvard Educational Review*, 39, 32, 1969.

Jones, L.Y., Bad days on Mount Olympus, *The Atlantic*, 37, February 1974.

Joynson, R.B., *The Burt Affair*, Routledge, 1989.

Jung, C.G.: *Erinnerungen, Träume, Gedanken*, Zürich und Stuttgart, 1962.

Kagan, J. und Moss, H.A., *Birth to Maturity*, Wiley, 1962.

Keller, E.F., *Liebe, Macht und Erkenntnis*, München, Wien, 1986.

Keynes, J.M., *Essays in Biography*, Hart-Davis, 1951.

Khan, M., *Alienation in Perversions*, Hogarth, 1979.

Kinsey, A.C., Pomeroy, W.B. und Martin, C.E., *Das sexuelle Verhalten des Mannes*, Berlin, 1955.

Kinsey, A.C., Pomeroy, W.B., Martin, C.E. und Gebhard, P.H., *Das sexuelle Verhalten der Frau*, Berlin, Frankfurt/M., 1954.

Kirschenbaum, H. und Henderson, V.L., *The Carl Rogers Reader*, Constable, 1990.

Koestler, Arthur: *Die Nachtwandler*, Bern und Stuttgart, 1959.

Krauss, R., und Livingston, J., *L'Amour Fou*, Arts Council of Great Britain, 1986.

Kuhn, T.S., *Die Struktur wissenschaftlicher Revolutionen*, Frankfurt/M. 1991 (orig. 1962).

Kuper, A. und Stone, A., The dream of Irma's injection, *American Journal of Psychiatry*, 139, 1225, 1982.

Lacan, J., *Die vier Grundbegriffe der Psychoanalyse*, Olten, Freiburg i. Br. 1978

Latour, B. und Woolgar, S., *Laboratory Life*, Sage, 1979.

Leavy, S.A., Introduction, in: *The Freud Journal of Lou Andreas-Salomé*, Hogarth, 1965.

Leishman, J.B., Introduction, in: *Rilke, Selected Poems*, Penguin, 1964.

Levenson, R., Intimacy, autonomy and gender, *Journal of the American Academy of Psychoanalysis*, 12, 529, 1984.

Levy, J., Psychobiological implications of bilateral asymmetry, in: *Hemisphere Function in the Human Brain*, ed. S. J. Dimond and J.G. Beaumont, Elek, 1974.

Lodge, D., *Nice Work*, Penguin, 1989.

Lucie-Smith, E., *British Poetry Since 1945*, Penguin, 1970.

MacKinnon, D.W., The nature and nurture of creative talent, *American Psychologist*, 17, 484, 1962.

Mackintosh, N.J. und Mascie-Taylor, C.G.N., The IQ question, in: *Personality, Cognition and Values*, ed. C. Bagley and G.K. Verma, Macmillan, 1986.

MacClelland, D.C., On the dynamics of creative physical scientists, in: *Contemporary Approaches to Creative Thinking*, ed. H.E. Gruber, G. Terrell and M. Wertheimer, Atherton, 1962.

MacClelland, D.C., The calculated risk, in: *Scientific Creativity*, ed. C.W. Taylor and F. Barron, Wiley, 1963.

McGlone, J., Sex differences in human brain asymmetry: a critical survey, *Behavioral and Brain Sciences*, 3, 215, 1980.

Maddow, B., *Faces*, Chanticleer, 1977.

Maggee, B., *The Philosophy of Schopenhauer*, Oxford University Press, 1983.

Mailer, Norman: *Marilyn Monroe*, Frankfurt 1980.

Mailer, N., *Gnadenlos*. Rastatt, 1979.

Mant, A., *Leaders We Deserve*, Martin Robertson, 1983.

Marcus, S., *The Other Victorians*, Weidenfeld & Nicolson, 1966.

Marcuse, H.: *Triebstruktur und Gesellschaft*, Frankfurt 1973.

Matanle, I., *Classic Cameras*, Beacon, 1955.

Matthews, A.M. und Brown, K.H., Retirement as a critical life event, *Research on Aging*, 9, 548, 1987.

Mead, M., *Sex und Temperament in drei primitiven Gesellschaften*, München 1983.

Mead, M., *Mann und Weib*, Berlin 1972.

Menzies, I.E.P., *The Functioning of Social Systems as a Defence Against Anxiety*, Tavistock Pamphlet 3, Tavistock, 1961.

Millgate, M., *Thomas Hardy*, Oxford University Press, 1985.

Mitchell, J., *Psychoanalyse und Feminismus*, Frankfurt/M. 1976.

Mitscherlich, A., *Auf dem Weg zur vaterlosen Gesellschaft*, München, 1963.

Money J., Two cytogenetic syndromes, *Journal of Psychiatric Research*, 2, 223, 1964.

Money, J. und Ehrhardt, A.A., *Man and Woman; Boy and Girl*, Johns Hopkins University Press, 1972.

Morris, P., Holloway, J. und Noble, J., Research report: gender representation within the British Psychological Society, *The Psychologist*, 3, 408, 1990.

Nyborg, H., Spatial ability in men and women; review and new theory, *Advances in Behaviour Research and Therapy*, 5, 89, 1983.

Nyborg, H., Mathematics, sex hormones, and brain function, *Behavioral and Brain Sciences*, 11, 206, 1988.

Osten, G. von der und Vey, H., *Painting and Sculpture in Germany and the Netherlands 1500-1600*, Penguin, 1969.

Pafford, J.H.P. (ed.), *The Winter's Tale*, The Arden Edition of the Works of William Shakespeare, Routledge, 1990.

Painter, G.D., *Marcel Proust*, Frankfurt/M. Bd. 1 1962, Bd. II 1968.

Regis, E., *Who Got Einstein's Office?*, Penguin, 1989.

Rhode, D.L., *Theoretical Perspectives on Sexual Difference*, Yale University Press, 1990.

Roazen, P., *Freud and his Followers*, Knopf, 1975.

Robinson, P.A., *The Sexual Radicals*, Paladin, 1969.

Robinson, P.A., *The Modernization of Sex*, Elek, 1976.

Roe, A., A psychological study of eminent biologists, *Psychological Monographs*, 65, No. 14, 1951.

Roe, A., A psychological study of eminent psychologists and anthropologists and a comparison with biological and physical scientists, *Psychological Monographs*, 67, No. 352, 1953.

Rose, S., Kamin, L. und Lewontin, R.C., *Not in our Genes*, Penguin, 1984.

Rosen, I., Exhibitionism, scopophilia and voyeurism, in: *Sexual Deviation,* ed. I. Rosen, Oxford University Press, 1979.

Rosenberg, J.D:, *The Darkening Glass*, Routledge, 1963.

Rosenthal, M.K., Sex differences in mother-infant interaction during breast feeding in the neonatal period, *Southern Psychologist*, 2, 3, 1984.

Royal Horticultural Society, *The Rhododendron Handbook*, 1980.

Rutter, M., *Maternal Deprivation Reassessed*, Penguin 1981.

Rycroft, C., *A Critical Dictionary of Psychoanalysis*, Penguin, 1972.

Rycroft, C., *The Innocence of Dreams*, Hogarth, 1979.

Sampson, A., *The Arms Bazaar*, Hodder & Stoughton, 1977.

Schiebinger, L., *The Mind Has No Sex*, Harvard University Press 1989 (dt: *Schöne Geister*, Stuttgart 1993).

Schumann, W., *Gemstones of the World*, NAG Press, 1977.

Seards, R.R., Maccoby, E.E. und Levin, H., *Patterns of Child Rearing*, Row, Peterson, 1957.

Serebriakoff, V., *A Mensa Analysis and History*, Hutchinson, 1965.

Shilts, R., *And The Band Played On*, Penguin, 1987.

Simenon, G., in: *Writers at Work*, ed. M. Cowley, Secker & Warburg, 1958.

Skinner, B.F., *Futurum zwei. »Walden Two«. Die Vision einer aggressionsfreien Gesellschaft*, Reinbek b. Hamburg, 1973.

Skinner, B.F., *Cumulative Record*, Methuen, 1961.

Skinner, B.F., *Particulars of My Life*, Cape, 1976.

Skinner, Q. (ed.), *The Return of Grand Theory in the Human Sciences*, Cambridge University Press, 1985.

Snow, E., Introduction, in: *Rainer Maria Rilke, New Poems (1908)*, North Point, 1987.

Sontag, S., *Über Fotografie*. Frankfurt/M. 1990.

Steiner, G., Rezension von Hodges *Alan Turing, Sunday Times*, 23 October 1983.

Stern, D., *The Interpersonal World of the Infant*, Basic Books, 1985.

Stern, K., *The Flight from Women*, Allen & Unwin, 1966.

Stewart, J.I.M., *Thomas Hardy*, Longman, 1971.

Stokes, A., *Reflections on the Nude*, Tavistock, 1967.

Stoller, R.J., *Sex and Gender*, Aronson, 1968.

Stoller, R.J., Symbiosis anxiety and the development of masculinity, *Archives of General Psychiatry*, 30, 164, 1974.

Stoller, R.J., *Sexual Excitement*, Pantheon, 1979(a).

Stoller, R.J., The gender disorders, in: *Sexual Deviation*, ed. I. Rosen, Oxford University Press, 1979(b).

Stoller, R.J., *Perversion*, Reinbek 1979(c).

Stoller, R.J., *Presentation of Gender*, Yale University Press, 1985(a).

Stoller, R.J., *Observing the Erotic Imagination*, Yale University Press, 1985(b).

Storr, A., Isaac Newton, *British Medical Journal*, 291, 1779, 1985(a).

Storr, A., Psychoanalysis and creativity, in: *Freud and the Humanities*, ed. P. Horden, Duckworth, 1985(b).

Storr, A., *Solitude*, Collins, 1988.

Sulloway, F.J., *Freud. Biologie der Seele. Jenseits der psychoanalytischen Grenze*. Köln-Lövenich, 1982.

Tait, H. (ed.), *Seven Thousand Years of Jewellery*, British Museum, 1986.

Tajfel, H., *Human Groups and Social Categories*, Cambridge University Press, 1981.

Tanner, J.M., *Foetus into Man*, Open Books, 1978.

Van Hasbroeck, P.-H., *Leica*, Sotheby, 1983.

Van Hasbroeck, P.-H., *150 Classic Cameras*, Sotheby, 1989.

Weinberg, M.S., *Sex Research*, Oxford University Press, 1976.

Westfall, R.S., Newton and the fudge factor, *Science*, 179, 751, 1973.

Whiting, J.W.M., Kluckhohn, R. und Anthony, A., The function of male initiation ceremonies at puberty, in *Readings in Social Psychology*, ed. E.E. Maccoby, T.M. Newcomb and E.L. Hartley, Methuen, 1966.

Wilson, C., *Edward Weston Nudes*, Aperture, 1977.

Wilson, G., *The Great Sex Divide*, Peter Owen, 1989.

Winnicott, D.W., *Vom Spiel zur Kreativität*, Stuttgart, 1987.

Wisdom, J.O., *The Unconscious Origin of Berkely`s Philosophy*, Hogarth, 1953.

Witelson, S.F., Neuroanatomical sex differences, *Behavioral and Brain Sciences*, 11, 215, 1988.

Wittgenstein, L., *Logisch-philosophische Abhandlung. Tractatus Logico-philosophicus*. Frankfurt 1989.

Wittgenstein, L., *Philosphische Untersuchungen*. Frankfurt 1977.

Wolpert, L. und Richards, A., *A Passion for Science*, Oxford University Press, 1988.

Woodcook, A. und Davis, M., *Catastrophe Theory*, Penguin, 1980.

Wright, E., *Psychoanalytic Criticism*, Methuen, 1984.

Zucker, B., *Gems and Jewels*, Thames & Hudson, 1984.

Zuckerman, H., *Scientific Elite*, Free Press, 1977.

Register

Lydia Flem

Der Mann Freud

Aus dem Französischen von Eva Moldenhauer
1993. 240 Seiten. ISBN 3-593-34907-8

Lydia Flem führt uns in die Lebenswelt von Freud, macht uns bekannt mit den Eigenheiten eines großen Wissenschaftlers und Schriftstellers, die ihn dazu gebracht haben, den »Roman des Unbewußten« zu schreiben. Mit detektivischem Gespür nähert sie sich der Person und seinem Werk, seinen Neigungen, Ängsten und Leidenschaften, um den menschlichen Hintergrund der Entstehung der Psychoanalyse verständlich zu machen. Sie nähert sich der Sphäre seiner Kreativität und lüftet die Geheimnisse seines intimen Paktes mit dem Unbewußten. So lernen wir Freud als einen Mann kennen, der einen besonderen Hang zur Archäologie hatte, der sich intensiv mit Kunst und Literatur auseinandersetzte, der sich als Sammler betätigte, für den Reisen ebenso bedeutsam war wie die Auseinandersetzung mit befreundeten Menschen.
Anregend und einfühlsam rekonstruiert Flem das faszinierende Ineinandergreifen von Ideen und alltäglichen Handlungen bei dem Begründer der Psychoanalyse: In welcher Beziehung seine Reisen zur Selbstanalyse, sein Traumleben zur Ausarbeitung seiner Theorie und seine klinischen Erfahrungen zu seinen grundlegenden Erkenntnissen stehen.

Campus Verlag · Frankfurt/New York